国家社会科学基金项目（14CJY055）成果

我国服务出口复杂度变迁及提升问题研究

◎ 戴翔／著

WOGUO FUWU CHUKOU FUZADU
BIANQIAN JI TISHENG
WENTI YANJIU

经济科学出版社
Economic Science Press

图书在版编目（CIP）数据

我国服务出口复杂度变迁及提升问题研究／戴翔著 .
—北京：经济科学出版社，2016.3
ISBN 978 - 7 - 5141 - 6715 - 3

Ⅰ.①我… Ⅱ.①戴… Ⅲ.①服务贸易 - 贸易发展 -
研究 - 中国 Ⅳ.①F752.68

中国版本图书馆 CIP 数据核字（2016）第 057015 号

责任编辑：段　钢
责任校对：刘　昕
责任印制：邱　天

我国服务出口复杂度变迁及提升问题研究
戴　翔　著
经济科学出版社出版、发行　新华书店经销
社址：北京市海淀区阜成路甲 28 号　邮编：100142
总编部电话：010 - 88191217　发行部电话：010 - 88191522
网址：www. esp. com. cn
电子邮件：esp@ esp. com. cn
天猫网店：经济科学出版社旗舰店
网址：http://jjkxcbs. tmall. com
北京财经印刷厂印装
710 × 1000　16 开　21 印张　300000 字
2016 年 5 月第 1 版　2016 年 5 月第 1 次印刷
ISBN 978 - 7 - 5141 - 6715 - 3　定价：48.00 元
（图书出现印装问题，本社负责调换。电话：010 - 88191502）
（版权所有　侵权必究　举报电话：010 - 88191586
电子邮箱：dbts@ esp. com. cn）

目　　录

第一章 导 论

一、研究背景与意义

改革开放 30 多年来，中国抓住了经济全球化发展所带来的历史性机遇，通过充分发挥丰富而廉价的劳动要素禀赋等优势，大量引进外商直接投资，承接全球产业以及服务品价值增值环节的国际梯度转移，快速而深度地融入经济全球化进程和全球价值链分工体系中，并由此实现了对外贸易尤其是货物贸易的"爆炸式"增长。据中国商务部的统计数据显示：1992～2014 年中国货物贸易额的进出口总值已经从 1655.3 亿美元上升至 43030.6 亿美元，其中出口贸易额从 1992 年的 850 亿美元迅速攀升到 2014 年的 23427.3 亿美元，年均增长率高达近 17.25%。尤其是加入世界贸易组织（WTO）以后，中国在货物贸易方面取得的"巨大惊人"的成就更被国内外学术界称为所谓"中国贸易量增长之谜"。加入 WTO 之前的 2000 年中国对外贸易出口总额为 2492 亿美元，占当期全球出口贸易总额 6.44 万亿美元的比重为 3.87%，位居全球第七；而到了 2009 年，中国出口总额已经跃升至 1.2 万亿美元，占当期全球出口贸易总额 12.52 万亿美元的比重也随之迅速升至 9.58%，并超越德国成为全球第一大出口国；2011 年出口贸易额更是高达 1.9 万亿美元，占同期全球出口贸易总额 18.21 万亿美元的比重为 10.44%，继续保持着出口名列全球第一的大国地位。2014 年中国出口贸易突破了 2 万亿美元达到了 2.34 万亿美元，根据 WTO 统计的 2014 年全球出口贸易总额 18.96 亿美元，占全球出口贸易的比重约 12.34%，而且进出口总额则首次超过美国而成为全球第一大贸易国。

然而，就在中国货物贸易呈现"爆炸式增长"的同时，一个较为突出的问题也越来越受到理论和实践部门的关注：由于受到服务品自身特性的影响以及中国在服务业领域开放的相对滞后等作用，与中国货物贸易发展呈现极其不相协调的特征事实是，中国服务贸易发展相对滞后，2014 年服务贸易出口额仅为 2222.1 亿美元，占货物贸易出口额的比重不足 9.5%。但是全球贸易发展的实践却表明，自 20 世纪 90 年代以来，在经济全球化深入发展的背景下，伴随着信息通信科技的突飞猛进及其广泛应用，以及全球经济结构的不断调整和全球服务贸易规则的实行，服务业发展只能局限于一国国内的格局逐渐被打破，世界各国的服务贸易由此得以迅猛发展，并呈现出全球贸易结构逐步向服务贸易倾斜的发展趋势，服务贸易的发展状况也因此日益成为衡量一国参与全球竞争和合作能力的重要指标之一。据 WTO 数据显示，1980 年全球服务贸易出口规模仅为 3957 亿美元，而到 2014 年全球服务贸易出口规模已迅速攀升至 49404 亿美元，远高于同期全球货物贸易出口增长率。正是在前述背景下，理论和实践部门关于加快中国服务贸易发展的呼声愈来愈高，正如中国"十二五"规划纲要中所指出：要大力发展服务贸易，加快转变中国外贸发展方式。

诚然，在全球服务贸易快速发展以及服务贸易日益成为衡量一国参与全球竞争能力重要指标的背景下，大力发展服务贸易已经成为转变中国外贸发展方式的重要内容之一，也是理论和实践部门面临的紧要课题。但与此同时，我们也需要看到，在越来越多的"服务品"变得可贸易的同时（可称其为服务贸易的全球化），"服务品"的全球价值链拓展也得到了快速发展（可称其为服务品的碎片化）。尤其是伴随国际生产分割技术的快速进步、信息通信科技的突飞猛进和广泛应用，以及由此推动的国际服务品产品内分工快速发展背景下，如同制造业的全球非一体化生产一样，服务业也是一个"碎片化"快速发展的行业，从而使服务品的不同阶段和环节被日益分解，并被配置和分散到具有不同比较优势的国家和地区。因此，被配置到不同国家和地区的服务生产环节和流程，同样具有"高端"和"低端"之分。服务贸易的全球化以及服务品的碎片化发展趋势，不仅对服务贸易的快速发展产生了重要影响，而且对一国服务贸易出口技术复杂度和进口技术复杂度也产生了重要影响。正如 Deardorff（2000）的研究指出[①]：国际生产分割的快速发展，不仅进一步挖掘了比较优势，从而使更多的国家和地区获取参与国际贸易的机会，与此同时，"价值链"的延长和不断分解以及由此所形成的国际梯度转移，也给各国出口服务品的技术进步带来了机遇。因此，在主张大力发展服务贸易之时，如果只是一味地追求服务贸易出口在规模上的扩张，很可能使中得国服务贸易发展出现货物贸易发展备受诟病的情形：中国对外贸易"只赚数字，不赚钱"甚至呈现"贫困化增长"迹象，进而面临着可持续困难。应当看到，尽管中国服务贸易发展起步较晚，总量规模仍然偏低，但是伴随全球服务贸易尤其是服务外包迅速发展所带来的重要机遇，以及在大力发展服务贸易战略推动下，近年来中国服务贸易出口和进口势头表现得较为强劲。这就提出了一个很有理论意义和实践价值的课题：中国服务贸易进出口增长到底是"以量取胜"还是"以质取胜"？对这一重要问题的回答，不仅有助于明晰中国在全球服务贸易中的分工地位以及由此所决定的贸易利益，更有助于我们对中国服务贸易发展是否具有可持续性进行前瞻性判断，并且也是据此寻求推动中国服务贸易出口更"优质"增长的有效政策的关键。

更为重要的是，从出口角度来看，R. Hausmann 等（2007）针对制成品出口贸易的经济效应进行研究时，就曾经指出：对于将目标"锁定"在获取更高技术复杂度商品出口能力提升的国家会从贸易中获取更多利益，并实现更好的经济绩效，即，"一国选择出口什么，是至关重要的"。那么基于同样的逻辑，我们自然提出这样一个问题：对于将目标"锁定"在获取更高技术复杂度服务商品出口能力提升的国家，是否同样也会从贸易中获取更多利益？并实现更好的经济绩效？即，"一国选择出口什么，是否仍然至关重要"？

概而言之，在全球服务贸易快速增长甚至成为全球贸易新的增长

---

① Deardorff, Alan V., "Ricardian Comparative Advantage with Intermediate Inputs", February 28, 2004; North American Journal of Economics and Finance 16, March 2005, pp. 11 –34.

引擎的大背景下，在服务商品生产环节和流程不断呈"全球碎片化"发展的大趋势下，中国服务贸易发展迎来了重要的发展机遇，并在贸易规模上已经呈现出快速增长的良好势头。但与此同时，我们可能更需要关注中国服务贸易质量的变化，换言之，如果我们在大力呼吁要发展服务贸易之时，只是"重量不重质"，那么中国服务出口贸易的发展就有可能重蹈制成品贸易扩张的覆辙：服务出口贸易也将出现"只赚数字，不赚钱"甚至"贫困化增长"迹象，进而有跌入"比较优势陷阱"的风险。因此，中国服务贸易出口增长的现状如何？中国服务贸易出口增长的源泉到底来自"质"的变化还是来自"量"的扩张？中国服务贸易出口技术复杂度变迁的经济效应如何？服务贸易出口技术复杂度是否显著影响经济增长的绩效？服务贸易出口技术复杂度是否显著影响了经济增长质量？服务贸易出口技术复杂度与制成品出口技术复杂度之间是否具有某种内在的关系？影响中国服务贸易出口技术复杂度的因素是什么？以及如何才能进一步提升中国服务贸易的技术复杂度？对于诸如上述问题的回答，无疑是一个具有重要理论意义、现实意义和前瞻意义的大课题。而本书的研究就是力图从上述几个方面，对中国服务贸易的技术复杂度问题作出初步探讨！

二、相关研究述评

（一）现有关于贸易结构的理论和实证研究

贸易结构在一定程度上能够说明一国进出口商品的技术结构，因此对现有关于贸易结构的理论和实证研究进行简要回顾，有助于我们深化对本书研究主题的认识。对一个国家对外贸易商品结构的分析，实际上就是对这个国家对外贸易模式的分析，这是国际贸易理论研究的逻辑起点和经验研究的核心领域之一。任何一个国际贸易理论都无法回避一个国家应该出口什么又应该进口什么的问题。亚当·斯密提出绝对优势理论，认为一国应该出口具有绝对优势的服务品，进口具有绝对劣势的服务品，而绝对优势既可以是自然形成的优势（如在地理、环境、土壤、气候、矿产等方面的优势），也可以是后天获得的优势（包括生产技术和劳动熟练程度等）。因此，绝对优势理论实际上揭示了影响贸易结构的两个因素，即先天形成的要素禀赋和外生的技术。大卫·李嘉图的比较优势理论在继承和发展绝对优势理论的思想，使绝对优势成为其特例的同时，也进一步强调了两国劳动生产率的差异，即技术水平的差异是贸易的起因和决定贸易结构的因素。① 比较优势理论提出两国应该各自出口具有比较优势的服务品，各自进口具有比较劣势的服务品。赫克歇尔和俄林不仅继承了大卫·李嘉图的思想，还进一步阐释了一国比较优势的新来源，在技术水平恒定等假设下，强调要素禀赋是决定一国比较优势格局，继而决定贸易模式的重要因素。

随后很长的时间内，比较优势理论并没有受到有力的挑战。但到了 20 世纪 50 年代，里昂惕夫对美国贸易结构的实证分析结果开始推动学术界从各个角度对其"之谜"进行解释，并出现了从要素禀赋向技术因素的回归，即众多经济学家开始重新审视技术对贸易结构的作用。如技术差距说、技术转移模型、服务品生命周期说、"干中学"与技术外溢模型均考察技术因素是如何引致比较优势变动与贸易结构变化的。

20 世纪 60 年代之后，世界贸易格局也发生了很大的变化，发达国家之间产业内贸易迅速发展，水平贸易已成为国际贸易的主体；要素禀赋理论在面对这样新现象时，表现出很大的困惑，再也

---

① 主流国际贸易理论认为大卫·李嘉图的比较优势理论比亚当·斯密的绝对优势理论更具有普遍性，并认为绝对优势理论是比较优势理论的特例。不过，杨小凯（1998、2000、2001、2003）则认为大卫·李嘉图的比较优势是外生的，而亚当·斯密的绝对优势是内生的，因此比较优势学说并不具备一般性，绝对优势才具有普遍性。

无法完成解释现实贸易模式的使命，最终促成新贸易理论的产生与发展。保罗·克鲁格曼的新贸易理论强调规模经济是产业内贸易的主要来源，认为经济发展水平相似的发达国家，在服务品差异化的基础上对规模经济的追逐形成了它们之间的分工，从而决定了产业内的贸易结构。自此，从解释的对象上来说，大致形成了要素禀赋理论与规模经济贸易理论二分天下的格局。

　　实证方面，早期关于贸易结构的分析主要从两个方向展开：一是证实或证伪与要素禀赋有关的理论和模型；二是从技术的角度对贸易结构进行经验分析，或者把技术引入要素禀赋的框架进行实证。自"里昂惕夫之谜"提出之后，赫克歇尔—俄林的两要素、两服务品模型在 20 世纪 60 ~ 70 年代得到进一步拓展。从这些拓展的模型中，能够得出两组最基本的理论方程，用以刻画两个基本的关系，即生产关系和消费关系。这两组理论方程暗含着一个经验分析方程，即 Vanek（1968）方程，这是 20 世纪 80 年代一些重要经验分析（如 Leamer，1980[①]；Leamer，1984[②]；Bowen、Leamer 和 Sveikauskas，1987[③] 等）的基础。然而，这些经验研究并不能和被拓展的赫克歇尔—俄林理论模型预测相一致，数据和理论预测存在系统偏离。Trefler（1995）指出偏离的三个方面[④]，并将这种偏离称为"迷失的贸易"。如何使修正的模型更好地和经验数据相吻合？Trefler 采纳了 Leontief 早期的观点，即认为国家间投入产出系数的差异能够解释这种偏差，并早在1993 年就首次计算了一组国家相对于美国劳动和资本的产出系数，

---

　　① Leamer, E. E., (1980), "The Leontief Paradox, Reconsidered", Journal of Political Economy, June, 88: 3, pp. 495 – 503.

　　② Leamer, E. E., (1984), "Sources of International Comparative Advantage", Cambridge, MA, and London: The MIT Press.

　　③ Bowen, H. P., Leamer, E. E., and Sveikauskas, L., (1987), "Multicountry, Multi-factor Tests of the Factor Abundance Theory", American Economic Review, December, 77: 5, pp. 791 – 809.

　　④ Trefler Daniel, (1995), "The Case of the Missing Trade and Other Mysteries", American Economic Review, 85 (5), 1029 – 1046.

证实系数差异的存在。显然，国家间技术的差异有助于弥合数据与理论预测间的偏离，Davis、Weinstein、Bradford 和 Shimpo（1997）的工作也支持这种观点①。这就从经验上揭示了国家间的技术差异在解释贸易结构中的重要性。与此同时，在理论上也出现了大量有关技术与贸易的文献，Grossman 和 Helpman（1995）对此进行了详细综述②。

最近几年，更多的实证研究通过对出口服务品技术含量的考察来研究技术对贸易结构的影响。Hausmann 和 Rodrik（2007）指出，在市场小规模的自我探索过程中，会形成这样一种国际贸易结构③：技术优势国家出口技术含量较高的服务品，而劳动密集型国家出口技术含量较低的服务品。总的来说，测度出口服务品技术含量的方法主要有两种：一是通过构建能反映出口服务品技术等级水平的指标来测度；二是以发达国家的出口技术复杂度作为高技术的参照标杆，将其他国家的出口技术复杂度与其对比，如果此国的出口技术复杂度与发达国家的出口技术复杂度越相近，则认为此国出口服务品的技术含量也就越高。

（二）针对中国出口技术复杂度的研究

改革开放以来，中国对外贸易得到快速发展，其中出口贸易额从1992 年的 850 亿美元迅速攀升到 2009 年的 12016.7 亿美元，年均增长率高达 16.86%。中国在对外贸易增长方面所取得的举世瞩目成绩

---

① Davis, D. R., Weinstein, D. E., Bradford, S. C. and Shimpo, K., (1997), "Using International and Japanese Regional Data to Determine When the Factor Abundance Theory of Trade Works", American Economic Review, June, 87: 3, pp. 421 –446.

② Grossman, G. M. and Helpman, E., (1995), "Technology and Trade", in Handbook of International Economics, Vol. 3, Grossman, G. M. and Rogoff, eds. Amsterdam: North Holland.

③ Hausmann, Ricardo., Hwang, Jason., and Rodrik, Dani., (2007), "What You Export Matters", NBER Working Paper No. 11905, December.

因此而被国内外学术界称为所谓"中国贸易量增长之谜"。与此同时，与中国快速增长的贸易总量相伴随的一个重要经济现象是，中国出口商品结构同时经历了外延型增长（Extensive Growth）和内延型（Intensive Growth）增长的双重变化。即，一方面，中国出口贸易的多元化得到较快发展，制成品出口几乎遍布从低技术密集度的纺织品到高科技的电子和计算机服务品等所有贸易部门；另一方面，中国出口商品也经历了一个由初级服务品向制成品快速转换、主导出口服务品从单一的资源性和轻纺服务品逐渐向机电和高新技术等出口服务品多样化发展趋势的转变。这一现象更是引起了国内外理论界的极大关注：原本被认为由发达国家和地区"专业化"生产的资本、技能密集型及高科技等服务品，中国出口服务品已经涉足其中并表现出其出口能力不断增强的发展趋势。中国出口服务品结构似乎已"突破"传统的要素禀赋理论框架。

中国对外贸易商品结构的这种迅速"变化"，引起了一些学者的忧虑，特别是来自发达国家的忧虑。这是因为，一方面，中国大量的劳动密集型服务品的出口，特别是当这些服务品与发达国家生产的非技能密集型服务品之间具有高度替代性时，由于其特有的劳动成本优势，其出口服务品相对价格的不断下降，会对发达国家非技能型劳动力工资的相对变化产生较大压力，进而导致发达国家工资收入不平等问题加剧；另一方面，随着中国出口商品不断向高科技领域攀升以及出口量的不断扩大，会在出口市场上与发达国家出口的技术密集型服务品形成激烈的竞争效应，进而导致"技术密集型"服务品在国际市场上的价格下跌，从而"恶化"发达国家的贸易条件。

前述忧虑实际上意味着，中国在保持原有的"劳动密集型"服务品比较优势的同时，其出口服务品结构已"延伸"到"技术密集型"领域并对发达国家出口商品构成了强有力的竞争。中国在"劳动密集型"服务品出口上具有比较优势已成共识，至于是否已"延伸"到"技术密集型"领域并与发达国家形成竞争之势，其实就是对中国出口商品技术复杂度（Export Sophistication）是否已与发达国家"趋同"问题的回答。对这一问题的认知，在中国贸易迫切需要转型升级之际，也有着特别重要的指导意义。于是，围绕中国出口商品技术复杂度变迁问题的有关讨论便成为国内外理论界研究的重要课题，现有研究主要从以下几个方面开展。

1. 中国出口技术复杂度的升级

针对中国出口商品技术复杂度变化问题，国内外学者进行了大量研究并取得了丰富成果。归纳起来，这方面的研究成果主要存在两种主要观点：一种观点认为，自改革开放以来，特别是近十几年来，中国出口技术复杂度有了显著提升，甚至已经达到了发达国家的水平；而另一种观点则认为中国出口技术复杂度并没有显著提升。

关志雄（2002）通过比较中国出口商品技术复杂度和日本以及其他东亚国家出口商品技术复杂度后指出①，在中国出口商品技术复杂度得到了较快提升；杨汝岱和姚洋（2007）通过对中国出口商品结构的研究表明②，中国出口商品结构已经从以低等技术密集型服务品出口为主转变到以中等技术密集型服务品为主，这一研究意味着中国出口商品技术复杂度有赶超发达国家的趋势；樊纲等（2006）按照技术构成将中国出口服务品进行分类后研究发现③，在中国出口商品结构中，中高技术和高技术服务品出口份额表现出不断上升趋势，这也表明了中国出口商品技术复杂度在快速上升。Rodrik（2006）的观察研究则进一步指出④，中国出口商品技术构成，与 OECD 中许多

---

① 关志雄：《从美国市场看"中国制造"的实力》，载《国际经济评论》2002 年第 8 期。

② 杨汝岱、姚洋：《有限赶超和经济增长》，北京大学中国经济研究中心讨论稿，No. C2007016，2007。

③ 樊纲：《国际贸易结构分析：贸易品的技术分布》，载《经济研究》2006 年第 8 期。

④ Rodrik, Dani, (2006), "What's so special about China's exports?" NBER Working Paper 11947. Forthcoming in China & World Economy.

高收入水平的国家出口商品技术结构非常相似；而 Hausmann，Hwang 和 Rodrik（2007）通过构建测度出口品技术复杂度指数（Export Sophistication Index），计算并比较中国与其他国家的出口商品技术复杂度发现①，中国出口商品技术复杂度与三倍于其人均 GDP 水平及以上的其他经济体的出口商品技术复杂度相当；Schott（2007）采用出口相似度指数（Export Similarity Index，ESI），比较了中国和部分 OECD 国家的出口商品构成状况②，指出中国出口商品结构与世界上最发达的经济体出口商品结构的相似度已非常之高；Lemoine 等（2008）的研究则明确指出，中国自 2004 年已经超过美国成为全球最大的高科技服务品出口国。其他学者诸如 Gaulier（2007）③、Fontagné（2008）④ 及 Bensidoun（2009）⑤ 等的研究，也得出了与前述极为相似的结论。这似乎意味着中国出口商品的技术构成已经步入了"发达国家之列"。

但与此同时，也有一些学者研究认为，中国出口商品技术复杂度并没有显著提升。例如，Lall（2006）选取了一揽子中国出口商品并分别计算了 1990 年和 2000 年的技术复杂度指数⑥，结果却出人意料：2000 年中国出口商品篮子的技术复杂度指数较之于 1990 年非但没有上升，而且出现了下降；B. Xu（2007）通过使用修正后的 Hausmann

---

① R. Hausmann, Y. Huang, and D. Rodrik, （2007）, "What You Export Matters", NBER working paper no. 11905, 2007.

② Schott P., （2007）, "The Relative Sophistication of Chinese Exports", Economic Policy, 23（53）, 5－49.

③ Gaulier, G., Lemoine, F. & Ünal, D., （2007）, "China's Emergence and the Reorganization of Trade Flows in Asia", China Economic Review, No 18, pp. 209－243.

④ Fontagné, L., Gaulier, G. & Zignago, S, （2008）, "Specialization across Varieties and North-South Competition", Economic Policy, CEPR-CES-MSH, Vol. 23.

⑤ Bensidoun, I., Lemoine, F. & Ünal, D., （2009）, "The Integration of China and India into the World Economy: a Comparison", The European Journal of Comparative Economics, Vol. 6, No. 1, pp. 131－155.

⑥ S. Lall, and J. Weiss, （2006）, "The Sophistication of Exports: A New Trade Measure", World Development, Vol. 34, No. 2, pp. 222－237.

等（2007）提出的测度方法，对中国出口品技术复杂度计算结果显示，虽然中国出口品技术复杂度总体上略有上升，但这种趋势并不明显[1]；而杜修立和王维国（2007）采用类似的方法，测算出的结果表明[2]，中国出口商品的技术复杂度不仅在总体趋势上没有显著提升，而且在短期内具有小幅波动的特征。国内学者姚洋教授等（2008）则从更精确的角度[3]，首次提出了出口服务品的国内技术复杂度概念，并采用投入—产出表的新测算方法，对国内技术复杂度动态变化进行研究，结果发现，1997～2002 年全国出口品国内技术复杂度迅速下降，而且全部技术复杂度也没有显著提高。

实际上，不同学者在中国出口商品技术复杂度变化趋势认识上产生分歧，主要原因在于，在中国服务品内贸易比重不断上升及外资大量利用背景下，出口品技术复杂度变迁是否主要发生在国内增值环节以及是否主要发生在国内本土企业。但是，正如张二震教授（2008）所指出[4]，在外资经济与我经济日益融合的情况下，外资企业在华创新不仅是我国国内技术创新的有机组成部分，同时具有广泛的"溢出效应"，对我国本土企业创新和技术提高具有不可或缺的促进作用，而通过参与国际服务品内分工，本土企业能够获得进口品的技术溢出以及产生"干中学"效应。正是基于这一原因，学界似乎更为认同前一种观点，即中国出口技术复杂度有着显著提升，甚至赶上了发达国家。

2. 中国出口技术复杂度迅速上升的原因

针对中国出口技术复杂度迅速提升的原因，学界的研究主要从以

---

① Hausmann R., Huang Y. and Rodrik D. (2007), "What You Export Matters", NBER working paper No. 11905.

② 杜修立、王国维：《中国出口贸易的技术结构及其产业变迁（1980～2003）》，载《经济研究》2007 年第 7 期。

③ 姚洋、张晔：《中国出口品国内技术复杂度升级的动态研究》，载《中国社会科学》2008 年第 2 期。

④ 张二震、马野青：《贸易投资一体化与长三角开放战略调整》，人民出版社 2008 年版，第 9 页。

下几个方面给予了可能的解释。

第一种观点是使用传统的"要素密集度逆转"贸易理论,来解释中国出口品技术复杂度提升的可能原因,持有这一观点的代表性学者有 Ariell Reshef（2007）, Antras 和 Pol（2004）①, 以及 Acemoglu 和 Daron（2003）② 等。Ariell Reshef（2007）等学者认为③, 由于在现实经济活动中,要素密集度逆转的可能性的确是存在,特别是对于生产要素替代弹性较高的贸易商品而言,由于发达国家要素禀赋结构与发展中国家要素禀赋结构差异较大,进而要素相对价格存在较大差异,同一种贸易品在不同的国家便表现为不同要素密集型。由于中国出口商品市场主要集中于欧、美、日等发达国家,而就中国目前所处的经济发展阶段来看,其要素禀赋结构与发达国家之间仍存在较大差距,所以发达国家从中国进口的所谓技术密集服务品,可能在中国则为劳动密集服务品。国内学者黄先海（2008）则进一步以中美贸易为例,从实证的角度分析了要素密集度逆转的存在性④。

第二种观点认为,随着经济全球化的发展,贸易和投资自由化趋势得到不断加强,生产要素在全球流动性提高了。Galina（2006）指出⑤, 生产要素,特别是资本和技术在全球范围内的流动性增强,突破了原有要素禀赋理论（Heckscher-Ohlin theory）分析框架下所"锁定"的比较优势,发展中国家由于通过吸引外资和引进技术,获取

① Antras, Pol, （2004）, "Is the US Aggregate Production Function Cobb-Douglas? New Estimates of the Elasticity of Substitution", Contributions to Macroeco-nomics 4（1）.

② Acemoglu, Daron, （2003）, "Patterns of Skill Premia", The Review of Economics Studies 70, 199－230.

③ Ariell Reshef. （2007）, "Heckscher-Ohlin and the global increase of skill premia: factor intensity reversals to the rescue". Available at: http://people.virginia.edu/~ar7kf/papers/tradeNwages.pdf.

④ 黄先海:《要素密集型逆转与贸易获利能力提升——以中美纺织业为例》,载《国际贸易问题》2008 年第 2 期。

⑤ Galina Hale & Cheryl Long, （2006）. "What determines technological spillovers of foreign direct investment: evidence from China", Working Paper Series 2006－13, Federal Reserve Bank of San Francisco.

了生产部分技术密集型服务品的能力或者说比较优势。而中国可谓是在这一方面成功的典范。改革开放以来中国对外贸易的快速发展与外资的大量使用其实是分不开的。因此，正如学者 Amiti（2007）的研究指出[①]，中国出口技术复杂度的提高，是资本和科技等生产要素在全球流动性增强与中国改革开放相结合的产物。持有这一观点的代表性学者还有 Galina（2006）等。

第三种观点认为，在服务品内国际分工快速发展的背景下，同一服务品的不同生产环节或部件会按照其要素密集度特征被配置到具有不同要素禀赋优势的国家，因此某一最终服务品的生产可能是由两个或两个以上国家共同完成。犹如 Johnson（2009）指出的那样[②]，发达国家进口自像中国这样的发展中国家的高科技服务品，貌似由发展中国家所生产，但实质上其中主要的高附加值部分却产自发达国家自身。Koopman 等（2008）则以加工贸易为例[③]，从实证的角度计算了中国出口商品的国内附加值，从而得出，在中国出口商品中，大部分高附加值来自发达国家进口的中间服务品，中国所从事的仍是低端环节。很多其他学者也持有相同的观点。

第四种观点认为，中国出口技术复杂度的上升，可能是源于对服务品"差异化"的忽视。由于受到商品贸易数据分类水平的影响，统计数据难以对同一分类水平上的同种服务品的"差异化"做出分辨。因此，即便从统计数据看，中国与发达国家出口商品结构比较相似，但是由于同种服务品之间仍然存在差异，如同样出口服装，但服装与服装之间亦存在"质量"差别，因此出口复杂度仍然存在一定

---

① Amiti, Mary, and Caroline Freund, （2007）, "An anatomy of China's trade?" IMF Working Paper.

② Johnson, Robert C. and Guillermo Noguera, （2009）. "Accounting for Intermediates: Production Sharing and Trade in Value-Added", Manuscript. Dartmouth College.

③ Koopman, Robert, Zhi Wang, and Shang-Jin Wei, （2008）, "How much of Chinese exports is really made in China? Assessing domestic value added when processing trade is pervasive", NBER Working Paper 14109.

差异。由此，Yi（2003）[1]、Simon（2008）[2] 等学者指出，"差异化"服务品的存在且未能明确识别，是导致对中国出口技术复杂度"虚高"估计的主要原因。

除此之外，Zhi Wang 和 Shang-Jin Wei（2008）使用服务品层面的数据[3]，对中国不同区域的出口状况进行研究后发现，促成中国出口技术复杂度的因素并非加工贸易的发展和外资企业的进驻，而主要是人力资本提升和政府对高新技术服务品出口给予税收优惠等政策。

3. 中国出口技术复杂度升级的经济影响

中国出口技术复杂度的提升，无论对于中国自身还是对于贸易伙伴国而言，都会产生一定的影响。而从现有研究文献来看，关于中国出口技术复杂度提升对贸易伙伴国所产生的影响，大多研究主要侧重于其负面效应；而关于国内经济效应的研究，大多研究则侧重于正面效应。首先，从对贸易伙伴国的影响来看，特别是对发达国家的影响，以 Paul Samuelson（2004）为代表的西方学者曾使用传统的李嘉图模型（Ricardian Model）分析指出[4]，作为生产率不断提高的必然结果，像中国这样的发展中国家在技术阶梯上不断攀升，会对美国的出口构成强有力的竞争，从而恶化美国的贸易条件并因此降低美国的贸易利得。而以 Paul Krugman（2008）为代表的西方学者在传统的贸易理论框架下研究表明[5]，由于中国拥有特有的劳动要素禀赋优势，

———————

① Yi, K. - M,（2003），"Can Vertical Specialization Explain the Growth of World Trade?" Journal of Political Economy 111（1），52 – 102.

② Simon P. Anderson,（2008），"Differentiated Products, International Trade and Simple General Equilibrium Effects"，Paper Prepared for the Conference in Honor of Curtis Eaton, Vancouver, June 2008.

③ Zhi Wang, and Shang-Jin Wei,（2008），"The Chinese Export Bundles：Patterns, Puzzles and Possible Explanations". NBER Working Paper 226.

④ Pamuelson, Paul A.（2004），"Where Ricardo and Mill Rebut and Confirm Arguments of Mainstream Economists Supporting Globalization"，Journal of Economic Perspectives 18，No. 3：135 – 146.

⑤ Krugman, Paul R.（2008），"Trade and Wages, Reconsidered"，Brookings Papers on Economic Activity（Spring）：103 – 137.

因此中国出口技术复杂度的提升，即劳动要素禀赋优势一旦"延伸"到技术密集型出口服务品领域，或者高技术密集型领域相对较低的技术密集型生产环节，其服务品出口会对发达国家技术密集型产业中相对低技能的就业者收入产生负面冲击。换言之，随着中国出口技术复杂度提高及其服务品出口量的扩大，美国从像中国这样发展中国家进口量的迅速扩张，对美国收入分配的影响越来越大，对工资收入不平等所产生的压力与日俱增。

其次，从中国出口技术复杂度提高的国内经济效应来看。Hausmann，Hwang 和 Rodrik（2007）在理论模型分析基础之上[1]，通过构建计量模型，使用包括中国在内的跨国面板数据对出口技术复杂度与经济增长的关系做出分析，其研究表明，给定初始要素禀赋，将其目标"锁定"在获取更高技术复杂度商品出口能力提升的国家将在贸易中获取更多利益，并实现经济更快增长，据此 Hausmann 等（2007）认为，中国出口技术复杂度的提升对高速增长的经济具有一定的推进作用。国内学者张亮（2002）虽然没有明确使用"出口技术复杂度"这一概念[2]，但其从高新技术服务品出口角度，分析了其经济拉动效应，其研究指出，高新技术服务品出口对我国经济发展具有直接拉动效应，近年来它对我国 GDP 增长拉动度和直接贡献率在逐年提高，并且高新技术服务品出口还具有促进传统产业改造、带来就业与工资增长、有利于产业结构优化、关联性与渗透性强、促进融资方式新发展等间接带动效应，这一研究结论实际上也意味着中国出口技术复杂度提升对国内经济会产生诸多积极影响。戴翔（2010）则从更为精细的角度[3]，通过利用 1998～2008 年中国 31 个省、自治区和直辖市的面板数据，对中国制成品出口技术复杂度和经济绩效

---

① R. Hausmann, Y. Huang, and D. Rodrik, （2007），"What You Export Matters"，NBER Working Paper No. 11905, 2005.

② 张亮：《高新技术服务品出口的经济效应》，载《中国科技产业》2002 年第 10 期。

③ 戴翔：《中国制成品出口技术含量升级的经济效应》，载《经济学家》2010 年第 9 期。

（包括经济增长绩效和出口增长绩效）的关系做出实证分析，结果表明，制成品出口技术复杂度升级对经济增长和出口贸易增长具有显著的促进作用。

（三）针对服务贸易技术含量的研究

针对服务贸易出口技术含量和技术含量的相关研究，直接研究文献还较为少见。现有研究主要集中在以下几个方面，可以提供一些间接认识，尤其是部分关于中国服务贸易国际竞争力的研究，为我们对中国服务贸易增长方式问题提供了间接认识。例如，大量研究采用传统指数测度中国服务贸易出口竞争力总体状况（殷凤和陈宪，2009[1]；姚战琪，2009[2]；陈虹和林留利，2009[3]；黄建忠等，2009[4]）；还有一部分研究则采用传统指数对服务贸易出口分项竞争力进行测度（赵书华和徐畅，2007[5]；董小麟和旁小霞，2007[6]；余道先和刘海云，2008[7]；黄庐进和王晶晶，2010[8]；黄满盈等，

---

[1] 殷凤、陈宪：《国际服务贸易影响因素与我国服务贸易国际竞争力研究》，载《国际贸易问题》2009 年第 2 期。

[2] 姚战琪：《服务全球化条件下中国服务业的竞争力：问题与对策》，载《国际贸易》2009 年第 4 期。

[3] 陈虹、林留利：《中美服务贸易竞争力的实证与比较分析》，载《国际贸易问题》2009 年第 12 期。

[4] 黄建忠：《基于"钻石模型"的中国服务贸易竞争力实证分析》，载《财贸经济》2009 年第 3 期。

[5] 赵书华、徐畅：《全球运输服务贸易 10 强的运输服务贸易竞争力分析》，载《国际贸易问题》2007 年第 10 期。

[6] 董小麟、旁小霞：《我国旅游服务贸易竞争力的国际比较》，载《国际贸易问题》2007 年第 2 期。

[7] 余道先、刘海云：《我国服务贸易结构与贸易竞争力的实证分析》，载《国际贸易问题》2008 年第 10 期。

[8] 黄庐进、王晶晶：《中国和印度服务贸易国际竞争力的比较研究》，载《财贸经济》2010 年第 1 期。

2010①）。显然，针对中国服务贸易出口竞争力总体状况的研究，难以反映中国服务贸易出口技术复杂度的变化，更难以反映服务贸易增长方式的变化；而针对我国服务贸易出口分项竞争力的研究，虽然可以从服务贸易出口技术复杂度变迁的角度间接反映服务贸易增长的变化，但这只是提供一些粗略认识，而且也难以反映总体变迁情况。况且，与制造业一样，服务业也是一个"碎片化"快速发展的行业，其不同环节同样具有"高端"和"低端"之分，但现有关于服务贸易的统计，却并不如制成品贸易统计数据那样"细致"，对服务贸易分项统计分类相对而言还是比较"粗略"的，简单考察服务贸易出口分项的变化，其实是难以区分各分项下的亚分项之间的"高端"和"低端"之分，或者是技术含量高低之分的。

至于服务贸易出口与经济增长之间的关系，综观近年来国内外关于服务贸易与经济增长关系的现有研究文献，理论方面略显薄弱，更多的研究侧重在经验分析上。在极少数的理论研究文献中，Robinson等（2002）的研究颇具代表性，为了简化分析，Robinson等（2002）并不考虑服务贸易模式的差异，并且仅仅将服务当做一般的商品，运用可计算一般均衡模型（CGE Model）理论分析了服务贸易自由化所产生的经济增长效应②。之后，Rutherford（2004）利用可计算一般均衡模型对俄罗斯加入世贸组织效应进行预评估时也指出，服务贸易壁垒的降低能够提高一国福利水平，而降低服务业 FDI 的市场准入壁垒，有助于服务贸易自由化的发展，显然有助于一国福利水平的提升③。相对于理论模型而言，对服务贸易与经济增长关系的经验研

① 黄满盈、邓晓红：《中国金融服务贸易国际竞争力分析》，载《世界经济研究》2010 年第 5 期。

② Robinson, S, Wang, Z & Martin, W, (2002), "Capturing the implications of services trade liberalization", Economic System Research, 14 (1): 3 – 33.

③ Thomas F. Rutherford, (2004), "Learning on the Quick and Cheap: Gains from Trade through Imported Expertise", NBER working paper no. 10603.

究，成果则颇为丰富。Lewis 等（2003）利用截面数据[1]，选取 10 个国家和地区以及 11 个部门作为研究对象，研究发现，服务贸易对经济增长的影响，不仅在于直接导致世界服务和服务品的生产增加，而且还可以通过产业间的关联性，对其他经济部门产生影响从而带来间接的经济增长效应，特别是服务贸易的进出口能够引起全要素生产率提高，从而对经济增长产生推动作用。Hoekman 等（2006）以印度为研究对象进行分析时甚至认为[2]，服务贸易可能成为一些国家经济增长"发动机"，这是因为，企业国际竞争力在很大程度上取决于低成本、高质量的服务，如金融、电信、运输、分销服务等，而通过进口生产者服务，带动国内相关服务业的快速发展，从而能够有效降低企业成本和提高竞争力，最终有利于这个国家的经济增长绩效。Bosworth 等（2007）的研究则进一步指出[3]，印度全要素生产率的提高正是得益于服务业生产率的进步，而服务业生产率的进步正是得益于其服务贸易的快速发展。危旭芳和郑志国（2004）以中国为研究对象[4]，采用最小二乘法对服务贸易与经济增长关系进行实证分析，研究发现，中国服务贸易进出口与 GDP 之间存在显著正相关关系，曹吉云（2007）[5] 以及韩振国和刘玲利（2009）[6] 的研究得出了相似的结论。Fixler 和 Siegel（2004）经验分析了一些特定部门的服务贸易出口和服务外包的生产率提升效应及其经济推动作用。Mattoo

① Lewis, J. D., Robinson, S. and Thierfelder, K, (2003), "Free Trade Agreements and the SADC Economies", Journal of African Economies 12.2：156 – 206.

② Hoekman, Bernard and Aaditya Mattoo (2006). "Services, Economic Development and the Doha Round：Exploiting the Comparative Advantage of the WTO", mimeo.

③ Bosworth, Barry Susan M. Collins and Arvind Virmani, (2007), "Sources of Growth in the Indian Economy", [DB]. NBER paper No. 12901.

④ 危旭芳、郑志国：《服务贸易对我国 GDP 增长贡献的实证研究》，载《财贸经济》2004 年第 3 期。

⑤ 曹吉云：《我国服务贸易与经济增长关系的再探讨》，载《国际商务（对外经济贸易大学学报）》2007 年第 4 期。

⑥ 韩振国、刘玲利：《我国服务贸易出口对经济增长的影响研究》，载《国际贸易问题》2009 年第 3 期。

（2008）对金融和通信服务市场开放效应进行经验研究后指出，金融和通信服务贸易的自由化是经济长期增长的重要驱动力之一。类似的研究如 Blinder（2006）和 Weiss John（2010）等，分别对特定部门服务贸易自由化的经济增长效应进行了经验分析。

　　针对服务贸易进口的经济绩效问题，从现有的相关文献来看，直接研究也还比较缺乏。但是现有关于服务贸易进口对制造业技术进步的研究，为我们对上述问题提供了间接认识。在理论层面上，Segerstorm（2000）的研究认为[1]，进口服务贸易与当地要素发生关联后，服务将更具"地方化"和"适宜性"特征，进而对制造业的技术进步产生作用。Hoekman（2006）的研究也认为[2]，服务业是一国制造业竞争力的关键，而服务业发展水平较为落后的国家，可以通过服务进口或引进服务业 FDI 来提高这个国家技术水平进而促进制造业效率水平提升。Lennon 等（2007）的研究则进一步指出[3]，服务贸易的固有特征往往需要进出口国生产要素的共同投入和互动，因而所产生的技术溢出效应更为明显，从而促进制造业效率提升。Markusen（1989）[4] 和 Langhammer（2006）[5] 等学者则从专业化分工的角度，指出服务贸易对制造业效率提升的重要作用，他们的研究认为，作为生产投入的服务贸易进口，由于专业化分工的细化和深化，从而使下游产业中间投入品的种类增加和质量提高，进而推动制造业效率提

---

① Segerstorm, Paul S, （2000）, "The Long-Run Growth Effects of R&D Subsidies", Journal of Economic Growth, 5（3）: 105 – 278.

② Hoekman, Bernard, （2006）, "Trade in Services, Trade Agreements and Economic Development: A Survey of the Literature", CEPR Discussion 2006.

③ Lennon, S, （2007）. Information components of apparel retail websites: Task relevance approach, Journal of Fashion Marketing and Management, 11（4）, 494 – 510.

④ Markusen, J. R, （1989）, "Trade in Producer Services and in Other Specialized Intermediate Inputs", The American Economic Review, 1989, 79（1）: 85 – 95.

⑤ Langhammer R. J, （2006）, "Service Trade Liberalization as a Handmaiden of Competitiveness in Manufacturing", Kiel Working Paper No 1293, 2006.

升。Park（2002）[①]、Anderson（2004）[②] 以及 Raff 和 Ruhr（2007）[③]
等学者的研究认为，服务贸易进口可以促进服务业和制造业在空间分
布上的联动效应，从而提高下游制造业的效率水平。国内学者庄丽娟
（2007）[④]、伍华佳和张莹颖（2009）[⑤] 研究认为，服务贸易进口可通
过物质资本积累、人力资本、制度变迁等一系列效应和途径，促进一
国制造业技术进步和效率水平的提高。但是，也有相反的观点认为，
服务贸易进口并非一定意味着技术溢出效应的存在，反而有可能会对
东道国自身技术研发产生排斥效应进而降低制造业效率水平（Bur-
gress，1990）。在实证研究层面，Arnold 等（2007）针对捷克服务业
FDI 对制造业企业效率提升问题进行实证研究后发现[⑥]，其存在着显
著的促进效应。Francois 和 Woerz（2007）以 OECD 国家为样本进行
实证研究[⑦]，结果表明，商业服务的进口对不同要素密集型特征制造
业的影响不一，具体而言，对技术密集型制造业效率提升具有促进作
用，但对劳动密集型制造业却存在反面影响。国内学者蒙英华和尹翔
硕（2010）针对生产者服务贸易进口对中国制造业效率影响的实证
研究表明[⑧]，其对资本密集型和技术密集型制造业效率提升具有显著促

① Park S. C，（2002），"Measuring Tariff Equivalents in Cross-Border Trade in Services"，Korea Institute for International Economic Policy. Working Paper 02 – 15.

② Anderson，M，（2004）. "Co-location of Manufacturing & Producer Services：A Simultaneous Equation Approach". Working Paper No 1009.

③ Raff H. & Ruhr M，（2007），"Foreign Direct Investment in Producer Services：Theory and Empirical Evidence"，Applied Economics Quarterly，53（3）：299 – 321.

④ 庄丽娟：《国际服务贸易与经济增长的理论和实证研究》，中国经济出版社 2007 年版。

⑤ 伍华佳、张莹颖：《中国服务贸易对产业结构升级中介效应的实证检验》，载《上海经济研究》2009 年第 3 期。

⑥ Arnold，Jen s，Javorcik，Beata S.，Mattoo，Aaditya，（2007），"Does services liberalization benefit manufacturing firms? Evidence from the Czech Republic". Policy Research Working Paper Series 4109. The World Bank.

⑦ Francois，J. F.，Woerz，J，（2007），Producer Service，Manufacturing Linkages，and Trade. Tinbergen Institute Discussion Paper，2007.

⑧ 蒙英华、尹翔硕：《生产者服务贸易与中国制造业效率提升》，载《世界经济研究》2010 年第 7 期。

进作用，且不同服务贸易进口的影响效应也不尽相同。Sherman Robinson（2002）利用跨国截面数据进行实证分析后发现[1]，从发达国家进口服务品，有利于发展中国家获取信息和先进技术，从而提高制造业效率水平。尚涛和陶蕴芳（2009）针对中国生产性服务贸易开放与制造业国际竞争力关系的实证研究表明[2]，我国生产性服务贸易开放程度的提高是促使各部门制造业国际竞争力水平不断提高的重要原因。

（四）简要评论

综上可见，目前关于出口贸易技术复杂度的研究，主要还停留在制成品贸易层面上，而鲜有对服务贸易出口技术复杂度和进口技术复杂度的研究。虽然有些从服务贸易竞争力及服务贸易进出口技术复杂度方面的研究为我们提供间接认识，但总体竞争力研究文献难以反映服务贸易出口技术复杂度的变化，而针对服务贸易出口分项竞争力的研究，虽然可以从服务贸易出口技术复杂度变迁的角度给予间接认识，但却十分粗略，而且也难以反映总体技术复杂度的变迁情况。如前所述，与制造业一样，服务业也是一个"碎片化"快速发展的行业，其不同环节同样具有"高端"和"低端"之分，但现有关于服务贸易的统计，却并不如制成品贸易统计数据那样"细致"，对服务贸易分项统计分类相对而言还是比较"粗略"的，简单考察服务贸易出口分项的变化，其实是难以区分各分项下的亚分项之间的"高端"和"低端"之分，更难以从技术含量的角度进行精确分析，并提供客观判断。

针对服务贸易的技术复杂度的经济绩效问题，综上所述，现有研

---

① Sherman Robinson, Zhi Wang. Will Marin, （2002）, "Capturing the Implications of Services Trade Liberalization", Economic Systems Research, 2002, 3 （1）: 3 - 33.

② 尚涛、陶蕴芳：《中国生产性服务贸易开放与制造业国际竞争力关系》，载《世界经济研究》2009 年第 5 期。

究主要从服务贸易出口与经济增长之间的关系、服务贸易进口与制造业效率提升之间的关系展开研究。至于服务贸易出口与经济增长之间的关系，特别是经验分析方面，虽然很多学者已进行了有益的探索，但就前述文献回顾来看，要么在国家或者区域的层面从总体上考察服务贸易自由化的经济增长效应，要么从特定部门的层面实证分析服务贸易自由化的经济增长效应，对服务贸易出口技术内涵与经济增长关系的研究，尚不多见。R. Hausmann 等（2005）对制成品出口贸易的经济效应进行研究时，就曾经指出：对于将目标"锁定"在获取更高技术复杂度商品出口能力提升的国家会从贸易中获取更多利益，并实现更好的经济绩效，即，"一国选择出口什么，是至关重要的"。因此，在我们看来，服务贸易对经济增长的作用，不仅来自基于比较优势的专业化生产所带来的效率提高和产出扩大，同时还可能来自服务贸易出口技术内涵的变化。实际上，在越来越多的"服务和服务品"变得可贸易的同时，得益于生产技术进步和贸易自由化的深入发展，"服务和服务品"的全球价值链拓展也得到了快速发展，即，同一服务和服务品的不同阶段和环节被日益分解，并被配置和分散到具有不同比较优势的国家和地区，即理论界通常所说的"国际生产分割"（International Fragmentation of Production）。这不仅推动了服务部门专业化生产和服务贸易的快速发展，同时也对一国服务贸易出口技术复杂度产生了重要影响。相对于规模变化而言，服务贸易出口技术内涵的变迁更能反映一国在国际分工中的地位和获取贸易利益的能力，因为不同服务和服务品或者说同一服务和服务品的不同生产阶段和环节，实际上意味着不同档次和附加值构成的高低。针对这一问题仍然需要深入分析。

现有关于服务贸易进口与制造业效率提升方面的研究文献，对于我们深化认识服务贸易进口技术复杂度对我国制造业效率提升的影响，无疑具有重要参考价值和意义，但仍有进一步拓展的必要和空间，这突出表现在：（1）现有关于服务贸易进口对制造业效率影响的文献，尤其是实证方面的研究，较多是从服务贸易进口"量"的角度开展，较少关注服务贸易进口"质"的影响；（2）虽然少量的研究也区分了不同服务贸易进口分项对制造业效率影响的差异性，但这一类的研究文献又无法从服务贸易进口总体"质量"方面反映其对制造业效率的影响；（3）从服务贸易进口分项角度研究对制造业效率影响的文献，即便在一定程度上内含了服务贸易进口不同"质量"所产生影响的差异性，但是在服务品内国际分工快速发展背景下，如同制造业一样，服务业也是一个"碎片化"快速发展的行业，其不同环节同样具有"高端"和"低端"之分。而目前关于服务进出口分项统计数据仍然较为"宏观"，难以准确反映某一类别服务贸易项下的"亚结构"演进，换言之，难以准确反映"亚结构"演进对服务贸易进口"质量"所产生的潜在影响。

可见，对于本书所提出的前述各种问题，即：中国服务贸易增长的现状如何？中国服务贸易增长的源泉到底来自于"质"的变化还是来自于"量"的扩张？中国服务贸易的技术复杂度变迁的经济效应如何？出口技术复杂度是否显著影响经济增长的绩效？服务贸易出口技术复杂度与制成品出口技术复杂度之间是否具有某种内在的关系？进口技术复杂度是否对制造业效应提升具有显著影响？进口技术复杂度的提升是否对中国工业经济发展方式转变具有显著的推动作用？影响中国服务贸易出口技术复杂度的因素是什么？以及如何才能进一步提升中国服务贸易的技术复杂度？现有研究仍然缺乏较为系统、深入的研究。针对中国服务贸易的技术复杂度变迁及其经济效应问题的研究，仍然具有较大空间。

三、研究框架和内容

以问题为导向，即根据本书拟回答中国服务出口的技术复杂度变迁及其经济效应的几个重要问题，本书的研究设定了下述四个方面的内容。

第一，服务业"两化"趋势下我国服务出口技术复杂度变迁情况。这一部分的研究主要集中在第二章和第三章。在第二章，我们对当前服务"全球化"和"碎片化"的发展趋势和特征进行描述性分析。通过研究发现，当前，服务"全球化"和"碎片化"已成为经济全球化的重要发展趋势，因此，基于这一现实背景，我们探讨了"两化"趋势对服务出口技术复杂度的可能影响，并借鉴目前国内外学术界普遍采用的测度服务出口技术复杂度指数的新方法，对2000~2013年中国服务出口技术复杂度的变迁情况进行了测度和分析。结果表明，"两化"趋势对中国服务出口技术复杂度的影响，从绝对量角度来看，虽然提升效应作用机制要强于抑制效应作用机制，但从服务出口技术复杂度的相对指数来看，中国服务出口技术复杂度较之于部分发达国家而言，呈下降趋势，服务出口增长面临"扩张陷阱"的风险和可能。从变化机制角度来看，宏观层面上服务出口结构的转变，以及分项服务出口自身技术复杂度提升两种机制，共同促进了我国服务出口技术复杂度的绝对提升，但出口结构优化升级的相对"滞后性"，却又使我国服务出口技术复杂度出现相对下降的趋势。进一步扩大服务业开放，需要注重"技术先行"战略，只有如此，才能抓住服务业"全球化"和"碎片化"给我国带来的重要战略机遇，实现服务贸易发展的"量质齐升"，从而避免陷入可能的"扩张陷阱"和"低端锁定"的被动局面。在第三章，从服务出口复杂度的新视角，首次提出了如何突破服务贸易自身特性和统计数据的现实约束，以服务出口技术复杂度作为服务出口价格的替代变量，从而将目前较为流行的研究货物贸易增长边际分析法拓展至服务贸易领域，并据此将中国服务贸易出口市场份额分解为价格、种类和数量，从而基于服务出口复杂度视角，回答了中国服务贸易出口如何增长的问题。研究发现，从服务出口复杂度角度看，中国服务贸易出口具有典型的粗放型特征，其增长主要依赖于数量增长，价格和种类变化的边际贡献较小，并且从动态演进的角度来看，前述情形有加剧发展之势。

第二，深度剖析影响服务出口技术复杂度的关键影响因素。对这一问题的探讨主要集中在第四章、第五章和第六章。其中，在第四章，我们秉持逻辑与前述各章逻辑一致的研究思路，借鉴国内外学术界目前普遍采用的测度服务出口技术复杂度的新方法，测算了全球112个经济体2000~2011年的服务出口技术复杂度，作为被解释变量。在借鉴有关影响服务贸易比较优势和制成品出口技术复杂度影响因素的文献基础上，我们着重选择了人力资本、服务业发展水平、服务贸易开放度、利用外资额、人均GDP水平、人口规模、基础设施以及制度质量等作为关键解释变量，并据此利用跨国面板数据对影响服务出口技术复杂度的可能关键因素进行实证分析。此外，由于在市场经济条件下，企业技术水平的选择有赖于价格机制的杠杆作用，而汇率水平作为国家间经济交易中的重要相对价格变量，据此，我们在第四章的实证分析中还纳入了汇率因素，考察了汇率变动是否会对服务出口技术复杂度产生影响。实证研究结果发现，虽然基于总样本检验结果显示实际有效汇率上升在一定程度上对服务出口技术复杂度提升具有正向影响，但结合分样本检验结果来看，这种影响主要表现在发达经济体，即实际有效汇率上升对发达经济体服务出口技术复杂度提升具有显著积极影响，但对发展中经济体并不具有显著影响。

第四章主要是在宏观层面上，或者说从国家层面上探讨了影响服务出口技术复杂度的可能关键因素，为了进一步深入认识服务出口技术复杂度的影响因素，第五章再从微观角度进行进一步探讨，即在大样本调研问卷基础之上，从微观层面实证分析了服务出口技术复杂度的可能影响因素。基于总样本的实证研究结果表明：服务出口强度、承接国外企业的服务外包订单、人力资本、创新能力以及服务企业的集聚效应等，均对企业服务出口技术复杂度提升具有显著促进作用；出口企业存续年限对企业服务出口技术复杂度具有倒"U"形的非线性影响；而企业规模和外部式互动创新均未显示对服务出口技术复杂度具有显著影响。进一步按照企业所属行业属性的分样本估计结果发现，服务出口强度、人力资本、创新能力以及服务企业的集聚效应，对中高技术行业组的企业服务出口技术复杂度具有正向促进作用，要强于对中低技术行业组企业的促进作用；但承接国外企业的服务外包订单对两类属性的服务出口企业的作用强度则相反。

由于第四章的实证分析表明，既然汇率上升对发展中经济体出口技术复杂度并不具有显著影响，因此，我们接下来更为关心的问题便转为：汇率变动对服务出口增长是否具有显著影响。应该说，对这一问题的回答，涉及服务贸易发展的政策选择问题。具体而言，特别是对于包括中国在内的发展中国家而言，如果汇率变动在不影响服务出口技术复杂度和服务出口增长的情况下，那么汇率政策对于服务贸易发展战略问题，采取怎样的政策选择似乎就不大紧要，但是，如果汇率变动虽然对服务出口技术复杂度没有显著影响，但是对服务出口增长有显著影响，那么对于服务贸易发展战略而言，汇率政策便有了重要意义。为此，我们在第六章专门考察了人民币汇率变动对我国服务出口增长的影响。利用 1994～2013 年中国经验数据，实证检验的结果表明：（1）人民币实际有效汇率变动，虽然对当期服务出口增长不具显著影响，但对服务出口增长具有显著负面的滞后影响；（2）从服务分部门来看，人民币实际有效汇率变动对新型服务贸易部门出口增长影响，超过对传统部门出口增长影响。据此，本书的研究认为，在进一步推进人民币汇率形成机制改革以及增强人民币汇率弹性进程中，应注意避免汇率过度波动对我国服务贸易发展可能带来的不利影响。适当而稳健的汇率政策，不仅对于扩大服务出口，而且对于服务出口结构优化升级、服务出口技术复杂度的提升，都有极为关键的意义。

第三，深入研究中国服务贸易进口技术复杂度变迁的经济效应。主要包括第七章、第八章、第九章和第十章的内容。其中，第七章利用跨国面板数据，对服务贸易出口技术复杂度与经济增长的关系进行了经验分析。结论表明，服务贸易出口技术复杂度对经济增长有着显著的积极影响，即，服务贸易出口技术复杂度越高，对经济增长的促进作用就越明显。第八章利用跨国面板数据，计量检验了服务出口技术复杂度对经济增长"质"的影响。结论表明，无论是以全要素生产率作为经济增长质量的替代变量，还是以劳动生产率作为替代变量，服务出口技术复杂度对经济增长的"质"均表现出显著积极影响，即服务出口技术复杂度越高，对经济增长质量的促进作用越明显。第九章利用跨国面板数据实证分析了服务出口技术复杂度对服务出口增长的影响。在有效控制人力资本、经济发展水平、有效汇率以及利用外资等因素后，计量检验结果表明，单纯的服务出口技术复杂度提升，对服务出口增长并无显著影响，但其与国际市场上人均收入水平的交互作用，则对服务出口增长具有显著推动作用。第十章进一步考察了服务贸易自由化趋势下，服务出口技术复杂度提升对制成品出口技术复杂度提升的现实效应，实证结果表明，服务贸易自由化发展提升了服务出口技术复杂度，而服务出口技术复杂度的提升又对我国制成品出口技术复杂度提升具有显著影响。

第四，对策建议部分。作为应用性研究，本书的最终研究成果，就是要贡献更具针对性的政策建议，以提高中国服务贸易发展的质量和水平，使其不仅能够更为有效地促进中国外贸发展方式的转变，更能在促进技术进步、制造业效率提升、经济发展方式转变、提升经济增长的"量"和"质"等方面做出更大"贡献"。为此，第四部分在总结前述各章研究成果以及对服务"全球化"和"碎片化"进行简要展望的基础上，着重从坚定不移地依托优势要素深度融入服务业全球价值链分工体系，实现服务出口贸易的大发展；着力发展现代服务业，为提升服务贸易技术复杂度奠定坚实的产业基础；大力承接服务外包，借助"外力"助推中国服务贸易规模扩张和技术复杂度提升"双丰收"；大力引进生产者 FDI，助推中国服务业发展乃至服务贸易出口技术复杂度提升；注重提升服务出口企业的创新能力，为服务出口技术复杂度提升奠定坚实基础；注重人力资本的培育和积累，为高级服务业进而高技术复杂度服务贸易的发展奠定高端要素基础。着力推动技术进步，引领服务业和服务贸易不断向高技术复杂度方向迈进；完善制度质量，为高技术复杂度服务业和服务贸易发展提供良好的商务环境；着力建设现代服务业集聚效应，充分发挥服务出口企业集聚效应在提升服务出口技术复杂度方面的重要作用；加快构建开放型经济新体制，为现代服务业发展进而服务出口技术复杂度提升提供必要的制度保障等方面，进行政策支撑体系的设计，以期提升中国服务贸易出口技术复杂度。

四、本书创新之处

与现有的文献相比，本书的研究在以下几个方面有所创新：

第一，在研究方法上，本书提出了如何突破服务贸易自身特性和统计数据的现实约束，将目前较为流行的研究货物贸易出口技术复杂度的方法拓展至服务贸易领域，并据对中国服务贸易出口技术复杂度变迁情况、影响因素以及各种可能的经济效应进行了探讨。特别地，依据该方法，本书据此将中国服务贸易出口市场份额分解为技术复杂度增长、种类增长和数量增长，从而回答了中国服务贸易出口依靠何种增长源泉问题。这不仅从统计的角度分析了中国服务贸易出口和术复杂度变迁问题，还进行了国际比较，从而深化认识了中国服务贸易发展质量问题。

第二，在研究内容上，本书从服务贸易出口技术复杂度层面研究了其可能的经济效应。这是对现有文献研究内容的一个突破。即从服务贸易出口技术复杂度的角度考察其对经济增长"量"的影响、对经济增长"质"的影响、对服务出口增长"量"的影响，以及对制成品出口技术含量的提升效应影响。这些研究在目前的研究文献中，据我们掌握的研究资料来看，还十分缺乏，即现有研究较少涉及服务贸易出口技术复杂度的经济效应问题，而本书的研究拓展了这一研究领域。

第三，在研究结论上，本书的研究认为，中国服务贸易出口具有典型的粗放型特征，其增长主要依赖于数量增长，质量和种类变化的边际贡献较小，并且从动态演进的角度来看，上述情形有加剧发展之势。而服务贸易出口技术复杂度在对经济增长"量"的影响、对经济增长"质"的影响、对服务出口增长"量"的影响，以及对制成品出口技术含量的提升方面，均具有重要显著的积极影响。因此，本书分别从宏观层面和微观层面，在厘清影响服务出口技术复杂度的关键因素基础上，提出了提升中国出口技术复杂度的对策建议。总体而言，本书一系列的研究结论具有重要政策含义和实际运用价值。

第二章 服务业"两化"趋势与我国服务出口复杂度变迁

当前，服务"全球化"和"碎片化"已成为经济全球化的重要发展趋势，基于这一现实背景，本章探讨了"两化"趋势对服务出口技术复杂度的可能影响，并借鉴目前国内外学术界普遍采用的测度服务出口技术复杂度指数的新方法，对 2000～2013 年中国服务出口技术复杂度的变迁情况进行了测度和分析。结果表明，"两化"趋势对中国服务出口技术复杂度的影响，从绝对量角度来看，虽然提升效应作用机制要强于抑制效应作用机制，但从服务出口技术复杂度的相对指数来看，中国服务出口技术复杂度较之于部分发达国家而言，呈下降趋势，服务出口增长面临"扩张陷阱"的风险和可能。从变化机制角度来看，宏观层面上服务出口结构的转变，以及分项服务出口自身技术复杂度提升两种机制，共同促进了我国服务出口技术复杂度的绝对提升，但出口结构优化升级的相对"滞后性"，却又使我国服务出口技术复杂度出现相对下降的趋势。进一步扩大服务业开放，需要注重"技术先行"战略，如此，才能抓住服务业"全球化"和"碎片化"给我们带来的重要战略机遇，实现服务贸易发展的"量质齐升"，从而避免陷入可能的"扩张陷阱"和"低端锁定"的被动局面。

一、问题提出

自 20 世纪 80 年代以来，伴随经济全球化的深入演进，通信信息技术革命的迅猛发展及其广泛应用，全球范围内的产业结构不断调整和优化升级，尤其是发达经济体产业结构的不断"软化"以及发展中经济体也正在努力发展服务经济，加之多边和双边贸易协定下服务贸易规则的推行，服务业通常只能局限于一国国内的传统发展模式被打破，由此推动了全球服务贸易正以超过货物贸易的增速在迅猛发展，从而使全球贸易结构正逐步向服务贸易倾斜。据联合国贸发会议统计数据库（UNCTAD Statistics）提供的统计数据显示，1980 年世界服务出口总额仅为 3957 亿美元，而到 2014 年世界服务出口总额则已攀升至 49404 亿美元。在此背景下，服务贸易的发展状况日益成为衡量一国（地区）参与全球合作与竞争能力的重要指标之一。而从全球产业链的构成来看，在越来越多的"服务"变得可贸易的同时，与制成品国际生产分割（International Fragmentation of Production）发展趋势一致，"服务"的全球价值链也得到了快速拓展（Sturgeon et al.，2010①），即服务提供流程的不同阶段和环节被日益分解，并被配置和分散到具有不同要素禀赋优势的国家和地区，服务业正呈现"全球化"和"碎片化"的重要发展趋势。

　　毋庸置疑，服务业"两化"趋势对服务贸易规模快速扩张提供了重要机遇，也可能正是受此影响，中国服务贸易发展虽然起步较晚，但增长较快。据 WTO 国际贸易统计数据库（International Trade Statistics Database）的统计数据显示，1982 年中国服务出口额仅为 25 亿美元，占全球服务出口总额的比重约为 0.7%；而 2013 年中国服务出口总额已跃升至 2105.9 亿美元，期间增长了约 84.24 倍，占同期全球服务出口总额的比重也相应攀升至 4.55%，已经"跻身"成为全球第五大服务出口国。从某种意义上来说，我国服务贸易的迅猛发展，正在逐步改变长期以来我国外贸发展备受诟病的"货物贸易和服务贸易不协调"的局面，也让我们看到了转变外贸发展方式的"曙光"，因为大力发展服务贸易，作为我国转变外贸发展方式的重要内容和方向，已经成为理论和实践部门的共识。然而，在中国服务贸易出口规模迅速扩张之际，服务贸易逆差却在不断扩大，例如，2012 年中国服务贸易逆差额为 897 亿美元，2013 年中国服务贸易逆差额扩大至 1184.6 亿美元，2014 年中国服务贸易逆差额进一步扩大

① Sturgeon, Timothy J., and Johannes Van Biesebroeck, (2010), "Effects of the crisis on the automotive industry in developing countries a global value chain perspective", Policy Research Working Paper, No. 5330. Washington, D. C.：World Bank.

至 1599.2 亿美元。而且值得我们注意的是，中国服务贸易逆差主要集中于专有权利使用费和特许费、保险和金融等新型服务部门。因此，从技术内涵的角度来看，我们不免提出这样一个问题：服务业"两化"发展趋势在为服务贸易规模扩张带来战略机遇的同时，是否也对一国服务出口技术复杂度产生了深刻影响？如果是，那么其可能的作用机制是什么？中国服务贸易出口技术复杂度呈现怎样的变化？在国际比较中处于怎样的地位？在服务业"全球化"和"碎片化"的重要发展趋势下，中国服务贸易的发展，采取怎样的举措才能避免"扩张陷阱"，从而实现"量质齐升"？对于诸如此类问题的探讨，显然是目前理论和实践部门面临的重大课题，也是据此探寻实现党的十八大所强调的"大力发展服务贸易，形成以技术、质量、服务为核心的出口竞争新优势"目标有效对策的关键。

二、简要的文献回顾

近年来，国内外学术界在关注出口规模和数量的同时，出口商品的技术结构，尤其是技术含量或者说技术复杂度日益成为学者们关注的焦点议题。特别地，继 Rodrik（2006）的研究发现中国出口商品技术复杂度已远远超过自身发展水平（这一现象被称为 Rodrik 悖论）之后①，学术界主要针对中国出口商品尤其是制成品出口技术复杂度问题，进行了广泛探讨。大体而言，从制成品出口技术复杂度视角开展的国内外研究，主要集中于下述三个方面。

第一，关于中国制成品出口技术复杂度的测度。这一部分研究文献有两种代表性且结论差异较大的观点。一部分研究文献认为，中国

---

① Rodrik, D., (2006), "What's So Special about China's Exports?" China and the World Economy, 14 (2): 1 – 19.

出口产品的技术复杂度近年来得到了迅速提升(关志雄,2002[①];杨汝岱和姚洋,2007[②];Gaulier,2013[③]),甚至有观点认为,中国出口技术复杂度远远超出了同等经济发展水平国家的出口技术复杂度(Rodrik,2006[④];Berthou,2013[⑤]),并与发达国家出口技术复杂度趋近(Schott,2008[⑥];Jana,2012[⑦])。但另一部分的研究文献则认为,近年来中国出口技术复杂度从绝对值来看只有微弱上升趋势(杜修立和王维国,2007[⑧];姚洋和张晔,2008[⑨];Iwamoto,2011[⑩]),但与发达国家出口技术复杂度差距仍然较大(Lall et al.,2006[⑪];樊纲等,2006[⑫]),并且从相对角度来看,甚至有下滑的趋势

---

① 关志雄:《从美国市场看"中国制造"的实力》,载《国际经济评论》2002 年第 8 期。

② 杨汝岱、姚洋:《有限赶超和经济增长》,北京大学中国经济研究中心讨论稿,No. C2007016。

③ Gaulier, G. , Santoni, G. , Taglioni, D. and Zignago, S. , (2013). Market Shares in the Wake of the Global Crisis: the Quarterly Export Competitiveness Database, Working papers, Banque de France 472, Banque de France.

④ Rodrik, D. , (2006), "What's So Special about China's Exports?" China and theWorld Economy, 14 (2): 1 – 19.

⑤ Berthou, A. , 2013, "How do Multiproduct Exporters React to a Change in Trade Costs?", Scandinavian Journal of Economics, 115 (2): 326 – 353.

⑥ Schott, Peter K. , (2008), "The relative sophistication of Chinese exports", Journal Economic Policy, 23 (1): 5 – 49.

⑦ Jana, V. , (2012), "Is China Catching Up? Technological Sophistication of Chinese Exports to European Union", Acta Oeconomica Pragensia, 312 (3): 36 – 54.

⑧ 杜修立、王国维:《中国出口贸易的技术结构及其产业变迁 (1980 ~ 2003)》,载《经济研究》2007 年第 7 期。

⑨ 姚洋、张晔:《中国出口品国内技术含量升级的动态研究》,载《中国社会科学》2008 年第 2 期。

⑩ Iwamoto, M. and N. Kaoru, 2012, "Can FDI promote export diversification and sophistication of host countries?: dynamic panel system GMM analysis", IDE Discussion Paper. No. 347.

⑪ Lall, Sanjaya, John Weiss, and Jinkang Zhang, (2006), "The Sophistication of Exports: A New Trade Measure", World Development, 34 (2): 222 – 237.

⑫ 樊纲:《国际贸易结构分析:贸易品的技术分布》,载《经济研究》2006 年第 8 期。

(Johnson，2009[1]；Moran，2011[2]）。第二，关于出口技术复杂度的影响因素研究。影响出口技术复杂度的因素是复杂的，不同学者强调的因素各异。有学者认为创新能力具有决定性作用（Galina et al.，2006[3]），也有学者从经济发展水平即人均GDP角度进行解释（Hausman et al.，2007[4]；洪世勤等，2013[5]），还有学者从利用外资角度进行了探讨（Thomas，2012[6]），以及从人力资本（García et al.，2012[7]）、人口规模（Ermias，2013[8]）和基础设施（王永进等，2010[9]）等角度探讨可能影响因素。第三，关于出口技术复杂度的经济影响。较为一致的观点认为，出口更高技术复杂度的国家和地区，不仅由于占据附加值高端从而获取更多贸易利益，而且对经济增长有着显著积极的影响（Hausman et al.，2007；戴翔，2010[10]）。

而从服务贸易视角开展的国内外研究，截至目前，虽然现有文献

① Johnson, Robert C. and Guillermo Noguera, 2009, "Accounting for Intermediates: Production Sharing and Trade in Value-Added". Manuscript. Dartmouth College.

② Moran, Theodore H., (2011), "Foreign Manufacturing Multinationals and the Transformation of the Chinese Economy: New Measurements, New Perspectives", Peterson Institute for International Economics Working Paper Series WP11 – 11.

③ Galina Hale and Cheryl Long, 2006, "What determines technological spillovers of foreign direct investment: evidence from China", Working Paper Series 2006 – 13, Federal Reserve Bank of San Francisco.

④ Hausmann R., Huang Y. and Rodrik D. 2007, "What You Export Matters", NBER working paper no. 11905.

⑤ 洪世勤、刘厚俊：《出口技术结构变迁与内生经济增长：基于行业数据的研究》，载《世界经济》2013年第6期。

⑥ Thomas, K., (2012), "Does Foreign Direct Investment Drive Technological Upgrading?" World Development, 8 (2): 1543 – 1554.

⑦ García, F., A. Lucía and F. Esteban, (2012), "Learning from exporting: The moderating effect of technological capabilities", International Business Review, 21 (6): 1099 – 1111.

⑧ Ermias, W., 2013, "Echnology, Trade Costs and Export Sophistication", The World Economy, 37 (1): 14 – 41.

⑨ 王永进、盛丹、施炳展、李坤望：《基础设施如何提升了出口技术复杂度》，载《经济研究》2010年第7期。

⑩ 戴翔：《中国制成品出口技术含量升级的经济效应》，载《经济学家》2010年第9期。

所涉及的问题很多，诸如服务贸易不同于货物贸易的特性、传统比较优势理论的适用性、影响服务出口的主要因素以及服务贸易自由化及其福利问题等，但对服务贸易出口技术复杂度问题的研究，还较为鲜见。少量零星的文献开始探讨服务出口技术复杂度的经济效应问题（Gable et al.，2011①；马鹏等，2014②），但却没有对服务出口技术复杂度的测算问题进行专文探讨，更没有针对中国实践做出专门研究。

　　综上可见，现有文献虽不乏可借鉴之处，例如，关于制成品技术复杂度问题研究，可以为我们在研究过程中采取合适的方法提供参考；关于服务贸易方面的研究，可以对有关问题的认识给予有益启示。但现有研究均没有直接论及本题，特别是对我国服务出口技术复杂度的比较及其变化机制等问题，还缺乏专文研究。鉴于此，本章就我国服务出口技术复杂度的国际比较及变化机制做出初步探讨。

三、服务业"两化"趋势的特征事实

　　进入 21 世纪以来，服务业"全球化"和"碎片化"成为重要发展趋势，也标志着经济全球化进入了新的发展阶段。当然，导致这一发展新趋势的原因很多，既有科技革命的进步从而使服务的可贸易性越来越强，也有全球价值链分工深入演进从而对"链接"不同生产环节和阶段的服务需求越来越多；既有全球服务贸易规则实行从而对服务业"两化"发展提供了制度层面的保障，也有国家层面积极推动的重要影响。而其中最为重要的推动因素应是跨国公司的全球生产垂直一体化和水平一体化发展战略。也正是在多种因素的共同作用

---

　　① Gable, S. L. and Mishra, S., 2011, "Service Export sophistication and Europe's new growth model", World Bank Policy Research Working Paper Series 5793.

　　② 马鹏、肖宇：《服务贸易出口技术复杂度与产业转型升级——基于 G20 国家面板数据的比较分析》，载《财贸经济》2014 年第 5 期。

下，服务"全球化"和"碎片化"已成为当前经济全球化的重要发展新趋势，对此，我们可以从如下几个特征事实中略见一斑。

第一，服务贸易的快速发展，是服务业"两化"发展趋势的典型特征事实。服务贸易是服务业在国际范围内的延伸，是服务业在全球范围内进行专业化分工的直接表现和反映，因此，全球服务贸易发展状况大体能够反映出服务业"两化"发展的基本趋势。实际上，自20世纪60年代以来，全球服务贸易的发展就已经开始加速。在中国改革开放之初的1979年，全球服务贸易的增长速度首次超过了货物贸易的增长速度，前者的增幅为2.4%而后者的增幅为2.1%。尽管增速较快，但由于服务贸易在全球贸易中的比重仍然较低，因此还没有引起人们的足够重视，更没有意识到服务贸易有可能会成为全球贸易增长的"新引擎"。而自80年代以来，在前面所述的各种因素等共同推动下，服务贸易的增长随之异军突起。1981年全球服务贸易进出口总额为8760.1亿美元，而到2013年这一数值已快速攀升至9.22万亿美元，其间增长了近10.53倍，全球服务贸易进出口总额与同期货物贸易进出口总额之比也相应地由1980年的18.57%上升至2013年的25.08%。表2-1给出了1980~2013年全球服务贸易进、出口额及其增长率情况。

表2-1的统计结果显示，全球服务贸易发展除了呈现规模迅速扩张这一显著特征之外，还具有加速发展之势的特征。尤其是进入21世纪以来，在本轮全球金融危机爆发之前，全球服务贸易的增速几乎是以两位数的速度在推进。受本轮全球金融危机的影响，2009年虽然出现了负增长，但伴随危机阴霾的逐步散去，服务贸易又呈现了恢复性增长。就表2-1的整个样本区间来看，全球服务贸易的年均增长率为7.63%，这不仅高于同期全球GDP年均增长率，也高于同期全球货物贸易年均增长率。总之，全球服务贸易增长不但速度快，而且还有加速之势，已经成为经济全球化的重要标志，并成为引领全球贸易增长的重要"引擎"。这是服务业"两化"发展的典型表现。

表2-1 全球服务贸易进、出口额（1981~2013年）

单位：亿美元

年份	1981	1982	1983	1984	1985	1986	1987	1988	1989	1990	1991
出口总额	4074.6	4001.5	3896.2	3983.4	4112	4845.9	5747.1	6426.4	6997.4	8313.5	8777.1
进口总额	4685.5	4516.9	4355.5	4450.6	4437.2	5000.8	5887.2	6707.9	7346.4	8751.9	9211.8
进出口总额	8760.1	8518.4	8251.7	8434	8549.2	9846.7	11634.3	13134.3	14343.8	17065.4	17988.9
增长率	3.86%	-2.76%	-3.13%	2.21%	1.37%	15.18%	18.15%	12.89%	9.21%	18.97%	5.41%
年份	1992	1993	1994	1995	1996	1997	1998	1999	2000	2001	2002
出口总额	9769.3	9938.4	10834.8	12222.2	13173.1	13726.1	13899.8	14355.5	15219.8	15251.1	16340.7
进口总额	10065.7	10112.6	10935.6	12409.4	13156.3	13512.4	14308	15193.9	15378.3	16230.6	16230.6
进出口总额	19835	20051	21770.4	24631.6	26329.4	27238.5	27443.8	28663.5	30413.7	30629.4	32571.3
增长率	10.26%	1.09%	8.58%	13.14%	6.89%	3.45%	0.75%	4.44%	6.11%	0.71%	6.34%
年份	2003	2004	2005	2006	2007	2008	2009	2010	2011	2012	2013
出口总额	18965.9	23023.5	25732.2	29087	34902.4	39162	35555.8	38962.6	43728.9	44738.1	47201.8
进口总额	18627	22287.2	24723.6	27579.5	32813.7	37545.3	34229.9	37392.5	41806.4	42926.8	44991.9
进出口总额	37592.9	45310.7	50455.8	56666.5	67716.1	76707.3	69785.7	76355.1	85535.3	87664.9	92193.7
增长率	15.42%	20.53%	11.36%	12.31%	19.50%	13.28%	-9.02%	9.41%	12.02%	2.49%	5.17%

资料来源：UNCTAD 统计数据库。

　　第二，全球服务业 FDI 的迅猛增长，是服务业"两化"发展趋势的另一重要特征事实。服务业对外直接投资，作为服务业跨国转移的重要方式和内容之一，近年来发展迅猛。2006 年联合国贸发会议（UNCTAD）在其发布的《2006 年全球投资报告》中就指出[①]，全球对外直接投资的重点已经开始逐渐从传统的制造业领域向服务业领域转变，其中的统计数据显示，在 20 世纪 80 年代初期，全球服务业对外直接投资存量仅占当时全球对外直接投资存量的 25%，1990 年时这一占比上升到 49.1%，而到了 2004 年这一占比则进一步上升到 51.8%。而联合国贸发会议最新发布的《2014 年全球投资报告》中的统计数据进一步表明，截至 2013 年年底，全球服务业对外直接投资存量占总投资存量的比重为 58.92%。再从全球服务业对外直接投资流量来看，统计数据表明，1990 年全球服务业对外直接投资流量与全球对外直接投资流量之比为 45.68%；而 2003 年这一比重则突破 50% 的大关，达到 52.89%，流量额约为 4362 亿美元。受到本轮全球金融危机及其后续影响的冲击，在全球制造业领域对外直接投资呈现下降的趋势下，服务业对外直接投资却保持了增长态势。2012 年，全球服务业对外直接投资流量额为 4887 亿美元，相比之下，制造业全球对外直接投资流量额 3811 亿美元，两者之比为 1.28∶1；2013 年，全球服务业对外直接投资流量额上升至 5409 亿美元，而制造业全球对外直接投资流量额反而下降至 3741 亿美元，两者之比为 1.45∶1。由此可见，全球对外直接投资正加快向服务业聚集。当然，按照服务贸易总协定的定义，服务业 FDI 属于四种服务业贸易方式的一种，即商业存在。而与服务业 FDI 推动的服务业跨国转移相适应的是，近年来，通过商业存在的形式而实现的服务贸易规模正在不断扩

---

　　① WIR, 2007. "World Investment Report 2006: Transnational Corporations, Extractive Industries and Development". New York and Geneva: United Nations.

大。据世界贸易组织的估计（WTO，2014[①]），目前通过商业存在而实现的服务贸易总额约为跨境提供的 1.6 倍左右。

第三，全球制成品贸易中内含的服务价值，同样是服务业"两化"发展趋势的重要特征事实。20 世纪 80 年代以来，全球价值链日益成为国际分工的主导模式，而其突出表现就是生产国际分割与切片化。因此，以往学术界对全球价值链的研究主要侧重于制造业，而对服务业全球价值链问题重视不够。实际上，伴随着产品国际生产分割和切片化的深入演进，服务业在全球价值链中的作用也日益凸显，这不仅表现为服务成为"链接"产品生产不同环节和阶段的重要"黏合剂"，发挥着协调运营、总部管理等重要作用，服务本身（如研发、设计、营销等）也越来越成为价值链中的重要增值环节。正如 Bas 等（2012）的研究所指出[②]："产品生产所创造的附加值越来越向价值链低端转移，而服务则不断向价值链高端攀升。"因此，全球价值链的真实意义越来越表现为制造、服务、投资与贸易日益融合为"一体化"，传统的将货物贸易和服务贸易截然分开的做法显然已不合时宜。也正是源于这一实践性变化和需求，目前有关附加值贸易（Trade in Value-added）问题正成为国内外学术界研究的热点。囿于统计数据的可得性，目前还没有针对全球服务价值链问题的专门研究，但是随着国际组织对全球价值链和附加值贸易分析思路的认可和支持，贸发会、WTO、OECD 等国际组织和机构倾力建设的全球价值链和附加值贸易基本数据库及其取得的初步研究成果，则可以为我们在全球价值链视角下的服务业"两化"趋势提供一些间接认识。联合国贸发会议发布的《全球价值链及其发展》报告中的研究表明

---

① World Trade Organization, 2014. "WTO Domestic Regulation and Services Trade: Putting Principles into Practice", Cambridge University Press, Cambridge, England.

② Bas, M. and Berthou, A., 2012. "The decision to import capital goods in india: Firms' financial factors matter". World Bank Economic Review, 26 (3).

（UNCTAD，2013①），1995～2011 年，全球制成品贸易中所内含的服务增加值比重不断提高，已由 1995 年的不足 10% 上升到 2011 年的 21.8%。其中，诸如美国等发达经济体出口的制成品中，所内含的服务增加值已经超过 25%，而对于中国等已深度融入全球价值链的经济体而言，其制成品出口中所内含的服务增加值也均在 15% 以上。当然，由于 UNCTAD 的研究是在产业大分类之上，利用世界投入产出表估算而得，即利用全球制造业和服务业各部门间的投入产出关系进行估算而得，因此所得结果会大大低估制成品出口中内含的服务增加值，因为其对服务提供的来源仅仅考虑服务产业部门，而未能将制造业本身内部所"自给"的服务纳入进去。但无论如何，国际组织和机构针对全球价值链和附加值贸易的初步研究成果已经充分表明，服务已然成为全球价值链的重要组成部分，这既是服务业"全球化"和"碎片化"发展的表现，也是其结果。

第四，当前服务外包的蓬勃发展，更是服务业"两化"发展趋势的突出特征。除了前面所述的服务业 FDI 之外，服务外包也是当前服务业跨国转移的重要形式和内容。实际上，服务外包体现的不仅仅是服务业的"全球化"问题，更能体现服务业的全球"碎片化"，因为从服务外包分类角度来看，主要是指知识流程外包（Knowledge Process Outsourcing，KPO）、信息技术外包（Information Technology Outsourcing，ITO）以及商业流程外包（Business Process Outsourcing，BPO）三者。显然，这三种服务外包形式所涉及的均是企业内部服务的部分环节和阶段的"外部化"，包括 KPO 下的市场研发和业务分析，ITO 下的系统操作、系统应用和基础技术服务，以及 BPO 下的企业内部管理服务、企业运作服务和企业供应链管理服务，本质上均是服务提供流程的跨国转移和分割，因而是服务业"全球化"和"碎片化"最为典型的特征和表现。进入 21 世纪以来，国际服务外

---

① WIR，（2013）. "World Investment Report 2013：Global Value Chains：Investment and Trade for Development". New York and Geneva：United Nations.

贸的迅猛发展,已经成为服务贸易增长的主要动力以及服务业跨国转移的主要"推进器"。据国际数据公司(IDC)提供的数据显示,即便是在本轮全球金融危机冲击的 2009 年,全球服务外包仍然保持了较快增长势头,全球服务外包总额高达 7699.29 亿美元,仍然超过了 2008 年的 7528.68 亿美元服务外包总额。而中国服务外包网上提供的统计数据表明,2010 年全球服务外包市场总规模 7995 亿美元,2011 年全球服务外包市场规模约为 8200 亿美元。另据美国管理咨询公司麦肯锡的研究表明,目前全球服务外包市场总额正以每年约 20%~30% 的增速在急剧扩张,按照这一增速可以预测,到 2020 年,全球服务外包总额将会突破 5 万亿美元。总之,全球服务外包蓬勃发展的实践表明,服务业"全球化"和"碎片化"已经成为当前及今后经济全球化发展的重要内容和趋势。

四、"两化"趋势对服务出口技术复杂度的影响

毋庸置疑,服务业"全球化"和"碎片化"的深入演进对全球服务贸易规模扩张,尤其是发展中经济体融入全球服务经济,从而实现规模增长带来了重要战略机遇。这是因为,服务"全球化"尤其是"碎片化"的发展,使原先在整套服务提供流程上不具优势的发展中经济体,伴随服务流程的"碎片化",从而具有了在某些特定环节和阶段上的优势;与此同时,服务业 FDI 推动的服务业跨国转移,也为发展中经济体带来了新优势,或者说至少强化了原有优势。实际上,服务业"两化"趋势不仅对服务贸易规模扩张带来了重要机遇,对服务出口技术复杂度同样产生了深刻影响。

首先,从比较优势分工原理的作用机制来看。服务业"全球化"和"碎片化"的发展,实质上是全球各国不断发挥比较优势的结果,也是比较优势或者说专业化分工不断细化的表现。一个不容争辩的事

实是，从技术内涵的角度来看，经过长期的积累和发展，总体而言，发达经济体在全球产业链上游的研发、设计以及下游的金融、保险、营销等服务领域具有较强的比较优势，因此，按照比较优势的分工原理，其专业化的流程和环节必然表现出高技术密集度和高知识含量等高端要素含量特征，放弃具有比较劣势的低端要素含量特征的流程和环节，因此，从绝对的角度来看，其结果必然表现为服务出口技术复杂度的提升；与之相对应，发展中经济体则在全球产业链中劳动密集型环节和阶段具有比较优势，因此，在比较优势分工原理的作用机制下，其专业化的流程和环节也就相应地表现为劳动密集型或者低端要素含量特征，而放弃具有高端要素含量特征的流程和环节，因此，从绝对的角度来看，其结果必然表现为服务出口技术复杂度的下降。从前述意义来说，伴随服务业"全球化"和"碎片化"的深入发展，比较优势分工原理的作用机制，对发达经济体服务出口技术复杂度的提升具有积极影响，而对发展中经济体服务出口技术复杂度则可能产生不利影响。而从相对的角度来看，则会出现"两极分化"的可能。

其次，从跨国公司基于提升全球竞争优势的协作机制来看。一方面，基于成本最小化和尽可能地提升竞争力水平，跨国公司会通过FDI的形式对部分服务流程和环节进行跨国再配置，充分发挥高技术与低成本相结合的优势。以此推动的服务业跨国转移以及服务贸易的发展，在某种程度上来说，会有利于发展中经济体进入新兴服务部门，或者在高端要素含量的服务提供流程和环节上获取比较优势，从而对服务出口技术复杂度具有提升效应。况且，正如经典的跨国公司内部化理论所指出，与制造业FDI相比，服务业FDI的技术和知识溢出效应更为显著，甚至具有"公共物品"的特性，从而对东道国本土服务企业技术水平的提升具有积极促成作用，进而在整体上提升服务出口技术复杂度水平。另一方面，从整个价值链的构成来看，最终服务的竞争力取决于价值链上各服务环节和阶段在"质量"上的匹配程度，服务提供流程上的任何一个阶段和环节出现问题，都有可能使最终服务失去竞争力。换言之,"木桶原理"可能成为跨国公司在服务提供方面是否具有竞争力的决定性因素,各环节和阶段的质量、及时性和可靠性日益成为非价格竞争的关键。为此,发达国家跨国公司在进行服务流程和环节的跨国配置过程中,为了确保各个环节之间的匹配性,往往会对东道国本土企业提供必要的技术服务和技术指导、劳动力和管理培训等,以便它们的标准能够符合跨国公司的要求。这种"主动"溢出效应显然会对本土服务企业技术进步进而提升服务出口技术复杂度,具有显著的促进作用。当然,对于发达经济体来说,由于其跨国公司采取的是"保留核心的,剥离其余的"战略,从而在整体上也会对其服务出口技术复杂度具有提升作用。由于前述影响对于发达和发展中经济体都是有利的,因此,从相对角度来看,是否对发展中经济体服务出口技术复杂度的相对提升具有积极作用,仍具有不确定性。

最后,从分工演进的动态发展机制来看。伴随信息通信科技的突飞猛进以及服务提供流程"碎片化"分割技术的快速发展,价值链的"全球长度"仍在进一步延伸。应该说,在信息技术的发展推动下,以信息为基础的新兴服务行业快速发展,以及服务品种的不断增加,包括传统服务部门衍生出很多高端环节和流程,都是明证。而在本轮全球经济危机后,虽然目前发达经济体呈现微弱的复苏迹象,但失业率仍然高居不下,究其原因,受到危机冲击后,越来越多的跨国企业意识到,通过外包或者直接采购的方式而非自己贸然在国内投资的方式,来提升其服务供给能力,可能是更为理性的做法,换言之,加大服务外包力度,或者通过FDI的形式推动服务业跨国转移以寻求更低的成本优势,将成为今后跨国公司的重要选择。在"归核化"的发展战略下,发达经济体的跨国公司必然会将更多的服务提供流程、环节和工序等外包出去。而从动态的角度来看,每次新一轮"外包"出去的服务提供流程、环节和工序,可能都体现为具有更高的技术、知识和信息要素密集度特征。这种动态的演化趋势也就意味着,对于诸如中国这样的后发经济体来说，在承接服务业跨国转移过程中，有可能存在着在更高层次上融入以发达国家跨国公司主导的全球价值链分工体系，进而提升服务出口技术复杂度的重要战略机遇。当然，与前述作用机制类似，从相对角度来说，这种作用机制是否能够提升发展中经济体服务出口技术复杂度的相对值，同样具有不确定性。

综上所述，服务业"全球化"和"碎片化"的发展趋势，对服务出口技术复杂度产生了深刻影响，而这种深刻影响对于发达经济体来说，其影响可能是确定的，那就是有利于提升其服务出口技术复杂度水平；而对于发展中经济体来说，其影响可能具有不确定性，既存在着提升的机遇，也有可能陷入"扩张陷阱"，其结果到底如何，可能取决各种作用机制的相对作用的大小，或者说在不同的发展阶段和背景下，到底是哪一种作用机制能够发挥主导作用。

五、"两化"趋势下我国服务出口技术复杂度的变迁

(一) 服务出口技术复杂度的测度方法

针对服务出口技术复杂度的测算问题，基于数据的可得性及其可操作性考虑，目前国内外学术界主要还是借鉴 Hausmann 等 (2007) 提出的有关制成品出口技术复杂度测度方法 (Gable et al., 2011[①]；程大中，2013[②]；马鹏等，2014)。具体而言，服务出口技术复杂度的测算可分两步进行：第一步首先测度服务出口中某一分项的复杂度指数 (记为 TSI)，具体的测算公式如下：

---

① Gable, S. L. and Mishra, S., 2011, "Service Export sophistication and Europe's new growth model", World Bank Policy Research Working Paper Series 5793.

② 程大中：《中国服务出口技术复杂度的国际比较分析——兼对"服务贸易差额悖论"的解释》，载《经济研究》工作论文 No. WP456, 2013 年。

$$TSI_k = \sum_j \left[\frac{X_{jk}/X_j}{\sum_j (X_{jk}/X_j)} Y_j \right] \qquad (2-1)$$

其中，下标 k 表示分项服务，下标 j 表示国家。则 TSI_k 即某一分项服务 k 的技术复杂度指数，x_{jk} 则表示国家 j 在分项服务 k 上的出口额，X_j 则表示国家 j 服务出口总额，Y_j 则表示国家 j 经济发展水平（以人均收入水平表示）。显然，前述测度某一分项服务 k 的技术复杂度指数，其实质是以各国在服务分项 k 上的显示性比较优势指数为权重，进而计算的各服务出口国的人均收入水平的加权平均。使用前述计算方法来测度服务分项 k 的技术复杂度指数，其内在逻辑就是比较优势的分工原理。国际经济理论中的经典比较优势认为，开放经济条件下一国的生产和提供何种产品或服务，取决于此产品或服务生产和提供的比较成本，而通常而言，低工资的国家在低技术复杂度的产品和服务方面具有比较成本优势，而高工资的国家则在高技术复杂度的产品和服务上具有比较成本优势，因此，按照比较优势的分工法则，低工资的国家将专业化生产和提供低技术复杂度的商品和服务，而高工资国家则将专业化生产高技术复杂度的商品和服务。而工作水平一般与一国经济发展程度或者说人均 GDP 水平密切相关，因此不难理解，技术复杂度越高的分项服务，工资水平越高的国家其显示性比较优势指数也就越高，那么以此为权重计算出来的分项服务的技术复杂度指数也就相对较高；与此相对应，技术复杂度越低的分项服务，工资水平越低的国家其显示性比较优势指数就越高，那么以此为权重计算出来的分项服务的技术复杂度指数也就相对较低，这就是式（2-1）依据比较优势原理内在逻辑的合理之处。

依据式（2-1）计算出分项服务 k 的技术复杂度指数后，接下来再通过式（2-2）计算一国总体层面或产业层面上的服务出口技术复杂度（Export Sophistication）指数：

$$ES_j = \sum_k \frac{x_{jk}}{X_j} TSI_k \qquad (2-2)$$

其中，ES_j 表示国家 j 的服务出口技术复杂度指数。x_{jk} 表示国家 j 分项服务 k 的出口贸易额，X_j 表示国家 j 的服务出口总额，TSI_k 表示分项服务 k 的技术复杂度指数。依据前述方法，在数据可得性的情况下，可以测算任何国家在任何年度的总体或产业层面上的服务出口技术复杂度指数。在此需要特别指出的是，在以往有关制成品出口技术复杂度的测算中，通常采用静态法来度量某一商品的技术复杂度指数。而所谓的静态方法，是指在计算最终出口技术复杂度指数 ES 值时，采用的是一个不变的 TSI 值，即使用某一固定年份的 TSI 值或者采用样本区间内 TSI 平均值（采用这一常数值的做法即为静态法），而使用这一方法的学者给出的理由是，由于 TSI 值反映的是某一分类产品的技术复杂度，因此在不同的年份同一产品的 TSI 值应该是不变的，即同一产品的技术内涵应该是一致的。显然，静态法测算的出口技术复杂度指数 ES，其值主要取决于各种具有不同 TSI 值的分类产品出口额在一国总出口中的比重，换言之，一国出口技术复杂度的变化主要取决于出口产品类别的转变。静态方法虽有一定的合理之处，但也存在两个方面的重要问题：一是即便是同一产品，只要发生了技术进步，在不同年份具有不同的技术内涵就是完全正常的，此时采用静态方法显然不合时宜；二是在全球价值链不断分解和拓展之下，基于商品类别统计数据的细化程度，远远达不到实际分工的细化程度，或者说，某一分类商品的统计数据，实际上包含着这一类别下的很多"亚类别"产品。那么从这一意义上来说，由于"亚类别"产品间所具有的不同技术内涵，其结构变化同样会对相对宏观层面的某一产品技术复杂度产生影响。尤其是当前服务贸易的统计数据，统计层面上的宏观分类显然还远远滞后于服务价值链的细化程度，因而相对宏观的统计数据显然难以真实反映一国在某一服务部门下的"亚结构"演进。如前所述，在服务"碎片化"的趋势下，传统部门也有高端部分，新型部门也有低端环节，而不同服务部门下的"亚结构"演进及其转变，显然会改变统计意义上的技术复杂度指数。基于前述两个方面的考虑,我们采用动态方法而非静态方法来测度服务出口技术复杂度指数。所谓动态方法,就是在计算服务出口技术复杂度指数时采用的 TSI 值,是根据各年度测算出来的实际值进行计算,而不是采用某一固定年份的值或样本区间的均值作为替代。显然,动态测度方法下的 TSI 值,其变化既涵盖了可能来自技术进步的影响,也涵盖了某一类别服务贸易项下的"亚结构"演进所带来的影响。与静态测算法相比,采用动态测算法,一国服务出口技术复杂度指数的变化,可能源自于两个方面的原因:一是在相对宏观层面上服务出口结构在不同类别的分项服务间的转变;二是每一分项服务自身技术复杂度指数 TSI 值的变化(体现的是技术进步以及"宏观"分类层面下所内含的"亚结构"转变)。

(二)数据来源及说明

依据前述设定的测算服务出口技术复杂度指数的最新方法,需要使用的数据主要包括全球各经济体服务出口数据以及人均 GDP 数据。客观而言,服务贸易统计数据的复杂性及其相对缺失,是制约学术界对服务贸易开展定量研究的一个较大障碍,但值得庆幸的是,在服务贸易日益成为经济全球化重要内容的大背景下,一些国际组织(包括 UNCTAD、IMF、WTO 及 OECD)以及越来越多的经济体正致力于解决服务贸易统计数据库的建设问题,目前取得的成果已经基本能够为本章的研究提供数据支撑。本章所使用的服务贸易数据即来自前述数据库。需要指出的是,前述数据库报告的统计数据均是来自各样本经济体按照 IMF 的《国际收支手册》统计口径和项目分类报告的统计数据,除了总体服务贸易数据外,还包括运输、旅游、通信服务、建筑服务、保险服务、金融服务、计算机和信息服务、版权和特许费、其他商业服务以及个人、文化和娱乐服务、政府服务等 11 大类的分类统计数据。而联合国服务贸易统计数据库报告的服务贸易分类数据甚至细分到 2 分位和 3 分位层面。显然，依据如前所述的方法，基于更为细分的服务分类统计数据所计算出的服务出口技术复杂度，相对而言也就更为精确，但遗憾的是，越是细分的服务贸易数据，不仅报告的经济体数量较少，而且年份区间也较短。因此，考虑到样本经济体具有足够的代表性，本章在测算时即采用 11 大类层面上的分类统计数据，数据涵盖的年份区间为 2000 ~ 2013 年，涉及的经济体为 48 个。另外，11 大类服务贸易部门包括政府服务，由于本章着重关注商业服务，因此在计算过程中剔除了政府服务而仅保留另外 10 个服务贸易部门，据此测算服务出口技术复杂度。计算中采用的各经济体人均 GDP 统计数据，来源于 UNCTAD 统计数据库，并以 2005 年为基期折算成不变价格和不变汇率的实际人均收入。

六、测算结果及分析

本章首先测算了各分项服务 2000 ~ 2013 年的技术复杂度 TSI 值，结果见表 2 - 2 所示，从中可以看出，同一分项服务的 TSI 值在不同年度大小不一，且从时间趋势来看，不同分项服务 TSI 值大都呈逐步提升的一致性趋势，这在一定程度上内含了技术进步的可能以及价值链分工不断细化（即如前所述的"亚结构"演进）的影响。前述变化趋势由此也意味着采用动态方法进一步计算出口复杂度（ES）更为恰当。此外，如果将 10 类分项服务按照惯常方式划分为传统服务部门（主要包括建筑服务、运输和旅游）和新型服务部门（主要包括计算机和信息服务、保险服务、金融服务等）的话，那么对表 2 - 2 的测算结果进行进一步的观察可以看出，传统服务部门中各分项服务的 TSI 值，与新型服务部门中各分项服务的 TSI 值相比，在同一年度上不仅前者均要小于后者，并且从时间演进趋势来看，前者上升的速度也显著滞后于后者。这种差异化或许能够在一定程度上说明，从技术内涵的视角看，较之于传统分项服务而言，新型分项服务可能更具广阔的技术提升空间和发展潜力。这一点与WTO发布的《2013年世界贸易报告》中指出的趋势具有一致性，即当前全球服务贸易中不断衍生出的新品种更多源自于金融、保险、通信、计算机和信息服务等商业服务领域，并呈高端要素密集型特征。

表2-2　　　　　各分项服务的 TSI 值：2000~2013 年

年份	运输	旅游	建筑服务	通信服务	保险服务	金融服务	计算机和信息服务	专利和特许费	个人文化和娱乐服务	其他商业服务
2000	24522	20190	19121	25407	30051	36417	38046	39205	22756	38728
2001	24744	20442	20533	26240	28591	37539	35588	36683	25284	36935
2002	24138	19083	22142	25701	28904	35246	31057	32105	27811	32815
2003	23868	19032	20738	25917	26514	34246	27840	28682	30339	29876
2004	25246	20915	21016	25978	27707	36328	28453	29285	32866	30774
2005	29378	25194	24946	29059	33712	42309	31448	32349	35394	34423
2006	32791	28566	29263	32930	39620	45940	36334	37143	37922	38984
2007	34992	29741	35640	37585	45198	48707	41459	42024	40449	43442
2008	37532	33049	28850	36662	45087	48875	38569	39743	42977	41651
2009	42505	38004	31696	42893	47276	53098	41178	41934	45504	44248
2010	45373	41409	34651	46861	51600	58270	48221	49386	48032	51244
2011	46254	41833	36611	50828	55925	63442	55264	56839	50560	58241
2012	47135	42257	38571	54796	60249	68613	62307	64291	53087	65237
2013	48015	42679	40535	58756	64576	73790	69363	7230	55615	72225

资料来源：笔者计算。

根据表2-2测算出来的2000~2013年各分项服务的TSI值，再依据式（2-2）进一步计算了中国及部分发达国家在样本期间内的服务出口技术复杂度指数，具体结果报告于表2-3。表2-3计算的结果可以初步明晰我国服务出口技术复杂度的变迁情况，以及在一定程度上从"质"的角度初步考察我国在全球服务贸易中的地位。

表2-3   中国及部分发达国家出口复杂度指数：2000~2013年

年份	中国	美国	英国	日本	德国	荷兰	西班牙
2000	25717	28102	26050	25841	25719	25857	25960
2001	25344	27794	25836	25657	25744	25607	25908
2002	23702	25905	24364	23946	24126	24592	24209
2003	24176	26590	24811	24398	24628	24910	24845
2004	25275	27862	25953	25684	25785	26133	26107
2005	29037	32104	29606	29638	29816	29814	30331
2006	33018	36972	34060	34266	33911	34379	34252
2007	36458	40857	37755	38162	37476	38367	37756
2008	36938	41468	38336	38587	37993	38734	38653
2009	40757	45923	42310	42472	41954	42588	47484
2010	45279	51082	47228	47551	48099	47820	47650
2011	49380	59389	54841	54726	52525	52338	51889
2012	53481	64624	59640	59371	58145	57094	62532
2013	57585	70047	64542	64416	62770	61255	67413

资料来源：笔者计算。

　　单纯从我国服务出口技术复杂度变化的角度来看，表2-3的测算结果表明的确呈现不断上升的趋势。这一结果在某种程度上可以说明，在服务业"全球化"和"碎片化"深入演进的大趋势下，我国服务贸易发展不仅实现了规模扩张，同时也实现了服务出口技术复杂度上的绝对上升。然而，将我国与表2-3中所列的发达国家服务出口技术复杂度相比，可以得出两点基本结论：一是其他发达国家的服务出口技术复杂度，从时间演进趋势来看，如同我国一样，也呈现出稳步上升的一致性变化趋势，当然，这种变化趋势可能正如前面分析所指出的，即不仅来自服务出口结构的优化，同时还可能内含着技术进步以及"亚结构"变化所带来的影响。二是与发达国家相比，我国服务出口技术复杂度在任何一个年份均要低于同期发达国家的服务出口技术复杂度。这种差异性说明从"质"的角度或者说技术内涵的角度来看，我国服务贸易发展在全球分工中所处地位还比较低，或者说，我国在全球服务业中的分工还处于低端①。

当然，从全球产业结构演进的现实阶段及其各国比较优势的现实格局来看，发达国家在服务经济领域中仍然占据高端，而诸如中国等发展中经济体则处于中低端，这是一个不争的事实，因而出现表2-3中的结果也在我们的预料之中。而我们更为关心的是，在我国及发达国家服务出口技术复杂度均呈不断提升的一致性发展趋势下，我们与发达国家的距离是缩小了还是拉大了？为此，我们采用服务出口相对复杂度指数，来考察我国服务出口技术复杂度相对于发达国家而言的真实变化情况。而所谓相对复杂度指数，即我国服务出口技术复杂度与同期发达国家服务出口技术复杂度指数之比，如果此比值随着时间的演进而不断变大，说明我国服务出口技术复杂度正在不断"接近"发达国家，反之，则说明与发达国家的距离越来越大。所得测算结果见表2-4所示。

表2-4　　　我国服务出口相对复杂度指数：2000~2013年

年份	中国/美国	中国/英国	中国/日本	中国/德国	中国/荷兰	中国/西班牙
2000	0.915131	0.987217	0.995201	0.999922	0.994586	0.990639
2001	0.911851	0.980957	0.987801	0.984462	0.989729	0.978231
2002	0.914959	0.972829	0.989810	0.982426	0.963809	0.979057
2003	0.909214	0.974407	0.990901	0.981647	0.970534	0.973073
2004	0.907150	0.973876	0.984076	0.980221	0.967168	0.968131
2005	0.904467	0.980781	0.979722	0.973873	0.973938	0.957337
2006	0.893054	0.969407	0.963579	0.973666	0.960412	0.963973
2007	0.892332	0.965647	0.955348	0.972836	0.950244	0.965621

① 实际上，我们的测算结果表明，我国服务出口技术复杂度在所有样本国家中的排名在20名之外，这显然与我国作为全球第三大服务贸易国的地位是极其不对称的，这也在一定程度上说明，我国服务出口贸易的快速发展更多地依赖于"量"的扩张，而非"质"的提升。

年份	中国/美国	中国/英国	中国/日本	中国/德国	中国/荷兰	中国/西班牙
2008	0.890759	0.963533	0.957265	0.972232	0.953632	0.955631
2009	0.887507	0.963295	0.959620	0.971469	0.957007	0.858331
2010	0.886398	0.958732	0.952220	0.941371	0.946863	0.950241
2011	0.831467	0.900421	0.902313	0.940124	0.943483	0.951647
2012	0.827572	0.896730	0.900793	0.919787	0.936718	0.855258
2013	0.822091	0.892210	0.893955	0.917397	0.940087	0.854212

资料来源：笔者计算。

从表 2-4 的计算结果来看，与从绝对角度所发现的我国服务出口技术复杂度指数呈上升趋势截然不同，当采用服务出口的相对复杂度指数时，我国服务出口技术复杂度相对于表 2-4 中的发达国家而言，则呈现明显的下降趋势。这一结果结合表 2-3 中显示的发展趋势，或许说明了尽管服务"全球化"和"碎片化"对各国服务出口技术复杂度产生了重要影响，甚至从绝对的角度来看都是积极影响，但这种影响的程度在不同的国家表现不一，进而从相对角度来看出现了"分化"趋势。具体而言，服务"全球化"和"碎片化"对诸如中国等发展中经济来说，虽然对其服务出口技术复杂度提升具有正向的积极作用，但对于发达经济体而言其"正向促进"效应则更为明显，如此，从相对角度来看，才出现了如表 2-4 中所示的我国服务出口技术复杂度表现出相对下滑趋势。结合我国服务出口快速扩张的事实，前述结果或许意味着，我国服务出口规模的扩张，在全球价值链的分工模式下，可能更多的是一种"低端嵌入"式扩张，从而导致其在服务价值链中的国际分工地位呈相对弱化之势。当前我国服务出口增长，如同前一轮开放中备受争议的制造业发展路径一般，面临着可能的"扩张陷阱"。

七、变化机制的进一步讨论

前面关于服务出口技术复杂度测算方法已经指出,一国服务出口技术复杂度指数的变化,主要源自于两个方面,即在相对宏观层面上服务出口结构在不同类别的分项服务间的转变,以及每一分项服务自身技术复杂度指数的变化。那么,前述两种作用机制到底是哪一种在我国服务出口技术复杂度变化中起着更为关键的作用,对此,我们可以进行进一步的粗略分析。按照如前所述方法,我们将 10 类分项服务部门划分为传统服务出口部门和新型服务出口部门,表 2-5 给出了两类部门 2000~2013 年的出口占比情况。

表 2-5　　我国传统和新型服务出口部门出口占比:2000~2013 年

年份	2000	2001	2002	2003	2004	2005	2006
传统部门出口占比	68.0167%	70.6853%	69.4535%	57.3631%	63.2884%	64.0182%	63.1332%
新型部门出口占比	31.9833%	29.3147%	30.5465%	42.6369%	36.7116%	35.9818%	36.8668%
年份	2007	2008	2009	2010	2011	2012	2013
传统部门出口占比	60.7739%	61.1761%	56.5372%	55.5183%	54.2369%	53.1338%	52.0307%
新型部门出口占比	39.2261%	38.8239%	43.4628%	44.4817%	45.7631%	46.8662%	47.9693%

资料来源:根据 WTO 国际贸易统计数据库、中国商务部的统计数据整理计算而得。

从表 2-5 的结果容易看出,我国服务出口从产业部门的角度来看,呈现出从传统部门向新型部门优化升级的良好趋势。而表 2-2 的结果已经指出,新型服务部门相对于传统部门而言,其服务分项的技术复杂度指数不仅更大,而且也更具广阔的提升空间和发展潜力。因此,这种宏观层面的出口结构优化,与各服务分项自身技术复杂度指数的不断提高，共同促进了我国服务出口技术复杂度的绝对提升。换言之，两种作用机制在我国服务出口技术复杂度的提升中均发挥了积极作用。但是尽管如此，进一步的分析容易发现，传统服务部门在我国服务出口中直到 2013 年，所占比重仍然高达 52.03%。换言之，传统部门一直在我国服务出口中占据着绝对主导地位，而这种状况显然又会在一定程度上"抑制"我国服务出口技术复杂度的快速提升，这或许正是我国服务出口技术复杂度从相对的角度来看，呈现"下滑"的可能原因。此外，也正是由于新型服务部门的技术复杂度指数更高、增长得更快，因此，以新型服务部门出口为主导的国家，其总体服务出口技术复杂度指数也必然表现为更快的增长速度。换言之，如果宏观层面的服务出口结构转型和优化升级，滞后于新型服务部门各分项服务技术复杂度的提升速度（而如前分析，这一点又可能来自新型服务部门自身"亚结构"的演进和优化升级，以及技术进步），那么相比以新型服务部门出口为主导的国家而言，以传统服务部门为主导的国家则很有可能出现服务出口技术复杂度相对下降的情形。针对前述推断，我们在产业层面上进一步计算了传统服务部门的技术复杂度和新型服务部门的技术复杂度，结果表明，2000~2013年，新型服务部门技术复杂度的提升幅度高于传统服务部门技术复杂度提升幅度约 19 个百分点，而在此期间，我国新型服务部门出口占比仅提高了约 16 个百分点。这在我国传统服务部门出口占据主导地位的情况下，无疑会"拖累"服务出口技术复杂度的整体提升。毋庸置疑，这种差异性的变化会影响到服务出口技术复杂度的相对变化，但究竟影响的程度如何，应采用更为适宜的定量分析方法进行准确测度和跨国比较，这需要专门探讨。总之，以上初步分析表明，宏观层面上服务出口结构的转变，协同分项服务出口自身技术复杂度提升，是我国服务出口技术复杂度绝对提升的动力机制；但出口结构优化升级的"滞后性"，则可能是造成我国服务出口相对复杂度下降的主要原因。

八、简要结论及启示

自 20 世纪 80 年代以来，在越来越多的"服务"变得可贸易的同时，如同制造业一样，服务业也是一个"碎片化"快速发展的行业，"服务产品"的全球价值链得到了拓展。服务业"全球化"和"碎片化"的深入演进，不仅对服务贸易的规模扩张，而且对一国服务贸易出口复杂度均产生了深刻影响。在此背景下，中国服务出口虽然在规模上出现了快速增长，并顺利"跻身"全球第五大服务出口国，但这种增长到底是"以质取胜"还是"以量取胜"，切实关系到能否依赖服务贸易的发展而真正实现贸易发展方式的转变，因为在"碎片化"的影响下，不同服务生产环节和流程，同样具有"高端"和"低端"之分，换言之，传统服务贸易部门也有"高端"部分，现代新型服务贸易部门也存在"低端"环节，传统的基于结构的简单分析显然已无法客观揭示服务出口的真实技术内涵。为此，本章在服务"全球化"和"碎片化"重要发展趋势的现实背景下，探讨了"两化"趋势对服务出口技术复杂度的可能影响，并借鉴目前国内外学术界普遍采用的测度服务出口技术复杂度指数的新方法，对 2000～2013 年中国服务出口技术复杂度的变化情况进行了测度分析和跨国比较，并就变化机制进行了初步探讨，研究结论表明：从绝对的角度来看，我国服务出口不仅实现了规模的快速扩张，同时在服务出口技术复杂度方面也有显著的上升态势；从相对角度来看，我国服务贸易出口复杂度相对于本章所选的部分发达国家而言，呈现下降趋势，表明服务"全球化"和"碎片化"虽为我国服务出口技术复杂度的提升带来了积极影响，但对发达经济体的正向效应更大；从变化机制角度来看，宏观层面上服务出口结构的转变，以及分项服务出口自身技术复杂度提升两种机制，共同促进了我国服务出口技术复杂度的绝对提升，但出口结构优化升级滞后，却又使我国服务出口技术复杂度出现相对下降；综合而言，从全球服务业价值链分工的角度来看，我国服务出口增长更多地依靠的是"量"的扩张，而非"质"的提升，服务出口增长面临着可能的"扩张陷阱"和"低端锁定"，从而不利于国际分工地位的提升。

综上所述，我们可以得出的基本判断是，尽管服务业"全球化"和"碎片化"的深入演进为中国服务贸易发展带来了机遇，但这种机遇可能更多体现在规模扩张方面，而不是出口复杂度的相对提升。虽然理论和实践部门把发展服务贸易视为转变中国外贸发展方式的重要内容和方向，但我们必须清醒地认识到，服务贸易并非一"服"就灵的灵丹妙药，因为从技术内涵的角度来看，服务贸易本身也存在"高端"和"低端"之分，尤其是在"碎片化"的发展趋势下，不当的发展战略有可能会陷入"扩张陷阱"，从而使中国服务贸易的发展，出现制成品贸易一样的"低端锁定"的被动局面，"中国对外贸易只赚数字不赚钱"的尴尬一幕，也有可能会在继制造业之后而在服务贸易方面上演。因此，中国在进一步扩大服务业开放过程中，既要抓住服务业"全球化"和"碎片化"给我们带来的战略机遇，也要注重"技术先行"的发展战略，避免服务贸易陷入"比较优势陷阱"进而被"锁定"在全球价值链低端的风险和可能。为此，无论是在政府的管理层面，还是在行业和中介的组织层面，以及企业的具体操作层面，不断增强自有品牌、自主知识产权和创新能力、国际市场开拓以及营销能力，并提供有利于创新能力和技术提升能力建设的良好环境；需要鼓励个人、企业和科研院所敢于创新、勇于投入；需要对知识产权进行有力保护，对创新主体的个人权益进行有力保护；需要让创新主体能够切实享受到创新成果带来的利益，保障创新主体的合法收益。或许，这才是实现"技术先行"进而不断提升中国服务出口技术复杂度的根本路径，是抓住服务业"全球化"和"碎片化"的战略机遇，从而实现"量质齐升"的有效举措。

第三章 中国服务出口增长分解：基于复杂度的新方法

本章首次提出了如何突破服务贸易自身特性和统计数据的现实约束，以服务出口技术复杂度作为服务出口价格的替代变量，从而将目前较为流行的研究货物贸易增长边际分析法拓展至服务贸易领域，并据此将中国服务贸易出口市场份额分解为价格、种类和数量，从而回答了中国服务贸易出口如何增长的问题。研究发现，中国服务贸易出口具有典型的粗放型特征，其增长主要依赖于数量增长，价格和种类变化的边际贡献较小，并且从动态演进的角度来看，前述情形有加剧发展之势。如何实现中国服务贸易发展的"量质齐升"成为理论和实践部门面临的重要课题。

一、问题的提出

改革开放 30 多年来，中国抓住了经济全球化发展所带来的历史性机遇，通过充分发挥丰富而廉价的劳动要素禀赋等优势，大量引进外商直接投资，承接全球产业以及服务品价值增值环节的国际梯度转移，快速而深度地融入经济全球化进程和全球价值链分工体系中，并由此实现了对外贸易尤其是货物贸易的"爆炸式"增长。据中国商务部的统计数据显示：1992～2014 年中国货物贸易额的进出口总值已经从 1655.3 亿美元上升至 43030.6 亿美元，其中出口贸易额从 1992 年的 850 亿美元迅速攀升到 2014 年的 23427.3 亿美元，年均增长率高达近 17.25%。中国在货物贸易方面所取得的"巨大惊人"的成就曾被国内外学术界称为所谓"中国贸易量增长之谜"。然而，就在中国货物贸易呈现"爆炸式增长"的同时，一个较为突出的问题也越来越受到理论和实践部门的关注：由于受到服务品自身特性的影响，以及中国在服务业领域开放的相对滞后等作用，与中国货物贸易发展呈现极其不相协调的特征事实是，中国服务贸易发展相对滞后，2014 年服务贸易出口额仅为 2222.1 亿美元，占货物贸易出口额的比重不足 9.5%。但是全球贸易发展的实践却表明，自 20 世纪 90 年代以来，在经济全球化深入发展的背景下，伴随着信息通信科技的突飞猛进及其广泛应用，以及全球经济结构的不断调整和全球服务贸易规则的实行，服务业发展只能局限于一国国内的格局逐渐被打破，世界各国的服务贸易由此得以迅猛发展，并呈现出全球贸易结构逐步向服务贸易倾斜的发展趋势，服务贸易的发展状况也因此日益成为衡量一国参与全球竞争和合作能力的重要指标之一（戴翔，2013[①]）。据WTO 数据显示，1980 年全球服务贸易出口规模仅为 3957 亿美元，而到 2014 年全球服务贸易出口规模已迅速攀升至 49404 亿美元，其间增长了 29.06 倍，年均增长率高达 10.41%，远高于同期全球货物贸易出口年均 8.65% 的增长率。正是在前述背景下，理论和实践部门关于加快中国服务贸易发展的呼声愈来愈高，正如中国"十二五"规划纲要中所指出：要大力发展服务贸易，加快转变中国外贸发展方式。

诚然，在全球服务贸易快速发展以及服务贸易日益成为衡量一国参与全球竞争能力重要指标的背景下，大力发展服务贸易已经成为转变中国外贸发展方式的重要内容之一，也是理论和实践部门面临的紧要课题。但与此同时，我们也必须清醒地认识到，服务贸易出口本身也存在着增长方式问题，即服务贸易出口增长同样具有外延式增长与内涵式增长、粗放型增长与集约型增长之分。尤其是伴随国际生产分割技术的快速进步以及信息通信科技的突飞猛进和广泛应用，以及由此推动的国际服务品产品内分工快速发展背景下，如同制造业的全球非一体化生产一样，服务业也是一个"碎片化"快速发展的行业，其不同服务环节和流程同样具有"高端"和"低端"之分。因此，在主张大力发展服务贸易之时，如果只是一味地追求服务贸易出口在规模上的扩张，很可能使中国服务贸易发展出现货物贸易发展备受诟

① 戴翔：《我国制成品与服务贸易出口技术含量动态相关性分析》，载《中国软科学》2013 年第 2 期。

病的情形：中国对外贸易"只赚数字，不赚钱"甚至呈现"贫困化增长"迹象，进而面临着可持续困难。应当看到，尽管中国服务贸易发展起步较晚，总量规模仍然偏低，但是伴随全球服务贸易尤其是服务外包迅速发展所带来的重要机遇，以及在大力发展服务贸易战略推动下，近年来中国服务贸易出口势头表现得较为强劲。这就提出了一个很有理论意义和实践价值的课题：中国服务贸易出口增长到底是"以量取胜"还是"以质取胜"？对这一重要问题的回答，不仅有助于明晰中国在全球服务贸易中的分工地位以及由此所决定的贸易利益，更有助于我们对中国服务贸易出口是否具有可持续性进行前瞻性判断，并且也是据此寻求推动中国服务贸易出口更"优质"增长的有效政策的关键。有鉴于此，本章创新性地将服务出口技术复杂度作为出口价格的替代变量，从而借鉴目前国际贸易文献中较为流行的研究货物贸易增长边际的分析方法，将其运用至服务贸易领域，从集约边际和扩展边际角度回答中国服务贸易出口如何增长问题。

二、研究方法及数据

（一）研究方法

传统贸易理论在分析一国对外贸易增长时，由于假定服务品的同质性，因此主要在服务品的贸易量这个单一维度上展开，或者说强调贸易品数量的增长。而自 Krugman（1979）等将服务品差异化引入国际贸易理论后[①]，对贸易增长问题的分析便从贸易品数量拓展到包括贸易品种类变量这两个维度上来。随后，以 Melitz 等（2003）为代表

---

① Krugman, Paul R, (1979), "Increasing Returns, Monopolistic Competition, and International Trade", Journal of International Economics, 9: 469 – 479.

的一批经济学家又将生产率因素引入国际贸易分析框架中[①]，提出了所谓新新贸易理论，用生产率的差异性解释企业出口与否的问题，并注意到了服务品质量的差异性进而价格差异对贸易增长的重要影响。当然，异质性企业贸易理论所揭示的这样一个事实，即由于出口沉没成本的存在并且出口到不同国家其沉没成本可能不尽相同，因此并非所有企业都会选择出口（Melitz，2003），也并非出口企业会向所有国家出口（Helpman，2008[②]）。因此，从当前的概念角度来看，传统贸易理论从服务品贸易量角度分析贸易增长问题，以及新新贸易理论从可贸易品质量变化角度分析贸易增长问题，可称为贸易增长的"集约边际"（Intensive Margin）分析，而新贸易理论和新新贸易理论所强调的贸易品种类变化、出口企业数量变化以及出口对象国数量变化对贸易增长的影响，这些可统称为贸易增长的"扩展边际"（Extensive Margin）。在实证研究中，研究者往往根据自身研究目的的不同而将贸易增长的集约边际和扩展边际赋予不同内涵。例如，有些研究者从服务品角度进行贸易增长的集约边际和扩展边际分析（Hummels and Klenow，2005[③]），即将出口商品价值量的变化视为集约边际变化，而将出口服务品种类数的变化视为扩张边际；有些学者则从国家角度进行贸易增长的集约边际和扩展边际分析（Felbermayr and Kohler，2006[④]），即将原有的贸易伙伴国之间发生了更多贸易视为集约边际变化，而将更多国家参与了国际贸易视为扩展边际；有些学者则从企业角度进行贸易增长的集约边际和扩展边际分析（Bernard et

---

① Melitz, M. (2003), "The Impact of Trade on Aggregate Industry Productivity and Intra-industry Reallocations", Econometrica, 71 (6): 1695 – 1725.

② Helpman, Elhanan, Marc Melitz and Yona Rubinstein, (2008), "Estimating Trade Flows: Trading Partners and Trading Volumes", Quarterly Journal of Economics, 123 (2): 441 – 487.

③ Hummels, David, and Peter J. Klenow, (2005), "The Variety and Quality of a Nation's Exports", American Economic Review, 95 (3): 704 – 723.

④ Felbermayr, G., and W. Kohler, (2006), "Exporting the Intensive and Extensive Margins of World Trade", Review of World Economics, 2006, 142 (4), 642) 6741.

al.，2009[1]），即将出口企业的单个商品出口量的增加视为集约边际变化，而将出口企业的数量增长和出口服务品种类增加视为扩展边际。

本章的研究借鉴 Hummels 和 Klenow（2005）的服务品视角分析方法[2]，分析中国服务贸易出口增长的集约边际和扩展边际，并且在扩展边际中着重分析服务品出口质量和出口种类变量，以此辨明中国服务贸易出口增长到底是以数量增长为主，还是以出口种类增长为主，抑或是以出口价格增长（即质量增长）为主。根据 Hummels 和 Klenow（2005）的研究思路，出口贸易的份额从服务品角度来看主要可以通过三种路径进行分解：数量途径、品种途径以及价格途径（主要由贸易品质量决定，其实在现有研究文献中，有很多文献即采用单位价格作为出口品的替代变量），即一国出口市场份额可用式（3-1）表示：

$$S = V \times Q \times P \qquad (3-1)$$

其中，S 表示一国出口的相对市场份额（即此国出口到对象国的出口贸易额占对象国从世界市场上进口总额的比重，本章在实际计算中采用中国服务贸易出口额与所有样本国服务贸易平均出口额之比作为市场份额的替代变量，以与后面所述的其他变量处理方式保持一致）；V 表示此国出口商品的相对种类指数，Q 表示出口商品的相对数量指数，P 表示出口商品的相对质量指数。显然，沿着 Hummels 和 Klenow（2005）的研究思路将式（3-1）进行拓展，我们可以进一步考察出口份额变化的驱动因素，即到底哪一种因素成为出口份额变化的主导因素。考虑动态演进，由式（3-1）可知，出口市场份额的增长率（$g_{St} = \Delta S_t / S_t$）取决于出口商品相对种类指数的增长率

① Bernard, A, J. Jensen, J. Redding, and P. Schott, （2009）, "The Margins of Trade", NBER Working Paper, No. 1 14662.

② Hummels, D. and Klenow, P. J., 2005, "The Variety and Quality of a Nation's Exports", American Economic Review, 95（3）：704-723.

（$g_{Vt} = \Delta V_t / V_t$）、出口商品相对数量指数的增长率（$g_{Qt} = \Delta Q_t / Q_t$）以及出口商品相对质量指数的增长率（$g_{Pt} = \Delta P_t / P_t$），即：

$$g_{St} = g_{Vt} + g_{Qt} + g_{Pt} \qquad (3-2)$$

将式（3-2）两边同时除以 g_{St} 则有：

$$1 = (g_{Vt} / g_{St}) + (g_{Qt} / g_{St}) + (g_{Pt} / g_{St}) \qquad (3-3)$$

式（3-3）右边三项分别代表出口商品种类指数增长、出口商品数量指数增长以及出口商品质量指数增长对出口市场份额增长的贡献率。

然而沿用前述思路研究中国服务贸易出口增长的集约边际和扩展边际时，会面临着与研究货物贸易所不同的情形，即，就服务贸易的统计数据而言，既没有如同货物贸易那般的可统一的服务品度量单位（如在联合国贸易数据库中货物贸易品的单位有件、米、吨等，而在CEPII 的 BACI 数据库中，则通过估计不同单位之间的转换系数将所有单位都统一为吨），从而使从服务贸易数量变化角度研究服务贸易集约边际面临着较大障碍和困难，也没有如同货物贸易那般的所谓"单价"（这一点也是因为缺乏统一的服务品度量单位）。此外，与货物贸易相比，服务贸易的统计数据往往只是反映一国或地区的对外总体贸易状况，更为精细的双边服务贸易统计数据还十分缺乏。当然，如果我们仅仅将分析限于一国对全球总体服务贸易状况时，双边服务贸易数据的缺乏并不产生实质性障碍。也正是由于前述差异性的存在，对服务贸易增长进行集约边际和扩展边际分析就显得异常困难，这也许正是当前研究文献尚没有用此方法对服务贸易进行研究的可能原因，包括国内部分学者只是分析了我国货物贸易出口增长边际问题而未有涉及服务贸易出口增长（钱雪峰等，2010[①]；施炳展，

---

① 钱雪峰、熊平：《中国出口增长的二元边际及其因素决定》，载《经济研究》2010年第 1 期。

2011①）。我们认为，尽管服务贸易与货物贸易在前述几个方面存在着重要差异，但是集约边际和扩展边际的核心思想和内在逻辑，却是同样适用的，并不会因为贸易内容不同而"异化"。因此，考虑到服务品本身特性以及服务贸易统计数据的现实状况，我们拟采取以下变通做法来分析中国服务贸易增长的集约边际和扩展边际。

在服务贸易出口种类的扩展边际度量方面。如前所述，如同制造业的全球非一体化生产一样，服务业也是一个"碎片化"快速发展的行业，所伴随的服务贸易"品种"也必然越来越多。尽管当前的服务贸易统计数据相对而言较为"宏观"②，缺乏服务贸易各分项下更为"细致"的统计数据，但是宏观分项下的"碎片化"发展，必然影响到并最终体现在宏观层面的统计数据中。例如，Feenstra（1998）③ 以及 Hummels 等（2001）④ 在研究制成品全球生产非一体化时就指出，全球贸易增长的关税和运输成本的下降等只能解释全球贸易增长原因的 2/5，而剩余部分必须用国际生产分割加以解释。因此，当服务分项下出现更为"碎片化"发展趋势，即具有更多"亚种类"或者说"亚分项"产生时，会导致此服务分项贸易额增长。为此，我们可以用服务贸易出口分项的多元化指标（记为 EV）间接度量服务贸易种类变迁，其测度公式为：

$$EV = S_1^2 + S_2^2 + \cdots + S_n^2 \qquad (3-4)$$

其中，S_i 代表第 i 个服务出口分项的出口额占服务贸易出口总额的比重。可见，$0 \leqslant EV \leqslant 1$，此指数越大，代表服务贸易出口项目的

---

① 施炳展：《中国靠什么成为世界第一出口大国》，载《统计研究》2011 年第 5 期。

② 联合国贸发会议统计数据库（UNCTAD Statistics）中对服务贸易出口分项的分类是按照 IMF 国际收支平衡表中的分类方法进行的，主要包括运输、旅游、通信服务、建筑服务、保险服务、金融服务、计算机和信息服务、专利和特许费、其他商业服务、个人文化和娱乐服务、政府服务共 11 类。

③ Feenstra R. C., (1998), "Integration of Trade and Disintegration of Production in the Global Economy", [J]. The Journal of Economics Perspectives, 12 (4)：31 – 50.

④ Hummels, D., J. Ishii, and K. – M. Yi (2001), "The Nature and Growth of Vertical Specialization in World Trade", Journal of International Economics, 54, 75 – 96.

集中度越高，反之，代表服务贸易出口分项的多元化程度越高，即种类扩展边际越明显。本章计算中国服务贸易出口的种类扩展边际时，采用相对的概念，即采用式（3-5）计算中国服务贸易出口种类的相对值：

$$V = EV_h / EV_w \qquad (3-5)$$

其中，EV_h 为中国服务贸易出口种类多元化指数，EV_w 为全球服务贸易出口多元化指数。

第二，在服务贸易出口质量（价格）的集约边际度量方面。Hausmann 等（2007）曾提出一个关于制成品出口技术复杂度的测度方法，目前一些学者已将这一方法运用到服务贸易出口技术复杂度的测度上（戴翔，2012[①]；张雨，2012[②]；万红先，2012[③]），本章也借鉴现有做法测度服务贸易出口技术复杂度，作为服务贸易出口质量（价格集约边际）的替代变量。具体测度方法在第二章已有详细说明，本章不再赘述。需要说明的是，本章计算中国服务贸易出口的质量（价格）集约边际时，也采用相对概念，即采用式（3-6）计算中国服务贸易出口技术复杂度的相对值：

$$P = ES_h / ES_a \qquad (3-6)$$

其中，ES_h 为中国服务贸易出口技术复杂度，ES_a 为全球服务贸易平均出口技术复杂度，其数值为所有样本国出口技术复杂度的加权平均数，权重为各样本国服务贸易出口额占全球服务贸易出口额的比重。

第三，在服务贸易出口数量的集约边际度量方面。如前所述，由

---

① 戴翔：《中国服务贸易出口技术复杂度变迁及国际比较》，载《中国软科学》2012年第2期。

② 张雨：《我国服务贸易出口技术含量升级的影响因素研究》，载《国际贸易问题》2012年第5期。

③ 万红先：《我国服务贸易增长方式转变的实证分析》，载《世界经济研究》2012年第11期。

于不存在可统一的服务品度量单位，从而使基于服务贸易数量变化角度研究服务贸易集约边际面临着较大障碍和困难。但是在测度了服务贸易出口种类的扩展边际以及出口质量（价格）的集约边际后，我们再利用式（3-1），可倒推出服务贸易出口的数量的集约边际，即结合式（3-1）、式（3-5）和式（3-6）可得：

$$Q = S/(V \times P) \qquad\qquad (3-7)$$

（二）数据来源及说明

本章使用中国服务贸易统计数据以及其他国家（地区）的服务贸易统计数据，均来自联合国服务贸易统计数据库（United Nations Service Trade Statistics Database）。需要特别说明的是，由于计算服务贸易分项的技术复杂度指数（TSI）要使用到全球各国（地区）的服务贸易数据，考虑到统计数据的可获性，本章在计算过程中拟选取2011年服务贸易出口额在全球服务贸易中排名前120位的国家（地区）为样本对象，计算各服务商品分项的技术复杂度指数。但是，由于这120个国家（地区）中的部分国家（地区）在本章选取的样本期间内（本章选取的样本期间为1998～2011年），缺乏服务贸易出口分项统计数据，因此，最终选定的国家（地区）的样本数为109个。这109个国家（地区）2011年服务贸易出口总额占当年世界服务贸易出口总额的比重约93%，据此计算出来的技术复杂度指数应该具有较高的可靠性和准确性。此外，从本章所设定的整个样本期间来看，所选取的109个国家（地区）在任何一个年度的服务贸易出口额之和，在世界服务贸易出口总额中的占比均不低于90%，因此，本章所选取的109个国家（地区）在整个样本期间已经具有很高的代表性，符合我们的研究需要。除服务贸易的相关统计数据外，使用到的人均GDP数据来自联合国贸发会议的统计数据（UNCTAD Statistics）。

三、实证结果

自改革开放以来，我国服务贸易的发展虽然起步较晚，但发展较快，服务贸易规模不断扩大，国际地位有所提升。其中，出口贸易额由1990年的57.12亿美元攀升到2014年的2222.1亿美元，年均增长率为17.82%，占全球服务贸易出口比重也由1990年的0.73%提高到2014年的2.46%。但是在中国服务贸易出口增长中，到底是何种因素发挥着更为重要的作用？对此，我们还需要依据前面介绍的方法，进行进一步的分解分析。本章测算了1998~2013年中国服务贸易出口的价格边际、种类边际及数量边际（见表3-1）。

表3-1　　中国服务贸易出口的价格、种类及数量分解

年份	出口份额 S	价格边际 P	种类边际 V	数量边际 Q
1998	1.08	0.84	0.85	1.51
1999	1.14	0.85	0.83	1.62
2000	1.21	0.86	0.86	1.64
2001	1.32	0.87	0.87	1.78
2002	1.50	0.88	0.90	1.89
2003	1.52	0.89	0.87	1.96
2004	1.68	0.92	0.91	2.01
2005	1.81	0.93	0.93	2.09
2006	1.92	0.94	0.94	2.17
2007	2.16	0.92	0.91	2.58
2008	2.28	0.93	0.93	2.66
2009	2.29	0.90	0.92	2.77
2010	2.76	0.91	0.90	3.37
2011	2.82	0.90	0.93	3.38
2012	2.85	0.91	0.92	3.40
2013	2.88	0.92	0.93	3.37

资料来源：笔者计算。

从表3-1的计算结果可见，1998~2013年，中国服务贸易出口的相对市场份额呈现稳步增加的态势，即从1998年的1.08迅速增长至2013年的2.88。从细分角度来看，无论是价格边际，还是种类边际，抑或是数量边际，都伴随着服务贸易出口份额的提高呈现稳步上升的态势。具体而言，相对价格指数从1998年的0.84增长到2013年的0.92，15年间增长约为9.52%，虽然呈稳步的增长态势，但大体而言，其增长的速度还是较为缓慢。相对种类指数从1998年的0.85增长到2013年的0.93，15年间增长约为9.41%。由前面关于种类扩展边际的定义方式，这一指数的增长意味着出口多元化呈现递减趋势，换言之，种类扩展边际呈现递减的发展态势，即伴随着出口市场份额的稳步增长而减少。相对数量指数从1998年的1.51增长到2013年的3.37，15年间增长约为123.84%。总体来看，在中国服务贸易出口中，相对价格的变化和相对种类的变化较为缓慢，而数量变化最为迅速。这初步反映了中国服务贸易出口主要是以数量扩张的粗放式发展模式。当然，导致前述现象的可能原因在于，全球服务业如制造业一样，其服务流程呈现"碎片化"发展趋势，而这种"碎片化"发展趋势无疑给诸如中国等发展中经济体承接"服务环节"带来重要机遇，进而推动了服务贸易出口规模的快速增长。但与此同时，由于服务流程的全球"碎片化"发展或者说服务流程在全球的配置，仍然是基于比较优势进行的国际分工，而诸如中国等发展中经济体由于受到现实发展阶段和要素禀赋的约束，承接和专业化提供的服务环节，通常而言具有劳动密集型特征，或者说专业化生产和提供的服务环节所具有的知识、技术和信息含量相对较低，因而出口规模的扩张主要表现在数量优势上，出口种类尤其是出口技术含量决定的价格因素，所起作用则相对有限。为了进一步明晰中国服务贸易出口增长模式，我们再根据式（3-2）和式（3-3）分别计算出服务品种类指数增长、数量指数增长以及质量（价格）指数增长对服务贸易出口市场份额增长的贡献率，结果见表3-2。

表3-2　　　　中国服务贸易出口增长率及边际分解　　　　单位：%

时间段 （年）	出口 增长率	价格 增长率	价格 贡献度	种类 增长率	种类 贡献度	数量 增长率	数量 贡献度
1998~1999	5.56	1.19	21.43	-2.35	-42.35	6.83	122.89
1999~2000	6.14	1.18	19.16	3.61	58.86	1.25	20.30
2000~2001	9.09	1.16	12.79	1.16	12.79	6.60	72.57
2001~2002	13.64	1.15	8.43	3.45	25.29	8.60	63.07
2002~2003	1.33	1.14	85.23	-3.33	-250.00	3.65	273.73
2003~2004	10.53	3.37	32.02	4.60	43.68	2.22	21.11
2003~2005	7.74	1.09	14.05	2.20	28.40	4.29	55.41
2005~2006	6.08	1.08	17.69	1.08	17.69	3.83	63.06
2006~2007	12.50	-2.13	-17.02	-3.19	-25.53	18.74	149.88
2008~2008	5.56	1.09	19.57	2.20	39.56	2.17	39.15
2008~2009	0.44	-3.23	-35.48	-1.08	-245.16	4.91	1120.54
2009~2010	20.52	1.11	5.41	-2.17	-10.59	21.85	106.45
2010~2013	2.16	-1.09	-50.53	3.34	153.32	-0.02	-1.07

资料来源：笔者计算。

从表3-2的计算结果可见，1998~2006年，服务贸易出口价格指数的变化对服务贸易出口增长率的贡献度为正，但自此之后，除了2009~2010年外，其他时间段内均出现了不利的变化，即对服务贸易出口增长率的贡献度转为负。这一结果说明近年来在中国服务贸易出口快速增长中，服务贸易出口价格变化并未成为其中重要的贡献因素。从种类增长率变化对服务贸易出口增长率的贡献度来看，在本章所考察的样本期间段内，基本上呈现着正负交替的情形，没有稳定的变动趋势。这一结果说明种类扩展边际对中国服务贸易出口增长的贡献也极其有限。而对中国服务贸易出口增长率贡献最大，也是相对较为稳定的就是出口数量的扩展边际，因为表3-2的计算结果表明，在本章所考察的样本期间内，服务贸易出口数量的集约边际对中国服务贸易出口增长率的贡献度一直保持为正，并且贡献度也一直较高。

综合而言，近年来中国服务贸易出口增长，主要是以数量型增长为主，出口价格和出口种类变化所做出的边际贡献非常低。因此，尽管表3-1中的计算结果显示中国服务贸易出口的价格指数和出口种类指数都呈上升趋势，但是相对于快速增长的出口数量指数而言，前述两者在中国服务贸易出口增长中的边际贡献非常低甚至出现"负贡献"的情形，中国服务贸易出口以数量型增长为主的发展方式，具有显著的粗放型特征。更为重要的是，表3-2计算的结果表明，从动态演进的角度来看，中国服务贸易出口所表现出的粗放式特征并没有呈现减弱趋势，甚至有愈演愈烈之势。这或许在一定程度上说明，在当前服务业全球"碎片化"的发展趋势下，中国融入服务业全球价值链分工体系并由此带来的服务贸易出口增长，如同制造业融入发达国家跨国公司主导的产品内国际分工体系一般，也具有"低端嵌入"的特征。

此外，依据前述计算方法，我们还可以选取部分服务贸易发达国家，并对其服务贸易出口增长的价格、种类和数量边际进行分解，以与中国进行对比分析，以进一步明晰中国服务贸易出口增长的相对动态变化。为此，我们选取了美国、德国、英国、法国和日本5个服务贸易大国，并对其部分年份的服务贸易出口价格、种类及数量进行分解，然后将其与中国进行对比，结果见表3-3。

表3-3　　　　中国与部分国家服务贸易出口三元分解的对比

年份	国别	出口份额 S	价格边际 P	种类边际 V	数量边际 Q
2000	中国	1.21	0.86	0.86	1.64
	美国	3.99	1.52	1.58	1.66
	德国	1.78	1.43	1.52	0.82
	英国	1.76	1.48	1.51	0.79
	法国	1.08	1.36	1.49	0.53
	日本	1.07	1.41	1.48	0.51

续表

年份	国别	出口份额 S	价格边际 P	种类边际 V	数量边际 Q
2005	中国	1.81	0.93	0.93	2.09
	美国	5.53	1.81	1.77	1.73
	德国	2.64	1.71	1.65	0.94
	英国	2.59	1.76	1.71	0.86
	法国	1.56	1.62	1.58	0.61
	日本	1.53	1.67	1.63	0.56
2010	中国	2.76	0.91	0.90	3.37
	美国	8.36	2.12	1.96	2.01
	德国	3.73	1.92	1.85	1.05
	英国	3.68	1.97	1.91	0.98
	法国	2.27	1.81	1.77	0.71
	日本	2.24	1.88	1.82	0.65
2013	中国	2.88	0.92	0.93	3.37
	美国	8.37	2.11	1.97	2.01
	德国	3.89	1.90	1.97	1.04
	英国	3.71	1.95	1.92	0.99
	法国	2.28	1.83	1.71	0.73
	日本	2.25	1.86	1.83	0.66

表 3 - 3 计算了 2000 年、2005 年、2010 年及 2013 年 4 个年度的中国与其他 5 个服务贸易大国（即美国、德国、英国、法国和日本）的服务贸易出口的三元边际分解值。从表 3 - 3 的计算结果容易看出，就本章所选取的 5 个发达国家的服务贸易出口而言，价格边际和种类边际在服务贸易出口的贡献度比较高，而数量边际相对而言比较低。说明发达国家服务贸易出口竞争力主要来自价格（品质）和种类，服务贸易出口更具"以质取胜"增长的特征，而中国服务贸易出口竞争力可能更多地来自"价廉"，服务贸易出口更具有"规模取胜"和"粗放型"增长的特征。进一步地，比较表 3 - 3 中的不同时间段

的计算结果，如果所选取的 3 个年度大体能够反映样本国服务贸易出口动态演进特征的话，容易发现，前述特征愈发具有加剧发展趋势，即中国服务贸易出口越来越依赖数量扩张的贡献，而非主要的价格集约边际和种类扩展边际的贡献，与之相对应，发达国家的服务贸易出口则越来越多地依赖于价格集约边际和种类扩展边际推动服务贸易出口增长。

四、主要结论及启示

近年来，伴随全球服务贸易的快速发展以及服务贸易日益成为衡量一国参与国际竞争力的重要指标，大力发展服务贸易成为中国外贸发展战略的重要内容。在此背景下，本章首次提出了如何突破服务贸易自身特性和统计数据的现实约束，将服务出口技术复杂度作为服务出口的价格替代变量，从而将目前较为流行的研究货物贸易增长边际分析法拓展至服务贸易领域，并据此将中国服务贸易出口增长分解为价格集约边际、种类扩展边际和数量集约边际，从而回答了中国服务贸易出口如何增长的问题。研究表明，中国服务贸易出口主要依赖于数量增长，价格和种类变化的边际贡献较小，并且从动态演进的角度来看，前述情形有加剧发展之势。综合而言，中国服务贸易出口增长的途径主要依赖于"数量扩张"，具有典型的粗放型发展特征。

本章研究不仅有助于我们理解中国服务贸易出口靠什么实现增长问题，同时也具有重要的政策含义。实际上，在服务业呈"碎片化"快速发展进而推动服务贸易快速发展的背景下，其不同服务环节和流程同样具有"高端"和"低端"之分，服务贸易同样面临着发展方式及其可持续性问题。换言之，我们在努力实现服务贸易出口规模扩张的同时，更应注重服务贸易发展的"质量"，否则很可能使中国服务贸易发展也陷入如同货物贸易那般"只赚数字，不赚钱"甚至呈现"贫困化增长"的尴尬境地。不容否认，中国服务贸易出口增长方式固然与我国要素禀赋特征及其现实发展阶段有关，但这并不意味着我们无可作为。相反，深刻认识中国服务贸易出口增长的途径及其现实基本状况，采取更为科学有效的调控措施，完全可以实现我国服务贸易发展"量质同升"的目标。而通过提高教育水平和加强培训等方式，培育高端人力资本，并通过进一步扩大我国服务业开放领域，完善服务市场机制，采取优惠政策措施，营造包括贸易环境、投资环境、创业环境、创新环境和人居环境等，据此吸引服务经济领域"外智"的流入，显然有助于推进中国服务贸易发展在实现规模扩大的同时，实现发展方式的质量提升，即实现服务出口技术复杂度的提升。当然，至于采取怎样的有效措施，才能切实推动中国服务贸易出口增长不单依靠数量扩张，而是要更依赖于出口种类尤其是价格边际或者说出口技术复杂度提升的边际贡献，将在之后的章节中进行进一步探讨。

第四章　服务出口复杂度影响因素
——基于宏观层面的实证分析

　　秉持与前述各章逻辑一致的研究方法和思路,本章继续借鉴国内外学术界目前普遍采用的测度服务出口技术复杂度的新方法,测算了全球 112 个经济体 2000～2011 年的服务出口技术复杂度,并据此利用跨国面板数据对影响服务出口技术复杂度的可能关键因素进行实证分析。结果发现:(1)人力资本、服务贸易开放度、利用外资额、人均 GDP 水平、基础设施以及制度质量等,均对服务出口技术复杂度具有显著正向影响,而货物出口规模则产生了显著负向影响。(2)服务业发展规模以及人口规模变量对发展中经济体服务出口技术复杂度不具备显著正向影响,但对发达经济体却具有显著正向影响。(3)FDI 对发展中经济体服务出口技术复杂度具有显著正向影响,而对发达经济体则不具备显著影响。(4)制度质量对发达经济体服务出口技术复杂度影响的程度及其显著性,均超过了对发展中经济体的影响。(5)就汇率因素而言,从总样本层面来看,虽然实际有效汇率的上升对服务出口复杂度的提升具有推进作用,但这种积极影响仅在 10% 的水平下通过了显著性检验,从而在一定程度上说明实际有效汇率的上升对服务出口复杂度提升呈现的微弱影响;从分样本层面来看,对于发达经济体来说,实际有效汇率的上升对其服务出口复杂度提升具有显著的积极影响;但对于发展中经济体来说,其影响是不确定的,或者至少可以说其影响是不显著的。与现有关于制成品出口技术复杂度影响因素的研究相比,本章不仅补充分析了影响服务出口技术复杂度的关键因素,并且识别了同种因素对“两类”出口可能产生的不同影响。研究所得结论对于中国服务出口实现“量质齐升”的战略目标具有重要政策意涵。

一、问题提出

　　出口贸易的稳定增长及其多元化发展,能够对经济增长产生显著的拉动作用,基本已经成为理论和实际部门的共识。实际上,不仅出口贸易的规模和数量对经济增长具有显著影响，出口商品的自身特性，或者说，一国出口商品的结构如何，也会对经济增长产生重要影响。因此，经济学家们在关注出口贸易规模和数量的同时，近年来逐渐将研究的兴趣点转向出口商品的结构特征，特别是出口商品的技术含量或者说出口商品的技术复杂度。Hausmann 等（2005）对出口商品技术复杂度与经济增长的关系做出了开创性研究[①]，结论表明，对于那些能够成功实现更高出口商品技术复杂度的国家尤其是发展中国家来说，不仅能够从出口贸易中获取更多的贸易利得，通常还能实现更优的经济增长绩效，因此，一国选择出口什么并致力于不断提升出口商品技术复杂度，就显得至关重要。继 Hausmann 等（2005）的开创性研究之后，经济学家们围绕出口商品技术复杂度问题，尤其是针对中国出口商品技术复杂度问题，开展了大量研究并取得了丰富成果，包括出口商品技术复杂度的测度、影响出口商品技术复杂度的主要因素以及出口商品技术复杂度的经济绩效等。

　　然而，根据有关出口商品技术复杂度问题的研究，现有文献主要聚焦于货物贸易尤其是制成品出口方面，鲜有涉及服务贸易出口技术复杂度问题的。理论和经验研究的"缺乏"显然滞后于服务贸易发展的实践需求。众所周知，自 20 世纪 90 年代以来，伴随通信信息技术快速发展及其广泛应用，以及多边和双边贸易体制下服务贸易规则的不断推行，服务业只能局限于一国国内的传统格局被逐渐打破，进而呈现出"全球化"和"碎片化"的迅猛发展之势，全球服务贸易也由此得到了快速发展。目前，全球服务贸易正以快于货物贸易的速度在"前进"，从而使全球贸易结构正在不断向服务贸易倾斜。联合国贸发会议统计数据库（UNCTAD Statistics）的统计数据显示，1980年全球服务贸易出口总额仅为 3957 亿美元，而到 2014 年全球服务贸易出口总额攀升至 49404 亿美元。在此背景下，中国服务贸易发展虽

---

　　① Hausmann, R., Huang, Y. and Rodrik, D., (2005), "What You Export Matters", NBER working paper No. 11905.

然起步较晚，但发展速度较快，2012 年已"跻身"世界前三，在贸易总量上成为仅次于美国和德国的全球第三大服务贸易国；2013 年继续保持着世界前三的位置。但是反观中国服务贸易发展的"质"，却并不容乐观，因为中国服务贸易逆差主要集中于新兴服务贸易领域。正如有些学者研究所指出，中国服务出口的比较优势主要集中于"低端"，而在服务业高端部分的出口则具有显著的比较劣势（杨玲，2013[①]）。因此，如何抓住服务业"全球化"和"碎片化"为中国发展服务贸易带来的重要机遇，在实现服务贸易规模扩张的同时，不断提升中国服务出口的技术复杂度，成为理论和实际部门面临的重要课题。而有效对策的探寻，显然需要建立在影响因素的正确识别基础之上。

但遗憾的是，正如前所述，目前针对出口复杂度问题的研究，主要集中于货物尤其是制成品出口方面，而鲜有涉及服务贸易出口的，唯一可见的文献当属 Gable 和 Mishra（2011）[②] 通过借鉴货物出口复杂度研究方法，初步探讨了欧盟服务出口复杂度与经济增长的关系。正是基于这样一种现实背景，本章力图利用跨国面板数据，计量分析影响服务出口复杂度的主要因素，这不仅是对现有研究文献的丰富和补充，也是据此探寻提升中国服务出口复杂度的前提和基础。

二、文献回顾

近年来，经济学家们在关注出口"量"问题的同时，出口技术复杂度日益成为国际经济领域中研究的前沿。但是综观现有文献，直

---

① 杨玲：《处在低端的中国生产性服务贸易》，载《中国社会科学报》2013 年第 405 期。

② Gable, S. L. and Mishra, S., (2011), "Service Export sophistication and Europe's new growth model", World Bank Policy Research Working Paper Series 5793.

接涉及服务贸易出口技术复杂度的研究却还十分薄弱，针对服务贸易出口技术复杂度影响因素的分析，更属罕见。尽管如此，现有关于货物贸易特别是制成品出口技术复杂度的相关研究所取得的丰富成果，在一定程度上与本书研究具有相关性，并能为本书研究提供一些有益的启发。综合来看，从制成品出口技术复杂度视角，尤其是针对中国制成品出口技术复杂度问题开展的国内外研究，主要集中于下述几个方面。

首先，针对出口技术复杂度的测度方法，最早可追溯到 Michaely (1984) 的研究[①]，即一种产品出口技术复杂度被定义为所有产品出口国的人均 GDP 加权平均，而权重即每个国家这种产品出口额占全球出口额比重。这一测度方法几乎忽略了所有"小国经济"的影响。Hausmann 等 (2005) 对此方法进行了改进，可谓在出口产品品质和技术水平的测度方面做出了实质性突破乃至真正的开创性研究[②]。其核心思路是基于大卫·李嘉图比较优势理论的内在逻辑，首先测度每种可贸易品的技术复杂度，即以显示性比较优势指数为权重而测度的各国人均 GDP 的平均值，然后以此为基础，再以每种可贸易品出口额占此国出口总额之比为权重计算所有出口品技术复杂度的平均值，作为一国制成品出口的整体技术复杂度（EXPY）。此后，许多学者基于不同视角的研究需要，对前述测度指标进行了不断修正和完善。例如，Schott (2007) 在为了克服 EXPY 指标"绝对值"估算的局限性，提出了所谓出口相似度指数（Export Similarity Index，ESI）用于测度制成品出口技术复杂度[③]；而杨汝岱等 (2008)[④] 在前述指标基

---

①　Michaely, M., (1984), "Trade, Income Levels, and Dependence", North-Holland, Amsterdam.

②　Hausmann, R., Huang, Y. and Rodrik, D., (2005), "What You Export Matters", NBER working paper No. 11905.

③　Schott P., (2007), "The Relative Sophistication of Chinese Exports", Economic Policy, 23 (53), 5–49.

④　杨汝岱、姚洋：《有限赶超与经济增长》，载《经济研究》2008 年第 8 期。

础之上，构建了所谓"有限赶超指数"来测度制成品出口技术复杂度；Xu（2007）[1] 则在同时考虑出口商品附加值等级和出口商品异质性等级而构建了所谓"出口技术含量指数（TCE）"。把产品技术含量作为一个整体来考察的，没有将国内生产完成的技术含量从整个产品的技术含量中分离出来，因此无法计算国内成分对出口产品技术复杂度的贡献。最值得一提的是，前述（包括各种修正后）的方法均是从整体上来测度一国出口技术复杂度，没有将国内生产完成的技术复杂度从整个产品的技术含量中分离出来，因而也就无法测度国内成分对出口技术复杂度的真正贡献。而国内学者姚洋和张晔（2008）[2] 则为克服这一重要缺陷，基于中国投入产出表，首次提出了"国内技术含量"并构建了相应的测量指标。

其次，在测度指标包括各种修正指标提出后，学术界对出口品技术复杂度问题尤其是中国制成品出口技术复杂度的测算进行了大量分析，并得出了两种截然不同的结论。一部分研究文献认为，中国出口产品的技术复杂度近年来得到了迅速提升（Xu and Lu，2009）。例如，Rodrik（2006）[3] 利用 Hausmann 等（2005）构建的出口技术复杂度测算指标（EXPY），测度了中国制成品出口技术复杂度水平，结果发现，中国制成品出口技术复杂度水平大约相当于人均收入三倍于中国的国家出口技术复杂度，远远超出了同等经济发展水平国家的出口技术复杂度水平，甚至与发达经济体出口技术复杂度趋近；Wang 等（2008）[4] 采用计算出口技术含量差异度方法，比较了中国和部分发达经济体的出口商品构成状况，指出中国制成品出口技术含

① Xu, B., (2007), "Measuring China's Export Sophistication", working paper, China Europe International Business School.

② 姚洋、张晔：《中国出口产品国内技术含量升级研究——来自全国、江苏和广东的证据》，载《中国社会科学》2008 年第 2 期。

③ Rodrik, D., (2006), "What's So Special about China's Exports", NBER working paper No. 11947.

④ Wang, Z. and Wei, S. J., (2008), "What Accounts for the Rising Sophistication of China's Exports?" NBER Working Paper 13771.

量与世界上最发达的经济体制成品出口技术含量的相似度已非常之高；而 Lemoine 等（2008）[①] 采用类似的方法研究则进一步指出，中国自 2004 年就已经超过美国成为全球高科技产品出口的"最大国"。其他学者诸如樊纲等（2006）[②]、Gaulier（2007）[③] 及 Bensidoun（2009）[④] 等的研究，也得出了与上述极为相似的结论。但另一部分的研究文献则认为，近年来中国出口技术复杂度从绝对值来看只有微弱上升趋势，与发达国家出口技术复杂度差距仍然较大，甚至从国内技术含量贡献度的角度来看，还有下滑趋势。例如，Xu（2007）[⑤] 通过使用修正后的测度方法，对中国制成品出口技术复杂计算结果显示，虽然中国制成品出口技术复杂度总体上略有上升，但这种趋势并不明显；而杜修立和王维国（2007）[⑥] 采用类似的测度方法，计算结果表明，中国制成品出口技术复杂度在总体趋势上不仅没有显著提升，并且呈现短期小幅波动现象；姚洋和张晔（2007）从出口品国内技术含量角度进行的实证研究表明[⑦]，中国出口品内含国内技术含量上升幅度十分有限；孟猛（2012）用类似方法[⑧]，测算了 1995～2005 年中国不同技术级别的出口品国内技术含量，结果发现国内技

---

① Lemoine, F. and Ünal, D. , (2008), "Rise of China and India in International Trade: From Textiles to New Technology", China & World Economy, 16（5）: 36 – 58.

② 樊纲、关志雄、姚枝仲：《国际贸易结构分析：贸易品的技术分布》，载《经济研究》2006 年第 8 期。

③ Gaulier, G. , Lemoine, F. and Ünal, D. , (2007), "China's Emergence and the Reorganization of Trade Flows in Asia", China Economic Review, 18（3）: 209 – 243.

④ Bensidoun, I. , (2009), "The Integration of China and India into the World Economy: a Comparison", The European Journal of Comparative Economics, 6（1）: 131 – 155.

⑤ Xu, B. , (2007), "Measuring China's Export Sophistication", working paper, China Europe International Business School.

⑥ 杜修立、王国维：《中国出口贸易的技术结构及其产业变迁（1980～2003）》，载《经济研究》2007 年第 7 期。

⑦ 姚洋、张晔：《中国出口产品国内技术含量升级研究——来自全国、江苏和广东的证据》，载《中国社会科学》2008 年第 2 期。

⑧ 孟猛：《中国在国际分工中的地位：基于出口最终品全部技术含量与国内技术含量的跨国比较》，载《世界经济研究》2012 年第 3 期。

术含量对中国出口品技术含量的贡献呈下降趋势。其他类似的研究，诸如祝树金和张鹏辉（2013）[1] 通过测算 1992～2010 年中国制成品出口国内技术含量贡献指数，同样发现国内技术含量的贡献度在下降。

再其次，至于是何种因素促进了制成品出口技术复杂度的提升，已有研究主要从经济发展水平、要素禀赋结构（如劳动、资本和自然资源）以及制度质量等方面进行探讨。Rodrik（2006）的研究就表明，一国制成品出口技术复杂度与其人均收入水平呈显著正相关。在基本的要素禀赋之中，人力资本和劳动力规模对出口技术复杂度能够产生较为显著的影响。Schott（2008）的实证研究表明，发展中经济体与 OECD 经济体出口相似性随着人均 GDP 和技术要素（即人力资本）的增加而提升；而劳动力规模则对出口技术复杂度具有显著的非线性影响。关于制度质量对制成品出口技术复杂度的可能影响，实证研究存在着两种不同的结论和观点，部分研究发现在控制了其他变量后，制度质量对制成品出口技术复杂度并不存在显著影响（Gallegati，2009[2]；Harding，2009[3]）；但也有学者研究认为，以政府治理为替代变量的制度质量，对于亚撒哈拉非洲的出口技术复杂度提升具有非常重要的影响（Cabral et al.，2010[4]）。还有学者从基础设施（王永进等，2010[5]）、产品内分工（江小涓，2007[6]；戴翔等，2011[7]）、

---

① 祝树金、张鹏辉：《中国制造业出口国内技术含量及其影响因素》，载《统计研究》2013 年第 6 期。

② Gallegati, M. and Tamberi, M.，（2009），"Overall specialization and development：countries diversify". The Review of World Economics, 145（1）：37 - 55.

③ Harding, T. and Smarzynska B.，（2009），"A Touch of Sophistication：FDI and Unit Values of Exports", CESIFO Working Paper, No. 2865.

④ Cabral, M.，（2010），"Determinants of export diversification and sophistication in Sub-Saharan Africa", FEUNL Working Paper Series 550.

⑤ 王永进、盛丹、施炳展、李坤望：《基础设施如何提升了出口技术复杂度》，载《经济研究》2010 年第 7 期。

⑥ 江小涓：《我国出口商品结构的决定因素和变化趋势》，载《经济研究》2007 年第 5 期。

⑦ 戴翔、张二震：《中国出口技术复杂度真的赶上发达国家了吗》，载《国际贸易问题》2011 年第 7 期。

外商直接投资（平新乔等，2007[①]；Amiti，2007）、加工贸易（Koopman et al.，2008[②]；杨晶晶等，2013[③]）等角度，探讨了影响制成品出口技术复杂度的因素。

最后，关于出口技术复杂度的经济影响问题，较为一致的观点认为，出口更高技术复杂度的国家和地区，不仅由于占据附加值高端从而获取更多贸易利益，而且对经济增长、产业结构的调整、拉动工资和就业增大等方面，均具有显著积极影响（Hausman et al.，2007；戴翔，2010[④]；陈晓华等，2011[⑤]；洪世勤等，2013[⑥]）。

但是，正如学者们所指出，由于货物贸易与服务贸易之间存在显著区别，针对货物贸易研究所得结论是否适用于服务贸易，在学术界存在较大争论，因此，针对服务出口复杂度及其相关问题，显然还需要专门研究。然而，从服务贸易视角开展的国内外研究，截至目前，虽然现有文献所涉及的问题很多，诸如服务贸易不同于货物贸易的特性（Deardorff，1985[⑦]；Stibora et al.，1995[⑧]；Marel，2012[⑨]）、传统

---

① 平新乔等：《外国直接投资对中国企业的溢出效应分析：来自中国第一次全国经济普查数据的报告》，载《世界经济》2007 年第 8 期。

② Koopman, R., Wang, Z. and Wei, S. J., (2008), "How much of Chinese exports is really made in China? Assessing domestic value added when processing trade is pervasive", NBER Working Paper 14109.

③ 杨晶晶、于意、王华：《出口技术结构测度及其影响因素——基于省际面板数据的研究》，载《财贸研究》2013 年第 4 期。

④ 戴翔：《中国制成品出口技术含量升级的经济效应》，载《经济学家》2010 年第 9 期。

⑤ 陈晓华、黄先海、刘慧：《中国出口技术结构演进的机理与实证研究》，载《管理世界》2011 年第 3 期。

⑥ 洪世勤、刘厚俊：《出口技术结构变迁与内生经济增长：基于行业数据的研究》，载《世界经济》2013 年第 6 期。

⑦ Deardorff, A., (1985), "Comparative Advantage and International Trade and Investment in Services", in R. M. Stern (ed.), Trade and Investment in Services: Canada/US Perspectives, Toronto: Ontario Economic Council, pp. 39 – 71.

⑧ Stibora J. and DE Vaal, A., (1995), "Services and Services Trade: A Theoretical Inquiry", Amsterdam: Purdue University Press.

⑨ Marel, E., (2012), "Trade in Services and TFP: The Role of Regulation", World Economy, 35 (2): 1530 – 1558.

比较优势理论的适用性（Hindley et al.，1984[1]；Melvin，1989[2]）、影响服务出口的主要因素（Mirza et al.，2004[3]；Costinot，2009[4]）以及服务贸易自由化及其福利问题（Sapir et al.，1994[5]；Chor，2010[6]）等，但对服务贸易出口技术复杂度问题的研究，还较为鲜见。与此相关的研究，主要停留在采用传统指数对服务贸易技术结构的分析，即按照传统要素密集度特征将服务部门划分为技术、知识和劳动密集型，或者按照服务生产方式划分为传统服务部门以及新型服务部门，进而对服务贸易竞争力进行研究（Bruijn et al.，2006[7]；Marel，2011[8]）。然而，依据传统分类方法，不仅主观性较强，而且也难以反映当前服务业"全球化"和"碎片化"发展的特征事实，因而无法真实反映服务出口复杂度。对服务出口复杂度做出开创性研究的当属 Gable 等（2011）[9] 的文献，但其通过构建服务贸易出口技术复杂度指数，仅仅探讨其与经济增长之间的关系，缺乏对相关问题包括服务出口复杂度影响因素的探讨。

① Hindley, B. and Smith A., (1984), "Comparative Advantage and Trade in Services", The world Economy, 7 (4): 369 – 389.

② Melvin, R., (1989), "Trade in Producer Services: A Heckscher-ohlin Approach", Journal of Political Economy, 97 (5): 1180 – 1196.

③ Mirza, D., and Giuseppe, N., (2004), "What is So Special about Trade in Services?" University of Nottingham Research Paper No. 2004/02.

④ Costinot, A., (2009), "On the Origins of Comparative Advantage", Journal of International Economics, 77 (2): 255 – 64.

⑤ Sapir, A. and Chantal, W., (1994)., "Service Trade". ULB Institutional Repository 2013/8176. University Libre de Bruxelles.

⑥ Chor, D., (2010), "Unpacking Sources of Comparative Advantage: A Quantitative Approach", Journal of International Economics, 82 (2): 152 – 167.

⑦ Bruijn, D., Kox, R. andLejour, A., (2006), "The Trade-Induced Effects of the Services Directive and the Country of Origin Principle", CPB Discussion Paper, No. 108, Centraal Plan Bureau, The Hague.

⑧ Marel, V., (2011), "Services Trade and TFP: The Role of Regulation", GEM Working Paper, February, Groupe d'Économie Mondiale, Sciences-Po, Paris.

⑨ Gable, S. and Mishra, S., (2011), "Service Export Sophistication and Europe's New Growth Model." World Bank Policy Research Working Paper 5793.

综上可见，现有文献虽不乏可借鉴之处，例如，关于制成品技术复杂度问题研究，可以为我们在研究过程中采取合适的方法提供参考；关于服务贸易方面的研究，可以对有关问题的认识给予有益启示，但现有研究均没有直接论及服务贸易出口技术复杂度的影响因素问题。鉴于此，本章力图在这一方面做出初步尝试，以弥补现有研究的空白。

三、服务出口复杂度测算及数据来源

关于服务出口技术复杂度（记为 ES）的测算方法，前述第二章已有介绍和说明，本章不再赘述。根据本章研究需要所要使用到的主要数据，由于样本选择范围差别，有必要对数据来源及处理再进行简要说明。测算服务出口技术复杂度，如前所述，需要使用到包括全球各经济体服务贸易出口额以及人均 GDP。客观而论，服务贸易统计是一个较为复杂的问题，但受益于一些国际组织（包括 WTO、OECD、IMF 和 UNCTAD）以及越来越多的经济体致力于解决这一问题，有关服务贸易的统计数据库建设也日臻完善，已经基本能够为本章研究的开展提供数据支撑。联合国服务贸易统计数据库（United Nations Service Trade Statistics Database）给出了 2000~2012 年约 200 个经济体的服务贸易出口额数据，包括服务出口分项的细分统计数据。其中，服务分项主要包括运输、旅游、通信服务、建筑服务、保险服务、金融服务、计算机和信息服务、版权和特许费、其他商业服务及个人、文化和娱乐服务、政府服务等 1 分位层面上的 11 大类服务贸易部门，在每类服务贸易部门中还可以继续细分到 2 分位和 3 分位层面。毋庸置疑，使用越为细分的统计数据，计算出的服务出口复杂度也就越为精确，但遗憾的是，越是细分的服务贸易数据，报告的经济体数量也就越少。按照现有的统计数据，当细分至 2 分位层面时，部分服务贸易统计数据的报告经济总数少至仅 11 个经济体。考虑到能够涵盖更多的经济体，本章在测算时使用 1 分位层面上的分类统计数据。此外，在 2000~2012 年的统计数据中，由于部分经济体在部分年度的报告数据是缺失的，因此，考虑报告数据的连续性，我们将最终的样本期间确定为 2000~2011 年，并且将此报告期间有缺失的经济体剔除，而仅保留具有连续报告数据的经济体，经过筛选，最终使用的经济体数量为 120 个①。另外，在 1 分位层面上的 11 大类服务贸易部门包括政府服务，由于我们主要关注的是商业服务，因此在计算过程中剔除了政府服务而仅保留另外 10 个服务贸易部门，据此测算服务出口复杂度。测算中使用的各经济体的人均 GDP 数据，来源于联合国贸发会议统计数据库（UNCTAD Statistics Database），并以 2005 年为基期折算成不变价格和不变汇率的实际人均收入。

四、计量模型及实证结果

（一）变量选取及模型设定

本章着重研究服务出口复杂度的影响因素，不言而喻，服务出口复杂度即被解释变量。然而，把服务出口复杂度作为计量模型的被解释变量时，对于其影响因素，即自变量的选取是一个较为棘手的问题，因为就影响服务贸易发展的主要因素而言，均有可能对服务出口复杂度产生重要影响。正如 Rust 等（2005）② 在综述有关服务业发展问题的研究文献时指出，针对服务业发展的理论研究存在着许多不完全相

① 从上述选定的整个样本区间来看，本章所选取的 120 个经济体在任何一个年度的服务贸易出口总额，在全球服务贸易出口总额中所占比重最低的年份也达到了 89.35%，因此，这 120 个经济体在整个样本期间一直是具有相当高的代表性的，能够基本满足我们的研究需要。

② Rust, R. and Chung, T., (2006), "Marketing models of service and relationships", Marketing Science, 25 (6): 560–580.

同的解释，而针对影响服务贸易发展因素的分析也多达几十种。为此，综合现有关于服务贸易影响因素的相关研究，本章选取人力资本（记为 HU）、服务业发展规模（记为 SERV）、服务贸易开放度（记为 OPEN）、利用外资额（记为 FDI[①]）、制度质量（记为 INST）作为关键的解释变量。之所以选取前述五个关键的解释变量，主要基于以下考虑。

人力资本变量（HU）能够成为影响服务贸易的主要因素，甚至可以说作为服务贸易比较优势的决定性因素，已经基本成为国际服务贸易理论研究中的共识（Hoekman and Mattoo，2008[②]）。更为重要的是，不同服务分项的要素密集度特征往往差异较大，换言之，人力资本对不同服务分项的重要性而言也是存在显著差异的。例如，建筑服务、运输服务等传统服务分项，较之于计算机和信息服务以及专利和特许等新兴服务分项，对人力资本所产生的需求或者说所内含的人力资本密集度相对而言就会比较低。从这一意义上来说，出口复杂度越高的服务分项，对人力资本的需求也就会越强烈。换言之，人力资本因素可能对服务出口复杂度具有重要影响。

至于服务业发展规模（SERV），通常而言，产业结构的演进基本上遵循着以下规律，即从农业在国民经济中处于主导地位逐步转变为工业处于主导地位，再由工业处于主导地位逐步向服务业处于主导地位转变。这是产业结构高级化发展的一般性规律。国际贸易内容的变化也会反映这个发展的过程，这是因为，产业是源，贸易是流，产业的发展状况通常决定了贸易结构和贸易模式。从出口复杂度的角度来看同样如此，换言之，服务业发展规模会决定一国（地区）的服务出口状况，从而影响着服务出口复杂度水平。

关于服务贸易开放度（OPEN），主要通过竞争效应等作用机制

---

① Dominique，M.，Horst G. and Michael R.，（2005），"Inter-and intra-sectoral linkages in foreign direct investment: evidence from Japanese investment in Europe"，Journal of the Japanese and International Economies，19，110.

② Hoekman，B. and Mattoo，A.，（2008），"Services and Growth"，World Bank Policy Research Working Paper，No. 4461，World Bank，Washington DC.

而对服务技术复杂度可能产生影响。众所周知，竞争是促使微观经济主体不断进行技术创新和提升效率的重要动力，而服务贸易的开放度是影响竞争程度的一个重要因素，从而对服务贸易的发展具有重要影响。不言而喻，服务贸易开放度越低，或者说国际市场上提供的服务进入一国（地区）的壁垒越高，对来自外部市场的竞争效应抑制作用就会越强；反之，服务贸易开放度越高，或者说国际市场上提供的服务进入一国（地区）的壁垒越低，此国（地区）服务提供者面临来自外部市场的竞争也就愈强。当然，在一国（地区）的服务业发展尚不具备高级化的先决条件下，基于比较优势的服务贸易"过度"开放也有可能会使具有更高复杂度水平服务在竞争中"夭折"，从而其服务出口复杂度会被推至一个更低的水平。因此，服务贸易开放度对服务出口复杂度的影响可能具有不确定性。

就利用外资额（FDI）而言，同样也会对一国（地区）的服务出口产生重要影响。实践证明，对外直接投资不仅仅是一个资金流动问题，而是以资金为载体的包括技术、管理、营销等"一揽子生产要素"的跨国流动，因而会对一国相关产业的建立、发展以及高级化发展进而出口贸易发展都会起到一定的推动作用。实际上，改革开放以来中国制成品出口贸易的快速扩张所具有的"外资嵌入型"典型特征就是明证。更为重要的是，在当前全球价值链分工模式下，贸易投资已经呈现高度"一体化"的发展模式，正如联合国贸发会议（UNCTAD，2013）的一项研究所指出[1]：FDI主导的全球价值链已经成为全球贸易增长的重要驱动因素，进而导致一国出口贸易与利用外资额之间呈现显著的正相关关系。由此可见，跨国公司通过以FDI的方式进行生产阶段和服务环节的区位配置，不仅会影响到一国（地区）的服务贸易额，同样会影响到一国出口复杂度包括服务出口复杂度。当然，FDI是否真正能够带入更高的技术水平，可能会因其不

---

① United Nations Conference on Trade and Development, (2013), "Global Value Chains and Development: Investment and Value Added Trade in the Global Economy."

同动机而异，更可能因不同来源和流向而异，理论和实际部门持有"以市场换技术"失败论的观点也是存在的。因此，FDI 究竟会产生怎样的影响，还需要从实证层面给予回答。

就制度质量（INST）对国际贸易的影响而言，大多针对货物贸易的研究文献均认为制度质量能够构成一国（地区）比较优势的重要来源（Levchenko，2007[①]）。而在我们看来，制度质量对于服务贸易而言同样重要，甚至更为重要，尤其是对于复杂度水平越高的服务贸易来说，对制度质量的要求可能会更高，这是因为，与货物相比，由于服务所具有的无形性、更加异质性以及通常要求服务提供者和消费者同时乃至同地出现等特性，使服务交易的信任特征十分显著，并且，越是具有技术内涵的或者说复杂度水平越高的服务，前述特征也就愈发显著，从而服务交易对外在的制度质量会有较强的依赖性。正是基于这一意义，我们认为，制度质量可能成为影响服务出口复杂度的重要因素。

除此之外，本章在综合现有关于制成品出口技术复杂度影响因素的研究文献基础之上，将人均 GDP（记为 GDP）、人口规模（记为POP）、基础设施（记为 INFR）、货物贸易出口额（记为 EX）、实际汇率水平（记为 REER）作为控制变量纳入计量模型之中。纳入前述控制变量，不仅能够避免估计结果出现遗漏变量偏差问题，还可以结合现有文献的研究结论，进一步明晰影响制成品出口技术复杂度的主要因素，是否对服务出口复杂度也具有类似影响。据此，本章将计量模型的形式设定如下：

$$LnES_{i,t} = \alpha_0 + \alpha_1 LnHU_{i,t} + \alpha_2 SERV_{i,t} + \alpha_3 OPEN_t + \alpha_4 FDI_{i,t}$$
$$+ \alpha_5 LnINST_{i,t} + \alpha_6 REER_{i,t} + \beta Z_{i,t} + \mu_t + \gamma_i + \varepsilon_{i,t} \quad (4-1)$$

其中，HU 表示人力资本变量，SERV 表示服务业发展规模，OPEN 表示服务贸易开放度变量，FDI 表示利用外资额变量，INST 表示制度

---

① Levchenko, A. , (2007), "Institutional Quality and International Trade", Review of Economic Studies, 74 (3), 791–819.

质量变量，分别为政治风险指数、经济风险指数以及金融风险指数表示的制度质量替代变量，Z 表示如前所述的各种控制变量，μ 表示时期固定效应变量，ν 表示国家（地区）的固定效应变量，ε 为误差项。由于不同变量水平值存在巨大差异，因此，在计量分析过程中，我们对服务出口复杂度变量（ES），以及解释变量中的人力资本变量（HU）、制度质量变量（INST）、人口规模变量（POP）、人均 GDP 变量（GDP）、基础设施变量（INFR）取自然对数，Ln 即自然对数符号。

（二）数据来源及说明

服务出口复杂度指数和实际人均 GDP 数据在前面已有说明，即来源于联合国贸发会议统计数据库，而服务出口复杂度就是本章前一部分所计算出来的样本国家（地区）的数据。人力资本变量（HU）采用公共教育经费支出占 GDP 比重表示，数据来源于世界银行统计数据库（World Bank Database）。服务业发展规模变量（SERV）的数据，我们采用服务经济总量占 GDP 总量之比表示，其中服务经济总量和 GDP 总量数据均来自联合国贸发会议数据库。至于制度质量（INST），由于其量化往往比较主观而且存在着一定的测量难度，目前学术界尚未达成共识。已有研究指出，制度是一个涵盖包括经济和政治等多层面的体系（North，1989①），有鉴于此，本章使用国际风险指标数据库（International Country Risk Guide，ICRG）中的经济风险指数（记为 ER）、政治风险指数（记为 PR）以及金融风险指数（记为 FR）三种统计指标，作为制度质量的替代变量，以进行综合对比分析。关于服务贸易开放度（OPEN）的衡量，本章采用文献研究中关于贸易开放度测度所使用的所谓贸易渗透率指标，即一国（地区）服务进出口总额与其服务业增加值之比，其中，服务贸易进

---

① North，D.，(1989)，"Institutions and Economic Growth：An Historical Introduction"，World Development，17（9）：1319 – 1332.

出口额数据来自联合国服务贸易统计数据库，服务业增加值来自联合国贸发会议统计数据库。利用外资额（FDI）变量，本章采用一国（地区）吸引外资存量额与 GDP 之比作为替代变量，之所以如此，是为了消除不同国家（地区）的规模差异所产生的影响。实际上，更为精确的做法应该使用服务业利用外资额，但是考虑到数据的可获性，我们并没有严格区分服务业和非服务业 FDI，而是使用了外资利用总额这一替代性做法，其合理性不仅在于外资利用总额中包括服务业利用外资额，与此同时，制造业和服务业之间存在互动关系基本已成共识，因而从这一意义上来说，制造业利用外资对服务业进而服务贸易可能产生间接作用。外资存量额数据和 GDP 数据均来自联合国贸发会议统计数据库。控制变量中所使用的人均 GDP 数据、人口规模数据以及货物出口额数据，均来自联合国贸发会议统计数据库；而控制变量中的基础设施变量，本章采用每百人中互联网使用人数作为替代变量，之所以如此，主要原因在于现有文献早已揭示了互联网发展对于服务贸易的重要性（Freund et al.，2002 [①]），其数据来源于世界银行统计数据库。针对各样本国（地区）的实际有效汇率指数，目前可得的数据仅为国际货币基金组织的国际金融统计数据库（IFS）提供的测算结果（记为 REER1），以及国际清算银行（BIS）提供的测度结果（记为 REER2）。本书同时采用这两个数据库提供的实际有效汇率指数以进行综合对比分析。

（三）回归结果

1. OLS 估计结果

考虑到仅以所选样本自身效应为条件而进行的研究，因此，本章对前述计量模型（4-1）采用固定效应模型进行估计，所得结果见表 4-1。

---

① Freund, C. and Weinhold, D., （2002）, "The Internet and International Trade in Services", The American Economic Review, 92（2）: 236-240.

表 4 - 1　　　　　　OLS 回归估计结果

	(1)	(2)	(3)	(4)	(5)	(6)	(7)	(8)	(9)
HU	0.1178 *** (9.31)	0.1180 *** (9.16)	0.1181 *** (9.18)	0.1205 *** (10.33)	0.1216 *** (11.23)	0.1235 *** (11.49)	0.1211 *** (8.26)	0.1223 *** (9.25)	0.1201 *** (10.41)
SER	0.0152 (0.69)	0.0149 (0.33)	0.0155 (0.12)	0.5218 (1.36)	0.5206 (1.28)	0.5133 (1.31)	0.5227 (1.30)	0.5216 (1.16)	0.5128 (1.09)
OPEN	2.7835 *** (4.28)	2.7821 *** (3.56)	2.7916 *** (4.13)	2.7521 *** (6.28)	2.7821 *** (6.35)	2.7792 *** (7.16)	2.7496 *** (6.13)	2.7785 *** (5.68)	2.7803 *** (8.24)
FDI	0.0073 * (1.83)	0.0071 * (1.91)	0.0072 * (1.93)	0.0081 * (1.90)	0.0083 * (1.91)	0.0086 * (1.94)	0.0080 * (1.91)	0.0081 * (1.95)	0.0083 * (1.93)
PR	0.2038 * (1.82)	—	—	0.2017 ** (2.14)	—	—	0.2033 ** (2.26)	—	—
ER	—	0.3025 ** (2.17)	—	—	0.2977 ** (1.99)	—	—	0.2951 ** (2.15)	—
FR	—	—	0.2536 ** (2.63)	—	—	0.2015 ** (2.38)	—	—	0.2032 ** (2.28)
GDP	—	—	—	0.3684 *** (9.33)	0.3679 *** (8.26)	0.3681 *** (9.32)	0.3679 *** (6.15)	0.3680 *** (7.21)	0.3696 *** (8.52)

续表

	(1)	(2)	(3)	(4)	(5)	(6)	(7)	(8)	(9)
POP	—	—	—	0.0728 (0.36)	0.0719 (0.51)	0.0720 (0.39)	0.0729 (0.38)	0.0726 (0.97)	0.0725 (0.69)
EX	—	—	—	-0.9522*** (-9.31)	-0.9531*** (-8.38)	-0.9528*** (-9.19)	-0.9518*** (-8.22)	-0.9529*** (-8.16)	-0.9526*** (-7.34)
INFR	—	—	—	0.0063*** (3.15)	0.0065*** (4.36)	0.0062*** (5.27)	0.0060*** (3.28)	0.0067*** (4.16)	0.0065*** (6.33)
REER1	—	—	—	0.0106* (1.89)	0.0112* (1.92)	0.0123** (1.93)	—	—	—
REER2	—	—	—	—	—	—	0.0033* (1.91)	0.0032* (1.93)	0.0029** (2.02)
常数项	5.1453*** (6.33)	5.6443*** (6.17)	6.0754*** (8.25)	5.6463*** (6.17)	6.0128*** (5.29)	5.2674*** (5.36)	5.4426*** (4.26)	6.0032*** (3.73)	5.7435*** (5.31)
Obs.	1344	1344	1344	1343	1343	1343	1343	1343	1343
调整 R^2	0.3852	0.3862	0.4040	0.4089	0.4077	0.4083	0.4080	0.4081	0.4080

注：估计系数下方括号内的数字为系数估计值的 t 统计量，其中"*"、"**"和"***"分别表示 10%、5% 和 1% 的显著性水平。

表 4-1 第一列至第三列的回归结果，是仅将本章选取的关键解释变量，即人力资本变量、服务业发展规模变量、服务贸易开放度变量、FDI 利用额变量以及制度质量变量，纳入计量模型进行回归分析所得。从中不难看出，人力资本变量的系数估计值始终为正，且至少在 1% 的显著性水平下对服务出口复杂度具有积极影响。这一结果意味着人力资本越是丰富的经济体，其服务出口复杂度水平也就越高，也是与本章前述的理论预期是相一致的。就服务业发展规模变量的系数估计值而言，其虽然为正，但并不具备显著性，换言之，以服务经济总量占 GDP 总量之比表示的服务业发展规模，并没有对服务出口复杂度产生显著影响。这一结果多少有些出乎我们的预期，可能的原因在于服务业规模扩张并不一定逻辑地带动服务业自身内部结构的优化升级或者高级化发展，对此，还需要进一步的分析。服务贸易开放度变量的系数估计值为正，且至少在 1% 的显著性水平下对服务出口复杂度具有显著影响。这一结果说明服务贸易开放所带来的竞争效应可能超出了冲击效应，从而促使服务业和服务企业的不断高级化发展进而服务出口复杂度的不断提高。当然，在服务业"全球化"和"碎片化"的发展趋势下，前述结果也可能是比较优势分工原理所带来的必然逻辑，即伴随贸易开放度的不断提高，具有知识和信息等优势的发达经济体愈来愈专注于复杂度更高的服务提供流程和环节，而将越来越多"非核心"流程和环节外包出去，必然表现为服务出口复杂度不断提升；与此同时，作为承接方来说，虽然承接了所谓"非核心"的服务提供流程和环节，但与其自身原有所从事的服务相比，则可能具有更高复杂度，从而同样表现为服务出口复杂度的不断提升。当然，前述逻辑的前提就是服务贸易开放度的不断提高。究竟是竞争机制发挥了主要作用，还是服务业"全球化"和"碎片化"发展趋势下的分工原理发挥了主要作用，抑或两种作用机制同时存在，本章的研究尚不能区分，进一步的分析还需要专门探讨。就利用外资额变量而言，其系数估计值虽为正，但其影响的显著性并不高，

仅在10%的显著性水平下对服务出口复杂度具有积极影响。其主要原因可能在于除了如前所述的有利作用机制外，还存在着其他方面的影响，从而使FDI对服务出口复杂度的提升作用在实证结果中并非十分显著。至于制度质量变量而言，无论是使用政治风险指数，还是使用经济风险指数，抑或是使用金融风险指数作为替代变量，回归系数值均为正且至少在10%显著性水平下对服务出口复杂度产生显著影响，这一结果与前面的理论预期也是吻合的。

表4-1中第四列至第九列的回归结果，是纳入控制变量后进行回归估计所得。结果显示，在纳入控制变量后，前述各关键变量除了回归系数估计值的大小有所变化外，至于其影响的方向性及其显著性，均没有呈现实质性改变，从而说明了估计结果的稳健性。就控制变量本身而言，人均GDP变量的系数估计为正且均在1%的显著性水平下对服务出口复杂度具有积极影响，从而说明了经济发展水平对服务出口复杂度的关键作用，这一结果与产业结构演进理论也是一致的。人口规模变量的回归结果不具显著性，说明人口规模并未在服务业发展中产生"规模效应"，实际上，人口规模能否真正转化为规模经济效应，关键在于人口规模是否能够形成真正的市场需求，而从这一意义上来说，这又与经济发展阶段是相关的。具体到本章所选取的112个经济体而言，由于既有发达经济体，也有发展中经济体，从而可能致使人口规模变量在服务业领域发展中并未表现出显著的规模效应。货物贸易出口额变量的系数估计值为负且具有显著性影响，这一结果多少有些出乎预期，说明货物出口规模占比的提高并未逻辑地带动服务出口复杂度的提升，反而具有反向影响。可能的原因在于与经济发展阶段所决定的产业结构有关。也就说，当经济发展阶段所决定的以第二产业为主进而货物出口占比较高时，服务贸易发展可能处于相对滞后状态，从而服务出口复杂度也就相对较低；反之，当经济发展到更为高级的阶段从而以服务经济形态为主时，货物出口占比可能会相应下降，而服务出口复杂度则会相应更高。基础设施变量的系数

估计值为正且具有显著性，说明基础设施完善对服务出口复杂度具有重要影响，这一结果与前面预期也是一致的。

至于实际汇率水平（REER），在市场经济条件下，企业技术水平的选择有赖于价格机制的杠杆作用，而汇率水平作为国家间经济交易中的重要相对价格变量，其变化理应会对要素积累、要素组合乃至技术选择具有重要影响。实际上，也正因如此，有关汇率和出口贸易关系的研究一直是国际经济领域的焦点和热点议题。当然，尽管对此问题的研究由来已久，但无论是理论研究还是经验研究，学术界尚未形成统一认识和结论。从表 4 - 1 的第四列至第六列的回归结果可以看出，实际有效汇率指数（REER1）的回归系数估计值为正，且在 10% 的水平下通过了显著性检验，表明实际有效汇率指数与服务出口复杂度之间呈现微弱的正相关关系，或者说实际有效汇率升值在一定程度上具有推动服务出口复杂度提升的作用。而这种推动作用可能正是来自汇率变动引起的"相对价格变化"的作用机制。具体而言，实际汇率上升对出口企业来说会导致其成本上升，而消除这种影响的最有效的方式之一就是通过技术进步等方式，提升服务出口的"质"，即促使企业更多地从依赖"价格"竞争转向"品质"竞争，这是实际汇率升值对服务出口企业形成的"技术选择效应"带来的结果。当然，除了前述作用机制外，实际汇率升值对服务出口复杂度提升的作用，还可能源自资源再配置作用机制。换言之，实际汇率升值会"淘汰"落后服务企业，从而释放出资源向更具有质量竞争优势的服务企业和服务部门流动，形成资源再配置效应，从而在整体上提升服务出口复杂度。当然，其首要前提是服务出口企业具备不同技术水平的可选项，或者至少具有提升技术水平的能力。进一步地，第七列至第八列的回归结果显示，当我们采用 BIS 提供的实际有效汇率指数（REER2）作为基础解释变量进行回归时，所得结果表明，其系数估计值为正，且在 10% 的水平下通过了显著性检验，同样表明实际有效汇率升值对服务出口复杂度提升具有一定的促进作用。

2. TSLS 估计结果

当然，使用 OLS 方法对前述计量模型（4-1）进行回归估计，由于外资利用额与服务出口复杂度可能存在较强的内生性，从而使估计结果出现非一致性和有偏性，这不仅体现在外资利用额会对服务出口技术复杂度产生影响，同时还体现在一国或地区的服务出口复杂度同样也会对利用外资产生重要影响，换言之，能够提供更高技术复杂度服务的国家或地区，对外资利用质量的要求可能会更高，或者说吸引的外资也就更为高端。为此，我们采用两阶段最小二乘法（TSLS）对本章构建的计量模型（4-1）进行再估计，所选择的工具变量为外资利用额滞后一期，回归结果见表4-2。当然，使用工具变量进行 TSLS 估计，其首要前提就是所选工具变量是有效的，为此我们对工具变量进行了过度识别检验、弱识别检验和不足识别检验，检验结果表明，选取滞后一期的外资利用额变量作为工具变量是合适的。

与表4-1呈列回归估计结果保持逻辑一致性，表4-2第一列至第三列呈列的回归结果，是仅将本章最为关注的关键解释变量纳入计量模型进行回归估计所得，而第四列至第六列呈列的回归结果则是在计量模型中纳入其他控制变量后进行回归所得。比较表4-2和表4-1的回归结果，容易看出，无论使用两阶段最小二乘法（TSLS）进行估计还是使用普通最小二乘法（OLS），作为关键解释变量的人力资本、服务业发展规模、服务贸易开放度、利用外资额以及制度质量，对服务出口复杂度的影响均没有出现实质性变化，即除了服务业发展规模对服务出口复杂度不具有显著的正向影响外，其余几个关键的解释变量均对服务出口复杂度具有显著正向影响。进一步地，表4-2中第四列至第六列的结果是在纳入控制变量后进行 TSLS 回归估计所得，不难看出，纳入控制变量后，前述几个关键解释变量的系数估计值的方向性及其显著性，都没有出现本质性改变。这一点与表4-1的估计结果是较为一致的，从而在一定程度上表明估计结果具有稳健性。就控制变量的回归结果而言，表4-2呈列的结果与表4-1呈列的结果也基本一致，均未发生本质性改变，对此我们不再赘述。

表 4 - 2 　　TSLS 回归估计结果

	(1)	(2)	(3)	(4)	(5)	(6)	(7)	(8)	(9)
HU	0.1235*** (9.12)	0.1233*** (9.15)	0.1238*** (8.67)	0.1239*** (8.15)	0.1236*** (7.29)	0.1237*** (8.26)	0.1237*** (7.34)	0.1236*** (9.18)	0.1237*** (7.63)
SER	0.0827 (0.56)	0.0798 (0.85)	0.0801 (0.35)	0.0836 (1.17)	0.0812 (1.05)	0.0799 (1.12)	0.0831 (1.16)	0.0827 (1.03)	0.0818 (0.69)
OPEN	3.0028*** (5.36)	2.9984*** (5.18)	3.0916*** (5.43)	3.0103*** (3.98)	3.0125*** (3.17)	3.0187*** (5.19)	3.0126*** (5.27)	3.0218*** (4.91)	3.0192*** (4.38)
FDI	0.1093* (1.95)	0.1106* (1.94)	0.1089* (2.06)	0.1092* (1.92)	0.1088* (2.08)	0.1101* (1.93)	0.1087* (1.95)	0.1096* (2.08)	0.1105* (1.96)
PR	0.2269* (1.93)	—	—	0.2258** (2.16)	—	—	0.2239** (2.33)	—	—
ER	—	0.2377** (2.68)	—	—	0.2371* (1.96)	—	—	0.2295* (1.91)	—
FR	—	—	0.2536** (2.18)	—	—	0.2517** (2.33)	—	—	0.2488** (2.18)
GDP	—	—	—	0.4138*** (8.66)	0.4132*** (9.14)	0.4135*** (8.25)	0.41368*** (7.21)	0.4133*** (8.15)	0.4134*** (8.52)
POP	—	—	—	0.0521 (0.58)	0.0518 (0.37)	0.0520 (0.62)	0.0519 (1.03)	0.0523 (1.21)	0.0521 (0.96)
EX	—	—	—	-0.9168*** (-7.63)	-0.9211*** (-8.27)	-0.9186*** (-9.16)	-0.9168*** (-6.57)	-0.9211*** (-5.82)	-0.9186*** (-7.35)

续表

	(1)	(2)	(3)	(4)	(5)	(6)	(7)	(8)	(9)
INFR	—	—	—	0.0058*** (6.36)	0.0059*** (5.83)	0.0058*** (6.19)	0.0056*** (5.24)	0.0053*** (5.17)	0.0056*** (6.32)
REER1	—	—	—	0.0105* (1.91)	0.0108* (1.95)	0.0113** (1.92)	—	—	—
REER2	—	—	—	—	—	—	0.0031* (1.93)	0.0030* (1.95)	0.0033** (2.14)
常数项	5.6456*** (5.29)	5.7544*** (6.75)	6.0136*** (8.37)	6.1088*** (5.25)	6.1352*** (7.16)	5.8144*** (6.33)	5.3685*** (5.01)	6.0126*** (6.11)	5.9382*** (8.26)
Obs.	1232	1232	1232	1232	1232	1232	1232	1232	1232
不足识别检验	34.87 (0.0000)	32.15 (0.0000)	33.99 (0.0000)	39.85 (0.0000)	30.12 (0.0001)	29.03 (0.0001)	36.14 (0.0000)	32.35 (0.0000)	30.16 (0.0000)
弱识别检验	19.10 (0.05)	18.93 (0.05)	21.96 (0.05)	23.01 (0.05)	27.83 (0.01)	28.03 (0.01)	24.16 (0.05)	25.28 (0.01)	26.37 (0.01)
过度识别检验	2.97 (0.1313)	2.11 (0.6059)	3.10 (0.3403)	3.80 (0.1528)	0.49 (0.8023)	1.39 (0.5122)	2.76 (0.1423)	1.35 (0.9136)	1.18 (0.6455)
R^2	0.3860	0.3903	0.3891	0.3955	0.4086	0.4111	0.4118	0.4176	0.4233

注：估计系数下方括号内的数字为系数估计值的 t 统计量，其中 "*"、"**" 和 "***" 分别表示 10%、5% 和 1% 的显著性水平。

3. 系统 GMM 估计结果

尽管两阶段最小二乘法（TSLS）的估计方法能够较好地解决可能存在的内生性问题，但面板数据估计过程中仍会存在着其他诸如扰动项自相关以及某些回归变量并非严格外生而是先决变量等一些计量问题。此外，出口行为往往具有持续性特征，从服务出口复杂度变化的视角来看，同样如此，即上一期服务出口复杂度对当期可能具有重要影响。因此，将服务出口复杂度滞后一期作为解释变量之一引入计量模型（4-1）后，便有如下动态面板数据模型（4-2）：

$$LnES_{i,t} = \alpha_0 + \beta ES_{i,t-1} + \alpha_1 LnHU_{i,t} + \alpha_2 SERV_{i,t} + \alpha_3 OPEN_t + \alpha_4 FDI_{i,t}$$
$$+ \alpha_5 LnINST_{i,t} + \beta Z_{i,t} + \mu_t + \gamma_i + \varepsilon_{i,t} \qquad (4-2)$$

显然，由于在动态面板数据模型（4-2）中，滞后一期的被解释变量这一内生性变量被作为解释变量之一纳入其中，因此，使用一般的最小二乘估计法容易带来估计偏误问题。对此，系统广义矩估计法（System GMM）可以较好地解决前述问题。系统 GMM 估计包括"一步法"和"两步法"两种，相比而言，"一步法"估计更为有效，因此，我们选择"一步法"进行估计，表4-3呈列的结果即采用系统广义矩估计方法对动态面板数据模型（4-2）进行估计所得。

与表4-1和表4-2报告回归结果的逻辑一致，表4-3第一列至第三列报告的估计结果，是将服务出口复杂度滞后一期、人力资本、服务业发展规模、服务贸易开放度、利用外资额以及制度质量作为基础解释变量，进行回归所得，而第四列至第九列报告的结果则是纳入控制变量后进行回归估计所得。由表4-3给出的各列回归结果，我们可以得到以下几点基本结论：第一，在所有各列估计结果中，作为解释变量的滞后一期服务出口复杂度，其系数估计值均为正，并且均在1%显著性水平下对当期服务出口复杂度产生积极影响，这一结果表明服务出口复杂度具有"持续性"特征。第二，作为基础解释变量的人力资本、服务贸易开放度、外资利用额，对服务出口复杂度均具有显著的正向影响，而服务业发展规模对服务出口复杂度虽然具

表 4-3　　系统 GMM 回归估计结果

	(1)	(2)	(3)	(4)	(5)	(6)	(7)	(8)	(9)
ES (-1)	0.3368*** (7.43)	0.3359*** (6.74)	0.3362*** (8.15)	0.3374*** (6.71)	0.3401*** (8.33)	0.3369*** (7.12)	0.3412*** (6.58)	0.3427*** (8.26)	0.3396*** (9.34)
HU	0.1021*** (7.31)	0.1019*** (8.56)	0.1020*** (9.14)	0.1021*** (7.28)	0.1021*** (8.44)	0.1019*** (7.26)	0.1018*** (8.17)	0.1020*** (9.12)	0.1019*** (8.25)
SER	0.1869 (0.57)	0.1857 (0.27)	0.1863 (0.88)	0.1879 (1.22)	0.1896 (1.35)	0.1868 (1.27)	0.1884 (0.96)	0.1825 (1.31)	0.1833 (1.29)
OPEN	2.3416*** (6.12)	2.3418*** (5.86)	2.3402*** (5.16)	2.3426*** (3.79)	2.3481*** (4.27)	2.3417*** (3.76)	2.3425*** (5.12)	2.3413*** (6.31)	2.3427*** (5.34)
FDI	0.0045* (1.93)	0.0047* (1.91)	0.0044** (2.32)	0.0041* (1.88)	0.0043* (1.91)	0.0052** (2.25)	0.0049* (1.93)	0.0047* (1.92)	0.0051** (2.33)
PR	0.1738** (2.66)	—	—	0.1725*** (2.13)	—	—	0.1733*** (2.36)	—	—
ER	—	0.1121* (1.95)	—	—	0.1125* (1.93)	—	—	0.1123* (1.91)	—
FR	—	—	0.1468** (2.12)	—	—	0.1435* (1.96)	—	—	0.1452* (1.92)
GDP	—	—	—	0.3118*** (9.16)	0.3120*** (8.43)	0.3119*** (7.28)	0.3118*** (8.52)	0.3122*** (7.14)	0.3118*** (8.35)
POP	—	—	—	0.1536 (1.32)	-0.1498 (-1.18)	0.1533 (1.21)	0.1531 (1.35)	-0.1499 (-1.07)	0.1528 (1.26)

续表

	(1)	(2)	(3)	(4)	(5)	(6)	(7)	(8)	(9)
EX	—	—	—	-0.8336*** (-3.17)	-0.8331*** (-3.28)	-0.8335*** (-3.19)	-0.8332*** (-3.42)	-0.8333*** (-3.86)	-0.8337*** (-3.17)
INFR	—	—	—	0.0038*** (6.12)	0.0039*** (6.33)	0.0038*** (5.28)	0.0040*** (4.17)	0.0039*** (4.28)	0.0040*** (5.30)
REER1	—	—	—	0.0107* (1.93)	0.0106* (1.92)	0.0112** (1.96)	—	—	—
REER2	—	—	—	—	—	—	0.0029* (1.95)	0.0031* (1.94)	0.0032** (2.32)
常数项	5.1634*** (4.32)	5.2164*** (9.36)	5.5353*** (8.17)	5.7564*** (4.71)	4.9785*** (5.33)	4.8733*** (4.26)	5.1426*** (3.85)	4.7464*** (4.13)	4.2381*** (5.36)
Obs.	1232	1232	1232	1232	1232	1232	1232	1232	1232
Wald-χ^2统计量	16834.21	17519.33	17628.19	34132.22	34198.54	35012.33	34098.19	34168.37	35076.18
Sargan 检验	133.523	124.786	128.335	137.286	141.237	143.902	136.343	138.197	139.285
AR (1) 检验 p 值	0.0986	0.1328	0.0935	0.1843	0.1381	0.3216	0.1135	0.1281	0.3537
AR (1) 检验 p 值	0.7153	0.5182	0.7356	0.6281	0.5334	0.6832	0.63351	0.6183	0.6105

注：估计系数下方括号内的数字为系数估计值的 z 统计量，其中 "*"、"**" 和 "***" 分别表示 10%、5% 和 1% 的显著性水平。在系统 GMM 回归过程中，误差为稳健性标准误差（robust standard errors）；系统矩估计的一致性要求，允许差分方程存在一阶自相关，但不存在二阶自相关，或者更高阶的自相关，AR (1) 和 AR (2) 的原假设为 "扰动项不存在自相关"，原假设下预计量服从标准正态分布；Sargan 检验的是工具变量的合理性，原假设 H0 为 "工具变量过度识别"，若原假设被接受，则表明工具变量选择是合理的。

有正向影响，但并不显著。第三，作为基础解释变量的制度质量，无论使用政治风险指数作为替代变量，还是使用经济风险指数作为替代变量，抑或是使用金融风险指数作为替代变量，系数估计值均为正且具有显著性。总体而言，这一结果再次证实了完善的制度质量对服务出口复杂度提升所具有的积极作用。第四，作为控制变量的人均GDP以及基础设施变量，均对服务出口复杂度具有显著积极影响，从而再次证实了经济发展水平的提高以及基础设施的不断完善，对提升服务出口复杂度的重要作用。而作为控制变量的人口规模，在不同的组合回归结果中，不仅系数估计值的大小不同，甚至出现了方向性改变，从而说明了人口规模变量对服务出口复杂度的影响是不确定的，而进一步从系数估计值的显著性水平来看，尽管不同组合情形下系数估计值甚至出现正负的反转变化，但各种组合情形下的一个共同特征就是系数估计值并不具备显著性，换言之，基于全样本进行的回归结果并未揭示人口规模对服务出口复杂度具有重要影响。这一结果与前面使用 OLS 和 TSLS 进行回归所得结果也是基本一致的。而作为控制变量的货物出口变量，各列的回归结果均显示其系数估计值为负并具有显著性，这一结果与前面分析具有较高一致性，至于其可能的原因，此处不再赘述。作为控制变量之一的实际有效汇率，无论是采用 REER1 还是 REER2，其系数估计值的正向性及其显著性统计特征，大体而言，均与前述表 4-1 保持了较好一致性。这一结果再次说明实际有效汇率指数上升，的确对服务出口复杂度产生了一定程度的正向影响。

4. 分样本 GMM 估计结果

如前所述，经济发展的不同阶段，各种变量对服务出口复杂度的影响效应可能会有所不同。为此，本章再将总样本按照经济发展程度分成两部分：一部分样本为发达经济体，另一部分样本为发展中经济体，并以此为基础分别进行系统 GMM 回归估计，以进一步明晰各主要解释变量对不同发展阶段经济体服务出口复杂度所可能产生的差异化影响。所得结果报告于表4－4。

表4－4　　　　　　　　分样本系统 GMM 回归估计结果

	发展中经济体			发达经济体		
	(1)	(2)	(3)	(4)	(5)	(6)
ES (－1)	0.0016 ** (2.35)	0.0014 ** (2.18)	0.0017 ** (2.44)	0.0021 *** (6.35)	0.0019 *** (5.28)	0.0020 *** (6.36)
HU	0.1128 ** (2.65)	0.1129 ** (2.33)	0.1130 ** (2.18)	0.1138 *** (9.53)	0.1136 *** (9.16)	0.1138 *** (9.33)
SER	0.1635 (1.33)	0.1701 (1.24)	0.1712 (1.35)	0.1803 ** (2.12)	0.1798 ** (2.36)	0.1785 ** (2.28)
OPEN	3.9015 *** (4.36)	3.9022 *** (6.27)	3.9017 *** (7.12)	1.8628 ** (2.37)	1.8635 ** (2.65)	1.8617 ** (2.18)
FDI	0.4327 *** (5.35)	0.4325 *** (4.14)	0.4328 *** (5.28)	0.3987 (0.19)	0.3865 (1.33)	0.3712 (1.21)
PR	0.0169 * (1.94)	—	—	0.0171 *** (3.15)	—	—
ER	—	0.0138 * (1.92)	—	—	0.0179 *** (3.65)	—
FR	—	—	0.0103 * (1.96)	—	—	0.0129 *** (4.33)
GDP	0.6037 *** (4.21)	0.6035 *** (6.33)	0.6033 *** (5.35)	0.5844 *** (4.18)	0.5812 *** (3.76)	0.5893 *** (6.15)
POP	0.0933 (1.32)	0.0928 (1.15)	0.1004 (1.13)	0.1089 * (1.93)	0.1095 ** (2.65)	0.1083 ** (2.58)
EX	－0.9412 *** (－6.35)	－0.9416 *** (－4.28)	－0.9421 *** (－4.12)	－0.8376 ** (－2.37)	－0.8412 ** (－2.16)	－0.8433 ** (－2.54)
INFR	0.0065 *** (5.84)	0.0064 *** (9.18)	0.0065 *** (7.26)	0.0062 *** (3.67)	0.0060 *** (3.63)	0.0062 *** (3.67)
REER1	0.0074 (1.35)	0.0069 (1.21)	0.0071 (1.32)	0.0121 ** (2.91)	0.0124 ** (2.36)	0.0125 ** (2.38)

续表

	发展中经济体			发达经济体		
	（1）	（2）	（3）	（4）	（5）	（6）
常数项	0.5654 *** （12.94）	0.5344 *** （9.38）	1.5812 *** （9.17）	0.5936 （0.36）	0.5127 （1.21）	0.5355 （1.49）
Obs.	484	484	484	748	748	748
Wald-χ^2统计量	129351.23	138235.27	139628.16	15858.31	16123.89	15839.28
Sargan 检验	189.38	188.58	192.16	85.29	90.13	92.17
AR（1） 检验 p 值	0.2103	0.0689	0.0948	0.0856	0.1033	0.1482
AR（2） 检验 p 值	0.5831	0.6122	0.5976	0.6017	0.6214	0.5319

注：同表 4 - 3。

在表 4 - 4 呈列的估计结果中，前三列是以发展中经济体为样本进行回归估计所得，后三列是以发达经济体为样本进行回归估计所得。从中不难发现，无论对于发展中经济体来说，还是对于发达经济体来说，作为解释变量的滞后一期服务出口复杂度、人力资本变量、服务贸易开放度变量、人均 GDP 变量等，均对服务出口复杂度产生了显著正向影响，而货物出口额变量则对服务出口复杂度产生了显著负向影响。前述变量的回归结果，与前述各表的回归结果基本一致。最为值得我们注意的是，如前预期，部分变量在发展中经济体和发达经济体的回归结果中，对服务出口复杂度的影响具有显著差异性。具体而言，服务业发展规模变量在发展中经济体样本中，其系数估计值虽为正，但不具备显著影响；而在发达经济体样本中，其系数估计值为正且具备了显著影响。导致这种差异的可能原因在于，发展中经济体服务业规模扩张，可能并非是在产业高级化背景下推进的，而是由于农村劳动力直接流入服务业从而造成服务业发展在低端产业上"铺摊子"和"过度膨胀"；与之相比，发达经济体服务业规模扩张，更多的是产业结构高级化发展的结果，是经济发展引起对服务业需求

所带动的,从而是产业高级化发展的规律使然。FDI 对发展中经济体
服务出口复杂度具有显著正向影响,而对发达经济体并不存在显著正
向影响。造成这一差异结果的可能原因在于,相对于发展中经济体本
土企业而言,流入的 FDI 可能具有更高的技术水平,从而可以从整体
上提升发达经济体服务出口复杂度;而对于发达经济体来说,流入的
FDI 相较于本土企业而言,前述效应可能并不显著,从而未能在提升
发达经济体服务出口复杂度方面表现出显著影响。就制度质量而言,
三种测度指标的回归结果均表明,较之于发达经济体而言,其对发展
中经济体服务出口复杂度的影响,不仅程度相对较低(表现为系数
估计值更小),而且在影响的显著性方面也相对较弱。造成这种差异
的可能原因有两个:一是相对于发达经济体来说,发展中经济体服务
业发展可能还处于初级阶段,从而还没有出现高端服务业发展对制度
质量依赖程度较高的现象;二是由 FDI 推动的国际产业转移(包括
服务业跨国转移),尤其是对发展中经济体来说,可能会在一定程度
上抵消制度质量不高对服务出口复杂度所产生的制约作用。当然,事
实是否真的如此,可能还需要进一步的细化研究,也是今后研究的一
个重要努力方向。就人口规模变量而言,虽然以发展中经济体为样本
进行回归估计时,其结果表明对服务出口复杂度并不具备显著影响,
但是以发达经济体为样本进行回归估计的结果却表明,其对服务出口
复杂度已经具有显著正向影响。这一差异性的结果进一步印证了对前
述各表回归结果的阐释逻辑。即,发展中经济体的人口规模可能还没
有逻辑地演化为服务业发展上的规模经济效应,而在发达经济体,这
一效应确实已经显现。就作为控制变量的实际有效汇率而言,由于前
述各表的实证检验表明采用两种测度指标的测算结果基本相同,因
此,在表 4 - 4 的回归结果中,为了节省篇幅,我们仅包括了采用
REER1 的回归结果。就此变量而言,比较表 4 - 4 的回归结果与前述
各表的回归结果,显著不同的地方在于:第一,在不同的分样本下,
实际有效汇率的系数估计值与前述各表呈现显著的差异性,这不仅表

现在实际有效汇率系数估计值的大小方面，也表现在方向性方面。第二，表4-4第一列至第三列中实际有效汇率的系数估计值与前述各表的各对应栏目相比变得较小，并且显著性水平有了明显下降，换言之，实际有效汇率的变化对发展中经济体服务出口复杂度不具备显著影响。第三，表4-4第四列至第六列中实际有效汇率的系数估计值与前述各表的各对应栏目相比更大，并且显著性水平有了明显提高。换言之，与总样本回归结果相比，仅以发达经济体为样本进行研究发现，实际有效汇率上升对于服务出口复杂度提升的促进作用更大、更为显著。

5. 稳健性检验结果

为了进一步检验前述回归估计结果的稳定性和可靠性，接下来我们再借鉴 Kwan（2002）提出的测度制成品出口技术复杂度的方法[①]，重新测算样本期内各样本国家的服务出口技术复杂度指数，作为被解释变量进行进一步的稳健性分析。其具体的测算也分两步进行，首先利用公式 $PSI_k = \dfrac{\sum_j x_{j,k} Y_j}{X_k}$ 测算某一分项服务的技术复杂度，其中，$X_{j,k}$ 表示 j 国分项服务 k 的出口额，Y_j 表示 j 国的人均 GDP 水平，X_k 表示分项服务 k 的全球出口总额，则 PSI_k 即表示分析服务 k 的技术复杂度水平。其次，再利用公式 $CSI = \dfrac{\sum_k x_{j,k} PSI_k}{X_j}$ 测算一国服务出口的总体复杂度水平。其中，X_j 表示 j 国服务出口总额，CSI 即表示 j 国服务出口技术复杂度。据此对动态面板数据计量模型（4-2）进行重新估计，并基于总样本和分样本分别进行估计，所得结果报告于表4-5和表4-6，其结果再次表明前述回归结果基本稳健。

[①] Kwan, C. H., (2002), "The Strength of 'Made in China' Viewed from American Market" [J]. International Economic Review, 2002, (8), pp. 5 - 12.

表 4 - 5　　基于总样本的稳健性检验结果

	(1)	(2)	(3)	(4)	(5)	(6)	(7)	(8)	(9)
ES (−1)	0.3309*** (8.31)	0.3312*** (9.12)	0.3311*** (7.51)	0.2995*** (6.36)	0.2986*** (5.48)	0.3108*** (6.37)	0.3215*** (3.68)	0.3098*** (4.16)	0.3107*** (5.18)
HU	0.1012*** (6.33)	0.1101*** (5.41)	0.1014*** (6.68)	0.1013*** (7.17)	0.1108*** (4.47)	0.1105*** (5.76)	0.1012*** (6.34)	0.1109*** (5.31)	0.1102*** (7.71)
SER	0.1615 (0.64)	0.1613 (0.97)	0.1615 (1.31)	0.1616 (1.21)	0.1613 (1.33)	0.1609 (1.15)	0.1611 (1.04)	0.1615 (1.32)	0.1613 (1.58)
OPEN	2.1469*** (3.68)	2.1473*** (5.65)	2.1506*** (4.67)	2.1502*** (4.62)	2.1498*** (5.51)	2.1479*** (4.69)	2.1512*** (5.61)	2.1509*** (4.52)	2.1488*** (4.63)
FDI	0.0512* (1.91)	0.0511* (1.96)	0.0513** (2.33)	0.0515* (1.93)	0.0519* (1.96)	0.0521** (2.32)	0.0508* (1.94)	0.0543* (1.92)	0.0521** (2.33)
PR	0.1836** (2.35)	—	—	0.1829*** (2.28)	—	—	0.1831*** (2.15)	—	—
ER	—	0.1215* (1.91)	—	—	0.1211* (1.95)	—	—	0.1213* (1.92)	—
FR	—	—	0.1518** (2.41)	—	—	0.1513* (1.93)	—	—	0.1512* (1.91)
GDP	—	—	—	0.3215*** (7.21)	0.3197*** (6.33)	0.3210*** (6.19)	0.3214*** (7.34)	0.3199*** (4.58)	0.3207*** (5.33)
POP	—	—	—	0.1316 (1.12)	-0.1219 (-1.21)	0.1121 (1.01)	0.1218 (1.23)	-0.1103 (-1.35)	0.1217 (1.27)

续表

	(1)	(2)	(3)	(4)	(5)	(6)	(7)	(8)	(9)
EX	—	—	—	-0.7953*** (-3.12)	-0.8012*** (-3.45)	-0.8015*** (-4.17)	-0.7988*** (-3.68)	-0.8031*** (-3.72)	-0.8112*** (-4.85)
INFR	—	—	—	0.0049*** (3.77)	0.0049*** (4.56)	0.0048*** (3.86)	0.0050*** (3.67)	0.0051*** (4.33)	0.0048*** (4.15)
REER1	—	—	—	0.0109* (1.91)	0.0105* (1.95)	0.0107** (1.93)	—	—	—
REER2	—	—	—	—	—	—	0.0025* (1.93)	0.0028* (1.91)	0.0026** (2.12)
常数项	5.1424*** (3.66)	5.5353*** (7.12)	5.5352*** (6.64)	6.3423*** (5.13)	6.1242*** (5.12)	5.7574*** (6.25)	6.1033*** (4.33)	6.2142*** (3.77)	5.8968** (4.39)
Obs.	1232	1232	1232	1232	1232	1232	1232	1232	1232
Wald-χ^2统计量	15599.54	15755.21	16031.37	33078.25	36943.16	35927.16	36137.16	36219.15	36032.44
Sargan检验	129.283	130.212	135.357	132.063	142.175	136.652	137.515	139.387	135.163
AR(1)检验 p值	0.0945	0.2325	0.6463	0.0896	0.0654	0.1422	0.1256	0.7636	0.1644
AR(1)检验 p值	0.7645	0.5635	0.6352	0.4536	0.6633	0.6253	0.6218	0.5866	0.6936

注：同表4-3。

表 4 - 6　　　　　　　　　　基于分样本的稳健性检验结果

	发展中经济体			发达经济体		
	(1)	(2)	(3)	(4)	(5)	(6)
ES (-1)	0.0025 **	0.0024 **	0.0028 **	0.0065 ***	0.0062 ***	0.0059 ***
	(2.38)	(2.15)	(2.42)	(6.17)	(5.21)	(5.33)
HU	0.1033 **	0.1011 **	0.1015 **	0.1036 ***	0.1038 ***	0.1047 ***
	(2.33)	(2.27)	(2.54)	(3.12)	(6.55)	(4.93)
SER	0.1712	0.1695	0.1698	0.1836 **	0.1787 **	0.1921 **
	(1.35)	(1.26)	(1.33)	(2.44)	(2.51)	(2.37)
OPEN	3.3165 ***	3.2897 ***	3.1968 ***	2.6712 **	2.6687 **	2.6643 **
	(4.32)	(5.08)	(4.31)	(2.65)	(2.48)	(2.19)
FDI	0.3618 ***	0.3599 ***	0.3607 ***	0.2346	0.2358	0.2369
	(7.12)	(5.35)	(3.63)	(0.59)	(1.31)	(1.06)
PR	0.0158 *	—	—	0.0156 ***	—	—
	(1.92)			(3.67)		
ER	—	0.0119 *	—	—	0.1233 ***	—
		(1.95)			(3.87)	
FR	—	—	0.0116 *	—	—	0.0329 **
			(1.95)			(2.36)
GDP	0.6013 ***	0.6018 ***	0.6011 ***	0.5987 ***	0.5968 ***	0.5974 ***
	(3.65)	(5.14)	(3.32)	(4.17)	(5.19)	(3.28)
POP	0.0910	0.0914	0.1008	0.0989 *	0.1043 ***	0.1038 **
	(1.21)	(1.16)	(1.35)	(1.97)	(2.65)	(2.43)
EX	-0.9147 ***	-0.9152 ***	-0.9145 ***	-0.9038 **	-0.9027 **	-0.9079 **
	(-4.33)	(-4.28)	(-3.59)	(-2.41)	(-2.19)	(-2.36)
INFR	0.0069 ***	0.0068 ***	0.0071 ***	0.0068 ***	0.0070 ***	0.0068 ***
	(4.56)	(5.33)	(5.28)	(4.19)	(3.77)	(3.16)
REER1	0.0082	0.0081	0.0077	0.0124 **	0.0126 **	0.0123 **
	(1.31)	(1.35)	(1.28)	(2.35)	(2.77)	(2.52)
常数项	1.1242 **	1.1536 ***	1.2644 ***	1.2536 **	1.2615 *	1.2517 *
	(2.44)	(9.18)	(3.42)	(2.33)	(1.91)	(1.98)
Obs.	484	484	484	748	748	748
Wald-χ^2统计量	19534.58	19012.37	19037.59	19021.28	18954.79	19107.58
Sargan 检验	191.26	196.39	187.27	191.35	193.56	195.33
AR (1) 检验 p 值	0.1108	0.1025	0.1167	0.2359	0.1413	0.1862
AR (2) 检验 p 值	0.6437	0.7123	0.859	0.8317	0.8296	0.8377

注：同表 4 - 3。

　　比较表 4-5 的回归结果与表 4-3 的回归结果，容易看出，对于关键解释变量而言，无论是在影响的显著性方面，还是在影响的方向性方面，均没有实质性变化，从而在一定程度上表明，基于总样本的稳健性检验证实了前述实证结果具有一定的稳健性。

　　比较表 4-6 的回归结果与表 4-4 的回归结果，容易看出，在基于分样本的实证回归结果中，对于关键解释变量而言，无论是在影响的显著性方面，还是在影响的方向性方面，均没有实质性变化，从而在一定程度上表明前述回归结果具有一定的稳健性。

　　实际上，从前述各章介绍的关于服务出口技术复杂度计算方法来看，一国服务出口技术复杂度变化除了受出口分项结构的分布状况以及同一服务分项技术含量上升影响外，还与人均收入水平的变化有关。值得注意的是，服务贸易技术复杂度计算中要用到人均收入，服务出口技术复杂度指数本身就包含有服务出口以及人均 GDP 的成分而解释变量又含有人均收入，这一问题的存在可能使内生性问题尤为值得关注。换言之，服务贸易技术复杂度计算中要用到人均收入，而解释变量又含有人均收入，因而导致其对服务出口的影响乍看起来似乎是可想而知。但实际上，由于技术复杂度的测算本质上是首先使用各国每一服务分项的出口显示性比较优势指数为权重，计算的各国人均收入加权平均，作为此服务分项的技术含量，然后以此为基础，再在总体层面上测算一国服务出口复杂度。经过如此处理，虽然在最终的测度结果中，"内含"了每一国家的人均收入，但"单个"作用已经明显弱化，且与人均收入的原本意义有明显不同。我们认为，这或许是现有文献在研究制成品出口技术复杂度时将人均收入作为解释变量的可能原因所在。本书也只是借鉴现有文献的做法，并非首创。尽管如此，为了尽可能地解决可能存在的内生性问题，我们再以样本期内的 2005 年为基期的不变人均产出计算服务出口技术复杂度，从而进一步弱化当期人均收入的可能内生性影响。据此对动态面板数据计量模型（4-2）进行重新估计，所得结果报告于表 4-7 和表 4-8，其结果再次表明前述回归结果基本稳健。

表4-7　基于总样本的稳健性检验结果

	(1)	(2)	(3)	(4)	(5)	(6)	(7)	(8)	(9)
ES (-1)	0.3679*** (6.33)	0.3688*** (7.18)	0.3701*** (6.59)	0.3698*** (5.13)	0.3687*** (6.44)	0.3712*** (3.59)	0.3679*** (5.12)	0.3695*** (6.33)	0.3703*** (3.87)
HU	0.1035*** (6.53)	0.1043*** (5.82)	0.1039*** (6.19)	0.1037*** (5.77)	0.1038*** (6.34)	0.1036*** (5.64)	0.1041*** (5.18)	0.1044*** (6.17)	0.1038*** (5.12)
SER	0.1809 (0.68)	0.1813 (1.37)	0.1811 (0.95)	0.1814 (0.84)	0.1821 (0.96)	0.1825 (1.31)	0.1817 (1.29)	0.1816 (1.33)	0.1823 (1.41)
OPEN	2.1285*** (5.38)	2.1307*** (5.70)	2.1284*** (5.16)	2.1268*** (5.43)	2.1377*** (6.18)	2.1412*** (5.35)	2.1239*** (5.32)	2.1364*** (6.17)	2.1317*** (5.68)
FDI	0.0039* (1.93)	0.0036* (1.92)	0.0038** (2.33)	0.0036* (1.95)	0.0042* (1.92)	0.0045** (2.38)	0.0042* (1.96)	0.0043* (1.92)	0.0043** (2.39)
PR	0.1633** (2.85)	—	—	0.1629*** (2.64)	—	—	0.1631*** (2.37)	—	—
ER	—	0.1133* (1.94)	—	—	0.1136* (1.95)	—	—	0.1135* (1.93)	—
FR	—	—	0.1531** (2.52)	—	—	0.1528* (1.93)	—	—	0.1519* (1.95)
GDP	—	—	—	0.3316*** (6.28)	0.3297*** (8.14)	0.3285*** (9.25)	0.3303*** (6.17)	0.3298*** (8.14)	0.3294*** (9.22)
POP	—	—	—	0.1433 (1.36)	-0.1428 (-1.21)	0.1512 (1.27)	0.1437 (1.25)	-0.1459 (-1.31)	0.1521 (1.26)

续表

	(1)	(2)	(3)	(4)	(5)	(6)	(7)	(8)	(9)
EX	—	—	—	-0.8159*** (-3.55)	-0.8203*** (-3.64)	-0.8209*** (-3.78)	-0.8194*** (-3.69)	-0.8208*** (-3.57)	-0.8217*** (-3.66)
INFR	—	—	—	0.0036*** (5.33)	0.0038*** (4.29)	0.0039*** (6.54)	0.0036*** (5.18)	0.0039*** (4.16)	0.0037*** (6.33)
REER1	—	—	—	0.0112* (1.93)	0.0110* (1.91)	0.0109** (1.96)	—	—	—
REER2	—	—	—	—	—	—	0.0023* (1.95)	0.0026* (1.94)	0.0025** (2.09)
常数项	3.3556*** (3.28)	3.3824*** (4.16)	3.4125*** (3.42)	4.0328*** (3.17)	4.0017*** (4.22)	4.1219*** (3.16)	4.1023*** (3.35)	4.0876*** (4.28)	4.0357*** (3.14)
Obs.	1232	1232	1232	1232	1232	1232	1232	1232	1232
Wald-χ^2 统计量	14589.21	14327.56	15417.36	33581.28	32189.74	32174.58	34127.36	33215.21	33178.51
Sargan 检验	135.19	134.23	133.17	149.25	148.76	147.36	143.58	146.74	145.32
AR（1）检验 p 值	0.1635	0.0876	0.0634	0.1534	0.2313	04246	0.1459	0.1283	0.2108
AR（1）检验 p 值	0.6465	0.4234	0.4565	0.5986	0.4578	0.7574	0.6857	0.7018	0.8133

注：同表 4-3。

表4-8　　　　　　　　　基于分样本的稳健性检验结果

	发展中经济体			发达经济体		
	(1)	(2)	(3)	(4)	(5)	(6)
ES (-1)	0.0032** (2.28)	0.0035** (2.19)	0.0035** (2.34)	0.0041*** (6.18)	0.0043*** (7.55)	0.0041*** (6.31)
HU	0.1136** (2.19)	0.1133** (2.43)	0.1142** (2.76)	0.1201*** (3.11)	0.1203*** (3.58)	0.1205*** (3.26)
SER	0.1517 (1.25)	0.1513 (1.36)	0.1518 (1.17)	0.16721** (2.09)	0.1675** (2.14)	0.1683** (2.36)
OPEN	3.75*** (4.28)	3.69*** (6.17)	3.73*** (5.36)	1.93** (2.27)	1.95** (2.15)	1.95** (2.43)
FDI	0.4332*** (5.31)	0.4327*** (4.29)	0.4322*** (3.18)	0.4106 (0.88)	0.4103 (0.64)	0.4122 (0.39)
PR	0.0162* (1.93)	—	—	0.0171*** (3.25)	—	—
ER	—	0.0142* (1.95)	—	—	0.0147*** (3.84)	—
FR	—	—	0.0127* (1.93)	—	—	0.0125*** (3.66)
GDP	0.6137*** (3.24)	0.6128*** (4.35)	0.6119*** (3.37)	0.6215*** (3.28)	0.6314*** (4.14)	0.6283*** (3.55)
POP	0.0938 (1.25)	0.0932 (1.35)	0.0919 (1.17)	0.1006* (1.42)	0.1011*** (2.33)	0.1009** (2.16)
EX	-0.9136*** (-3.44)	-0.9143*** (-3.28)	-0.9139*** (-3.67)	-0.9033** (-2.43)	-0.9012** (-2.18)	-0.9025** (-2.31)
INFR	0.0068*** (5.33)	0.0070*** (6.32)	0.0066*** (5.35)	0.0068*** (3.27)	0.0069*** (3.14)	0.0067*** (3.22)
REER1	0.0079 (1.28)	0.0083 (1.17)	0.0078 (1.35)	0.0126** (2.26)	0.0123** (2.55)	0.0125** (2.46)
常数项	1.1876 (0.58)	1.3217 (1.19)	1.3812 (1.36)	1.2976 (0.78)	1.3011 (1.35)	1.3129 (1.27)

续表

	发展中经济体			发达经济体		
	（1）	（2）	（3）	（4）	（5）	（6）
Obs.	484	484	484	748	748	748
Wald-χ^2统计量	126534.66	129867.35	130123.75	16935.36	16385.32	16281.29
Sargan 检验	198.52	201.52	202.79	132.35	136.28	133.45
AR（1）检验 p 值	0.0328	0.0619	0.1528	0.1976	0.1327	0.1433
AR（2）检验 p 值	0.7615	0.6281	0.4297	0.5326	0.7359	0.6893

注：同表4－3。

　　比较表4－7和表4－5及表4－3的回归结果，同样容易看出，以消除收入水平变动后测算的服务出口技术复杂度作为被解释变量时，对于关键解释变量而言，无论是在影响的显著性方面，还是在影响的方向性方面，均没有实质性变化，从而进一步验证了前述实证结果具有一定的稳健性。

　　同样地，比较表4－8和表4－6及表4－4的回归结果，容易看出，以消除收入水平变动后测算的服务出口技术复杂度作为被解释变量时，基于分样本的实证回归结果显示，对于关键解释变量而言，无论是在影响的显著性方面，还是在影响的方向性方面，均没有实质性变化，从而进一步证实了前述回归结果的稳健性。

五、简要结论及启示

　　党的十八大报告强调指出，要大力发展服务贸易，形成以技术、质量、服务为核心的出口竞争新优势。目前，中国服务贸易规模虽已"跻身"世界前三，但总体呈逆差态势且逆差主要来源于新型服务部门。因此，如何在扩大服务出口规模的同时，提升中国服务出口的技术内涵或者说服务出口复杂度，成为理论和实践部门面临的重要课题，而其中的关键在于识别影响服务出口复杂度的影响因素。据此，本章利用目前测度制成品出口技术复杂度的常用方法，测算了全球112 个经济体 2000～2011 年的服务出口复杂度，并分别运用了 OLS 法和系统 GMM 估计法，计量分析影响服务出口复杂度的主要因素。基于总样本的回归结果表明：（1）人力资本、服务贸易开放度、外资利用额、人均 GDP 水平、基础设施以及制度质量等，均对服务出口复杂度均具有显著正向影响。（2）服务业发展规模以及人口规模变量，对服务出口复杂度并未表现出显著影响。（3）货物出口规模不但对服务出口复杂度的提升不具显著的带动作用，反而具有反向影响。分别基于发达经济体和发展中经济体的分样本回归估计结果则进一步显示，对于两类经济体而言，相同的是，人力资本变量、服务贸易开放度、人均 GDP、基础设施等均对服务出口复杂度产生了显著正向影响，而货物出口规模则产生了显著负向影响；所不同的是，服务业发展规模、人口规模变量等，对发展中经济体服务出口复杂度不具备显著正向影响，但对发达经济体服务出口复杂度具有显著正向影响；FDI 对发展中经济体服务出口复杂度具有显著正向影响，而对发达经济体的影响则不具备显著性；制度质量对发达经济体服务出口复杂度影响的程度及其显著性，均超过了对发展中经济体的影响。（4）从总样本层面来看，虽然实际有效汇率的上升对服务出口复杂度的提升具有推进作用，但这种积极影响仅在 10% 的水平下通过了显著性检验，从而在一定程度上说明实际有效汇率的上升对服务出口复杂度提升呈现的微弱影响；从分样本层面来看，对于发达经济体来说，实际有效汇率的上升对其服务出口复杂度提升具有显著的积极影响；但对于发展中经济体来说，其影响是不确定的，或者至少可以说其影响是不显著的。

前述研究对于中国在进一步扩大服务贸易规模的同时，如何提升中国服务出口的技术内涵，无疑具有重要的政策含义。实际上，促进中国服务业尤其是高端服务业的发展，进而提升中国服务出口复杂度，本质上在于服务业高端生产要素培育和积累，以及高端生产要素能够有"用武之地"。从高端生产要素的培育和积累角度来看，我们不仅要加强自身对包括人力资本在内的高端要素培育能力，还应通过稳步有序地推动和扩大服务业领域的对外开放，从而引导国际先进生产要素自由有序地流入中国服务业领域，以此真正做到"利用国际国内两个市场"实现服务业发展所需要的高端生产要素的培育和积累；而从促进高端要素真正能够在服务业领域"生根发芽"角度来看，我们不仅要加快作为服务业发展的"公共条件和重要载体"的服务业基础设施建设，还需要通过进一步深化改革不断完善制度质量，从而逐步破除制约服务业发展的体制机制性障碍，或者说，建立符合科学发展、充满活力的服务业发展的良好制度环境和体制机制框架，是促进中国服务业尤其是高端服务业发展，进而提升中国服务出口复杂度的有效保障。

第五章　服务出口复杂度影响因素——基于
企业微观调研问卷的实证分析

第四章主要从宏观层面对服务出口技术复杂度影响因素问题做了初步探讨，为了进一步深入认识服务出口技术复杂度的影响因素，本章拟再从微观角度进行进一步探讨。为此，本章在大样本调研问卷基础之上，从微观层面实证分析了服务出口技术复杂度的可能影响因素。基于总样本的实证研究结果表明：服务出口强度、承接国外企业的服务外包订单、人力资本、创新能力以及服务企业的集聚效应等，均对企业服务出口技术复杂度提升具有显著促进作用；出口企业存续年限对企业服务出口技术复杂度具有倒"U"形的非线性影响；而企业规模和外部式互动创新均未显示对服务出口技术复杂度具有显著影响。进一步按照企业所属行业属性的分样本估计结果发现，服务出口强度、人力资本、创新能力以及服务企业的集聚效应，对中高技术行业组的企业服务出口技术复杂度正向促进作用，要强于对中低技术行业组企业的促进作用；但承接国外企业的服务外包订单对两类属性的服务出口企业的作用强度则相反。研究结论从实践经验角度，为理解企业服务出口技术复杂度影响因素提供了依据，在中国服务出口亟待实现"量质"齐升的大背景下，具有重要政策意涵。

一、数据来源

为了从微观角度深入考察企业服务出口技术复杂度的影响因素，深度探寻企业提升服务出口技术复杂度的动力机制，进而提出有针对性的政策建议，课题组选取了中国开放型经济较为发达的上海、江苏、浙江、广东和北京三省两市的服务出口企业作为调研对象，于2015年2～3月进行了较大规模的问卷调查。改革开放以来，作为中国开放型经济较为发达的地区，上述三省两市不仅在制造业领域方面走在了中国对外开放的"前列"，在伴随经济快速发展和中国亟待依托服务贸易转变外贸增长方式的背景下，服务出口同样也走在了全国

"前列"。因而，选取上述地区所采集的企业大样本调研数据，具有一定的代表性和说服力。问卷对于影响企业服务出口技术复杂度的多种可能因素进行了调查，分别涉及企业出口强度、企业创新能力、企业年销售收入、企业员工数、企业固定资产规模、服务外包、互动创新、企业人力资本、产业集聚以及外部式互动创新等方面。应该说，在问卷的设计上需要企业提供的信息基本上都是财务报表公开的信息，而对于一些难以量化的信息，则主要以"是"或"否"的形式进行设计，从而在一定程度上可以确保所获数据的准确性和客观性。本次调研共收回有效问卷 1658 份，调研企业涵盖交通运输、仓储和邮政业，软件和信息技术服务业，住宿和餐饮业，信息传输、软件和信息技术服务业，金融业，房地产业，科学研究和技术服务业，租赁和商务服务业，居民服务、修理和其他服务业，卫生和社会工作，教育，文化、体育和娱乐业，公共管理、社会保障和社会组织等服务业行业。

二、变量选取及模型设定

(一) 服务出口技术复杂度

本书着重从企业微观层面研究服务出口技术复杂度的影响因素，因此，如何测度企业层面的服务出口技术复杂度，是所需解决的首要问题。现有文献主要借鉴 Hausmann 等（2005）[①] 提出的有关制成品出口技术复杂度的测度方法，以测算服务出口技术复杂度（Gable et

---

① Hausmann, R., Huang, Y. and Rodrik, D., 2005, "What You Export Matters", NBER working paper No. 11905.

al.，2011[①]；张雨，2012[②]；程大中，2013[③]），但是这种测算方式主要是从宏观层面计算一国服务出口技术复杂度，并不适合于企业层面的微观测算。为此，我们采用"索洛剩余法"衡量和计算的技术进步，作为服务出口技术复杂度的替代变量（记为 ES），其合理性在于"索洛剩余"通常被理解为技术进步等非生产性投入要素的贡献，代表着"产出"的技术内涵。当然，需要说明的是，由于服务出口企业的服务提供或者说"产出"可能并非完全用于出口，而是既包括国内市场提供也包括国际市场提供，甚至在两类市场的服务提供方面存在差别，但计算出的"索洛剩余"则是企业的总体情况，因此与服务出口并非完全一致，但即便存在上述差异性，也并不影响问题分析的实质，因为两者之间并不会存在本质上的反差性，通常而言会具有较高的内在一致性。如果用 L 代表原始劳动（在我们的调研问卷数据中采用服务出口企业的员工数），用 K 代表资本投入水平（在我们的调研问卷数据中采用服务出口企业的固定资产额），用 Y 代表服务出口企业的年销售收入水平（在我们的调研问卷数据中采用企业的服务提供收入额表示），那么需要估计的服务出口企业生产函数即：

$$LnY_i = \alpha_0 + \alpha_1 LnK_i + \alpha_2 LnL_i + \varepsilon_i \qquad (5-1)$$

由于"索洛剩余"是扣除要素贡献后的技术进步所作贡献程度，因而可表示为：$LnES_i = \alpha_0 + \varepsilon_i$，由此便可测算出服务出口企业的"索洛剩余"即技术进步所作贡献绝对水平值：

$$ES_i = Exp(LnY_i - \alpha_1 LnK_i - \alpha_2 LnL_i) \qquad (5-2)$$

① Gable, S. L. and Mishra, S., 2011, "Service Export sophistication and Europe's new growth model", World Bank Policy Research Working Paper Series 5793.
② 张雨：《我国服务贸易出口技术含量升级的影响因素研究》，载《国际贸易问题》2012 年第 11 期。
③ 程大中：《中国服务出口复杂度的国际比较分析——兼对"服务贸易差额悖论"的解释》（2013），载《经济研究》工作论文 No. WP. 456。

(二) 影响服务出口技术复杂度的内部因素

将服务出口企业的"索洛剩余"作为服务出口技术复杂度的替代变量时，其可能的内部影响因素包括服务出口强度（记为 EX）、是否接受国外企业的服务外包订单（记为 OS）、人力资本状况（记为 HU）、创新活动能力（记为 IN）、企业规模（记为 SC）以及企业年龄（记为 AGE）六个关键变量。就出口强度（在我们的调研问卷数据中采用企业服务出口额与服务提供收入总额占比表示）而言，新—新贸易理论及其基于此的大多实证研究表明，出口企业进入国际市场后，面临着更为激烈的竞争环境，同时也有机会与更多的企业接触，"干中学"、竞争驱动以及外溢效应等均有助于出口企业学习到更为先进的技术、不断提高管理手段和营销水平等，即所谓的"出口中学习效应"会促进出口企业实现技术进步。其中内在的作用机理和机制对于服务出口企业而言可能并无二致。因此，作为企业自身行为的服务出口，可能会对服务出口技术复杂度产生重要影响。

就是否接受国外企业的服务外包订单而言，有关制造业技术创新方面的文献研究表明，尤其是针对发展中国家企业承接国际大买家订单效应，学术界尚未形成统一认识和结论。一方面，接受国际大买家的订单，为了满足国外客户苛刻的质量和技术要求，接包企业不仅会有创新和努力实现技术进步的压力和动力，同时也会在接受发包企业的技术指导和帮助中，以及在学习和模仿中实现技术进步；另一方面，也有学者认为，对于那些核心能力不足或者吸收能力较弱的接包企业而言，持续承接国际大买家发出的低技术含量的订单，从而有可能被锁定在技术低端，从而难以实现技术进步和升级；此外，在技术进步和升级过程中一旦与国际大买家形成了竞争关系，还有可能会受到"围追堵截"而难以实现技术进步。那么，对于服务企业来说，承接国际服务外包对其技术进步进而出口技术复杂度会产生怎样的影响？对此还需要进行直接的定量研究。

就人力资本状况而言，对于服务贸易比较优势的形成具有重要影响甚至具有决定性作用，基本已成国际服务贸易理论研究中的共识（Hoekman and Mattoo，2008[①]）。从企业微观层面看，人力资本所反映的是企业在生产组织、技术和管理等方面的综合优势，一般来说，人力资本越是丰富的企业，所具备的技术进步能力相对而言就越强，那么企业出口技术复杂度也就可能越高。但是究竟如何度量人力资本存量，目前学术界尚未形成统一方法。在现有研究中，采用企业员工的平均受教育年限，以及采用企业员工中中高级技术人员和中高层管理人员所占比重，是较为常用的两种测度指标。本书同时采用这两种测算指标以进行综合分析。即我们设置了企业员工总数中拥有的中、高级技术工人和中、高层管理人员所占比重，作为服务出口企业人力资本状况的测度指标之一；与此同时，我们还使用服务出口企业员工的人均受教育年限作为人力资本的测度指标，具体的测算方法如下：企业员工平均受教育年限＝高中学历以下员工所占比重（不包括高中）×9＋拥有高中学历员工所占比重×12＋拥有本科学历员工所占比重×16＋拥有硕士研究生学历员工所占比重×19＋拥有博士研究生学历员工所占比重×22。

就企业创新活动能力而言。尽管创新活动不一定能够必然带来技术进步，但是与技术进步之间存在密切关系大概无人否认。换言之，企业的创新活动确实存在着一些不确定因素以及其他可能的不可控因素，进而使企业创新活动并不必然能够带来诸如技术进步等创新成果，但技术进步基本上取决于企业的创新活动能力，这一点基本已经成理论和实践部门的共识。在现有文献研究中，测度企业创新活动通

---

① Hoekman B, Mattoo A. Services and Growth [R]. World Bank Policy Research Working Paper, No. 4461, 2008.

常有投入和产出法两种，我们采用前一种方法，即在我们所调查的服务出口企业中，反映创新能力的数据是企业研发经费投入，因此，借鉴现有文献研究通行做法，我们采用研发经费投入占服务企业销售收入之比，作为服务出口企业创新活动能力测度指标。此外，考虑到科学研究真正转化为实际的应用性技术往往需要一定时间，换言之，服务出口企业投入的当期研发经费可能会在滞后一期或者滞后两期才能显现出实际的技术进步效果，因此，在后面的实证研究中，我们将分别采用当期、滞后一期和滞后两期的研发经费投入比重作为创新活动替代变量，以进行综合对比研究。

从服务出口企业规模来看。通常而言，较大规模的企业与较小规模的企业相比，由于在诸如研发、设计、营销、售后等方面可能更具从事创新活动的能力，从而最终对出口技术复杂度具有重要影响。然而，正如 Aghion 等（2006）的研究发现[1]，出口企业规模与出口企业创新能力或者说技术进步之间呈明显倒"U"形关系，其原因在于，当出口企业规模达到一定程度并超越规模经济的范围时，由于其内部管理难度逐渐增加进而降低效率水平，因而出口企业的创新能力和技术进步能力也会有所下降。因此，在后面的实证分析中将纳入企业规模变量的二次项，以考察其是否存在着非线性影响。至于服务出口企业规模的测度指标，从现有研究文献所采用的测定方法看，通常包括员工总数、固定资产总额以及销售收入三种测算指标，但是正如 Scherer（1965）的研究所指出[2]，这三种指标在实际应用时各有利弊。为此，我们在后面的实证分析过程中，将同时采用上述三种测算方法以进行综合对比分析，由此所得分析结果可能更为稳健和全面。

---

① Aghion, P and Blundell, R and Griffith, R and Howitt, P and Prantl, S, 2009, "The Effects of Entry on Incumbent Innovation and Productivity", National Bureau of Economic Research. Review of Economics and Statistics, 91 (1) 20 – 32.

② Scherer. 1965. Firm Size, Market Structure, Opportunity and the Output of Patented Inventions, American Economic Review, (5), 1097 – 1126.

就服务出口企业的年龄或者说企业存续年限（在我们的调研问卷数据中采用企业成立距 2014 年的时间表示）而言。企业存续年限对服务出口技术复杂度同样存在可能影响。这是因为，企业技术进步和变迁往往是一个渐进的过程，需要一定的经验、知识等积淀和积累。这一点显然与服务出口企业的存续年限有关。更确切地说，服务出口企业成立的时间越长，其在服务的提供、经营、管理以及对服务市场信息获取等方面的经验就越丰富，从而能够提升服务出口企业提高出口技术复杂度的能力。然而，如同出口企业规模的影响一样，服务出口企业存续年限对服务出口技术复杂度的影响可能并非是线性的，因为企业生命周期理论的相关研究表明，当出口企业成立年限过长即出口企业步入"老年期"阶段后，出口企业可能会更多地沉溺于昔日成功的荣耀和光环之中，在经营行为上可能会更加注重"盲目扩张"而不是专注"创新"和技术进步，从而出现出口企业创新能力大大下降进而影响到提升服务出口技术复杂度的能力。因此，后面的实证分析同样将出口企业年龄的二次项纳入计量模型之中，以明晰其可能存在的非线性影响。

（三）影响服务出口技术复杂度的外部因素

将服务出口企业的全要素生产率作为服务出口技术复杂度的替代变量时，其可能的外部影响因素包括产业集聚效应（记为 IC）和互动式创新（IA）效应两个关键变量。产业集群效应对单个企业的技术进步和创新能力可能具有重要影响。新经济地理学（Krugman，1991[①]；Krugman and Venables，1999[②]）认为产业集聚效应有

[①] Krugman, P. R. 1991, Increasing Returns and Economic Geography, Journal of Political Economy, 99 (4), pp. 483 – 499.

[②] Krugman and A. J. Venables. 1999, The Spatial Economy: Cities, Regions, and International Trade. MIT Press, Cambridge, MA.

利于技术扩散和外溢，从而促进企业技术进步和升级。目前，现代服务业发展的产业集聚效应日益受到各地的重视，并呈迅猛发展之势。例如，在我们调研区域的江苏，经过江苏省发改委批准建设和搭建的"江苏省现代服务业集聚区"就多达近50家，包括江苏工业设计园、南京新城科技园、无锡北创科技创业园、昆山花桥国际商务中心、常州国家动画产业基地、苏州工业园区现代物流园等。在我们的调研数据中，我们采用虚拟变量来反映服务业产业集群的影响效应，即，如果某一个服务出口企业处于某一服务业集聚区，则存在产业集群效应，我们用虚拟变量1表示，否则，用虚拟变量0表示。

　　所谓互动式创新和技术进步，主要是指在经济全球化条件下以及信息通信技术迅猛发展背景下，企业实现创新和技术进步不再局限于传统的单纯依托企业内部资源，而是要同时利用内部和外部两种资源和渠道，其中，外部资源和渠道既包括客户，也包括竞争对手、供应商、经销商、科研院所等。针对互动式创新，Debresson 等（1992）[①]、Lundvall（1992）[②]，以及 Chesbrough（2003）[③]、Tether（2005）[④]、Leiponen（2005）[⑤] 等较早做出了有益的探索和研究，并且结论基本认为，包括服务企业在内的越来越多企业更加倾向于采取与外部资源互动的方式，例如，通过与科研院所的合作互动，通过与上游企业之间的互动，以及通过与下游客户之间的互动等方式来提升

---

① DeBresson C, Amesse F. Networks of innovators: A review and introduction to the issue. Research Policy, 1992, 20（5）: 363 – 380.

② Lundvall B A. National systems of innovation: Towards a theory of innovation and interactive learning. London: Pinter Publishers, 1992.

③ Chesbrough H W. Open innovation: The new imperative for creating and profiting from technology. Boston: Harvard Business School Press, 2003.

④ Tether B. Do services innovate (differently)? Insights from the European innobarometer survey, Industry and Innovation, 2005, 12（2）: 153 – 184.

⑤ Leiponen A. Organization of knowledge and innovation: The case of Finish business services; Industry and Innovation, 2005, 12（2）: 185 – 203.

创新能力和实现技术进步。显然，互动式创新和技术进步对于服务出口企业来说，有利于提升服务出口技术复杂度水平。在问卷设计中，为了体现互动式创新的可能影响，我们同样采用虚拟变量的方式体现，即，如果服务出口企业存在以下情况之一：有客户企业参加设计研发或帮企业培训员工、与别的企业共同研发、从别的企业引进研发人员、与科研院校合作以及国外企业帮助，则意味着这存在互动创新效应，我们用虚拟变量1表示，否则，用虚拟变量0表示。

相关变量的设定及其描述性定义见表5-1，关键变量的描述性统计见表5-2。

表5-1　　　　　　　　　　研究变量设定及其描述

关键变量	变量符号	变量特征描述
服务出口技术复杂度	TFP	利用调研问卷数据中的服务出口企业员工数、固定资产额、服务提供收入额，基于索洛剩余法测度的全要素生产率表示，数据年度为2014年
服务出口强度	EX	使用服务出口密集度即企业服务出口额占服务销售总额比重作为企业服务出口强度的测度指标，数据年度为2013年和2014年
是否接受国外企业的服务外包订单	OS	根据我们调查问卷中服务出口企业是否接受国外企业的服务外包订单，我们设置了如下虚拟变量，是则为1，否则为0，数据年度为2014年
服务出口企业人力资本	HU1 HU2	使用服务出口企业员工的平均受教育年限作为衡量人力资本的指标，数据年度为2014年；使用服务出口企业员工中的中高层管理人员及中高级技术人员所占比重作为衡量企业人力资本的指标，数据年度为2014年
服务出口企业创新活动能力	IN	我们使用调查问卷中获得的服务出口企业研发投入经费占企业服务销售额之比作为企业创新活动的测度指标，数据年度为2012年、2013年和2014年
服务出口企业规模	SC1 SC2 SC3	使用调查问卷中服务出口企业销售额数据（千万元）作为测度指标，数据年度为2014年；使用调查问卷中服务出口企业的固定资产（千万元）作为测度指标，数据年度为2014年；使用调查问卷中服务出口企业员工总数作为测度指标，数据年度为2014年
服务出口企业年龄	AGE	使用调研问卷中服务企业成立距2014年的时间

续表

关键变量	变量符号	变量特征描述
服务业集聚效应	AGG	根据我们调查问卷中服务出口企业是否明显处于一个服务业产业集群之中，我们设置了如下虚拟变量，是则为1，否则为0
服务出口企业的互动式创新	IA	在我们的调研数据中，如果服务出口企业存在下列情况之一：有客户企业参加设计研发或帮企业培训员工、与别的企业共同研发、从别的企业引进研发人员、与科研院校合作，以及国外企业帮助，我们用虚拟变量1表示，否则，用虚拟变量0表示

表 5 – 2 主要变量的描述性统计

	TFP	EX	OS	HU1	HU2	IN	SC1	SC2	SC3	AGE	AGG	IA
均值	0.1737	0.2242	0.6049	10.4427	0.2925	0.6688	10.8967	22.9592	781.5875	8.10676	0.6164	0.1182
中值	0.1236	0.1680	1.0000	10.2458	0.2719	0.1037	2.6758	6.5525	166.6667	8.0000	1.0000	0.0000
最大值	0.7682	1.0000	1.0000	50.0400	1.1667	33.7300	327.0000	1003.9833	47192.5000	15.0000	1.0000	1.0000
最小值	0.0009	0.0011	0.0000	1.7000	0.0263	0.0000	0.1183	0.0250	10.0000	3.0000	0.0000	0.0000
标准差	0.1182	0.1516	0.4890	2.1134	0.1255	1.7735	31.7467	83.7774	3902.8033	3.17182	0.4864	0.1860

综合以上分析，据此我们设定如下基本计量模型，从企业微观层面实证分析服务出口技术复杂度的影响因素：

$$TFP_i = \alpha + \beta_1 EX_i + \beta_2 OS_i + \beta_3 HU_i + \beta_4 IN_i + \beta_5 SC_i + \beta_6 SC_i^2$$

$$+ \beta_7 AG_i + \beta_8 AG_i^2 + \beta_9 AGG_i + \beta_{10} IA_i + \varepsilon_i \qquad (5-3)$$

其中，α 为常数项，ε 为随机误差项，其余各符号变量的含义如表 5 – 1 所示。

三、服务出口技术复杂度的影响因素：直接经验证据

在进行进一步的计量分析之前，为了观察企业服务出口技术复杂度的影响因素，检验诸因素与企业服务出口技术复杂度之间的联系，本书首先通过直观的经验证据，观察经济理论所关注的一些主要因素，包括服务出口强度、服务出口企业是否接受国外企业的服务外包

订单、服务出口企业人力资本，以及服务出口企业创新活动能力，与企业服务出口技术复杂度之间的联系。

(一) 服务出口强度与服务出口技术复杂度

为了从直观上考察企业服务出口强度与服务出口技术复杂度之间的关系，我们将样本企业根据调研数据分成三个组：将出口密集度（即服务出口额占服务销售总额的比重）低于10%的服务出口企业回归为低强度组；将出口密集度（即服务出口额占服务销售总额的比重）高于10%但小于50%的服务出口企业回归为中强度组；将出口密集度（即服务出口额占服务销售总额的比重）高于50%的服务出口企业划归为高强度组。然后将不同服务出口强度下的服务出口技术复杂度绘制成图5-1。

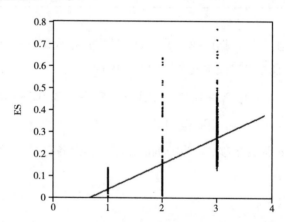

图5-1　不同服务出口强度下的服务出口技术复杂度

从图5-1显示的结果来看，按照不同出口强度划分的服务出口企业，其服务出口技术复杂度存在着较为显著的差别。具体而言，对于服务出口低强度的企业组而言，其服务出口的平均技术复杂度相对较低；对于服务出口高强度的企业组而言，其服务出口的平均技术复杂度也相对较高；而对于服务出口中强度的企业组而言，其服务出口的平均技术复杂度相对处于中间水平。由此可以大体判断出，服务出口技术复杂度与服务出口强度之间存在着正相关关系，即伴随着服务出口强度的提升，服务出口技术复杂度也会相应提高。进一步地，如果我们将所有样本企业的服务出口强度与服务出口技术复杂度绘制成如图 5-2 所示的散点图，并进行简单的线性拟合，结果同样显示，两者之间存在着显著的正相关。

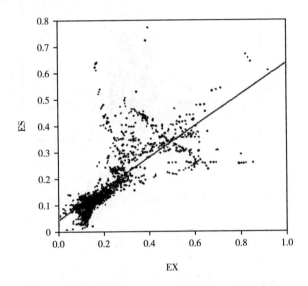

图 5-2　服务出口强度与服务出口技术复杂度

根据如图 5-2 所示的服务出口强度和服务出口技术复杂度之间的相关性，我们对两变量之间的关系进行了简单的线性拟合，结果发现拟合优度为 0.92，拟合优度较好，因此，基本的统计结果显示，服务企业的出口强度与出口复杂度有同方向变化的较高关联性，从而简单的线性拟合表现出较好的相关性。

（二）人力资本与服务出口技术复杂度

同样地，为了从直观上考察企业服务出口强度与服务出口技术复杂度之间的关系，我们将样本企业的人力资本状况与服务出口技术复杂度之间的关系绘制成散点图（其中图 5-3 使用的人力资本为HU1；图 5-4 使用的人力资本为 HU2）。

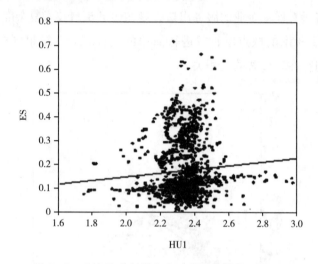

图 5-3 人力资本与服务出口技术复杂度（**HU1**）

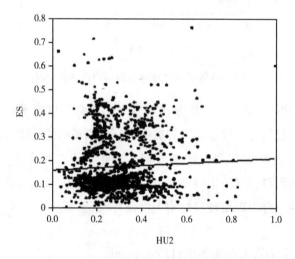

图 5-4 人力资本与服务出口技术复杂度（**HU2**）

从图 5-3 和图 5-4 的结果来看，无论是使用服务出口企业员工的平均受教育年限作为衡量服务出口企业人力资本状况，还是使用服务出口企业员工中的中高层管理人员及中高级技术人员所占比重作为衡量企业人力资本状况，人力资本与企业服务出口技术复杂度之间大体存在着同方向变化的正相关性。而进一步的简单线性拟合结果也表明，无论采用何种测度指标作为衡量企业的人力资本，两变量之间的拟合优度均在 0.5 以上，说明拟合优度不是太高，因此，基本的统计结果显示，服务企业的人力资本状况与出口复杂度有同方向变化的关联性，但简单的线性拟合表现出一般的相关性。

(三) 创新活动与服务出口技术复杂度

同样地，为了从直观上考察服务出口企业的创新活动与服务出口技术复杂度之间的关系，我们将样本企业的创新活动与服务出口技术复杂度之间的关系绘制成散点图 5－5，其中，考虑到创新活动的可能滞后影响，我们这里给出的是滞后一期创新互动与服务出口技术复杂度之间关系的散点图。

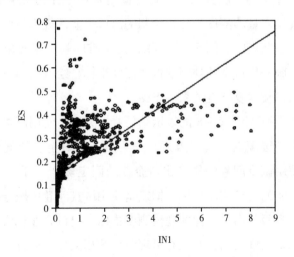

图 5－5 创新活动与服务出口技术复杂度

显然，伴随企业创新互动能力的提高，企业服务出口技术复杂度也有着明显上升的趋势。根据如图 5-5 所示的服务出口企业的创新活动（以研发投入经费占服务销售收入额之比）和服务出口技术复杂度之间的相关性，我们对两变量之间的关系进行了简单的线性拟合，结果发现拟合优度为 0.88，拟合优度较好，因此，基本的统计结果显示，服务企业的创新活动与出口复杂度有同方向变化的较高关联性，从而简单的线性拟合表现出较好的相关性。

（四）企业规模与服务出口技术复杂度

类似地，为了从直观上考察服务出口企业的规模与服务出口技术复杂度之间的关系，我们将样本企业的规模变量与服务出口技术复杂度之间的关系绘制成散点图 5-6、图 5-7 和图 5-8。其中，图 5-6 是使用调查问卷中服务出口企业销售额数据作为规模变量测度指标时绘制的出口企业的规模与服务出口技术复杂度关系散点图；图 5-7 使用的是调查问卷中服务出口企业的固定资产（千万元）作为服务出口企业规模变量的测度指标，绘制的出口企业的规模与服务出口技术复杂度关系散点图；图 5-8 使用的是调查问卷中服务出口企业员工总数作为服务出口企业规模变量的测度指标，绘制的出口企业的规模与服务出口技术复杂度关系散点图。

根据图 5-6 至图 5-8 的显示结果看，无论是使用调查问卷中服务出口企业销售额数据（千万元）作为服务出口企业的规模测度指标，还是使用调查问卷中服务出口企业的固定资产（千万元）作为服务出口企业的规模测度指标，抑或是使用调查问卷中服务出口企业员工总数作为服务出口企业的规模测度指标，出口企业规模与企业服务出口技术复杂度之间，并没有呈现明显的相关性。而进一步的简单线性拟合结果也表明，无论采用何种测度指标作为衡量企业的人力资本，两变量之间的拟合优度均在 0.4 以下，说明拟合优度并不太理想，因此，基本的统计结果显示，服务企业的规模状况与出口复杂度是否具有同方向变化的关联性，仍然还需要进一步的计量检验，简单的线性拟合并未表现出显著的正相关性。当然，需要说明的是，前面分析指出企业规模可能与服务出口技术复杂度并非简单的线性关系，以不同的指标测度服务出口企业规模时，两者究竟存在怎样的关系，还需进一步的计量研究。

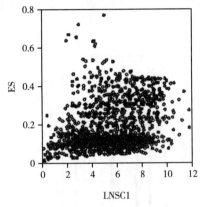

图 5 - 6　企业规模与服务出口
技术复杂度（SC1）

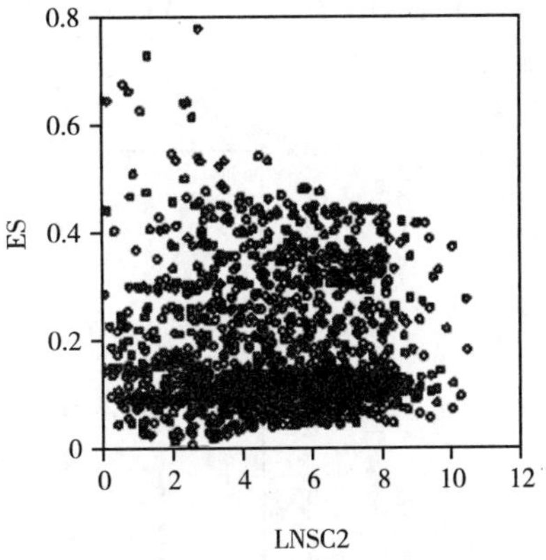

图 5 - 7　企业规模与服务出口
技术复杂度（SC2）

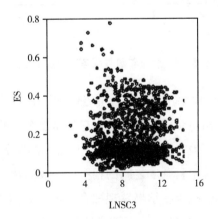

图 5 - 8　企业规模与服务出口
技术复杂度（SC3）

（五）企业年龄与服务出口技术复杂度

为了从直观上考察服务出口企业的企业年龄与服务出口技术复杂度之间的关系，我们将样本企业按照企业年龄进行分组，并以企业年龄为横轴，以企业服务出口技术复杂度为纵轴，从而绘制服务出口企业的企业年龄与服务出口技术复杂度之间关系的散点图，如图5－9所示。

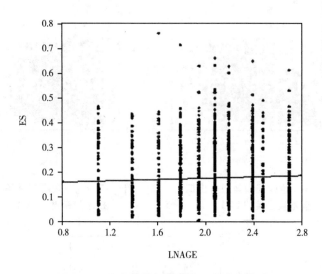

图5－9　企业年龄与服务出口技术复杂度

从图5－9所示的结果来看，伴随企业年龄的增长，或者说存续期间越长的服务出口企业，其服务出口技术复杂度的平均水平也相对较高一些。进一步地，我们根据图5－9所示的服务出口企业的存续年限和服务出口技术复杂度之间的相关性，我们对两变量之间的关系进行了简单的线性拟合，结果发现拟合优度为0.92，拟合优度较高，因此，基本的统计结果显示，服务企业的存续年限与出口复杂度有同方向变化的较高关联性，从而简单的线性拟合表现出较好的相关性。当然，需要说明的是，前面分析指出企业存续年限可能与服务出口技术复杂度并非简单的线性关系，两者究竟存在怎样的关系，还需进一步的计量研究。

（六）其他变量与服务出口技术复杂度

　　至于其他变量，主要是指虚拟变量，即服务出口企业是否接受外国企业的服务外包订单、服务出口企业是否处于一个服务产业集群之中以及服务出口企业是否存在着互动式创新，与服务出口技术复杂度之间的关系。对此，我们可以分别考察这三种情形下，或者说，在每一种情形下对比分析处于不同组别的服务出口企业样本，其平均服务出口技术复杂度可能存在的差异。例如，根据我们调查问卷中服务出口企业是否接受国外企业的服务外包订单，我们设置了以下虚拟变量：是则为 1，否则为 0。据此，我们可以将样本企业分为两组：一组是答案为"否"，即虚拟变量为 0 的情形企业组；另一组是答案为"是"，即虚拟变量为 1 的情形企业组。然后以虚拟变量为横轴，将企业的服务出口技术复杂度为纵轴绘制散点图，便可大体比较两组情形的服务出口企业的服务出口技术复杂度平均状况。类似地，根据我们调查问卷中服务出口企业是否明显处于一个服务业产业集群之中，我们设置了以下虚拟变量：是则为 1，否则为 0。据此，我们可以将样本企业是否处于服务业产业集群中而将样本企业分为两组：一组是答案为"否"，即虚拟变量为 0 的情形企业组；另一组是答案为"是"，即虚拟变量为 1 的情形企业组。然后以虚拟变量为横轴，将企业的服务出口技术复杂度为纵轴绘制散点图，便可大体比较是否处于服务业产业集群的两组情形的服务出口企业服务出口技术复杂度平均状况。对于是否存在互动创新问题，同样采取上述方法。由此绘制出的散点图如图 5 – 10、图 5 – 11 及图 5 – 12 所示。

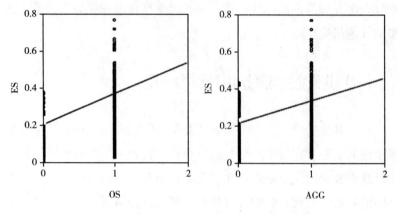

图 5 - 10　外包订单与服务出口　　图 5 - 11　产业集群与服务出口
　　　　技术复杂度（IA）　　　　　　　技术复杂度（AGG）

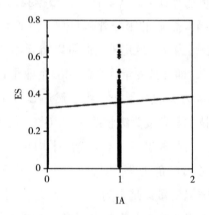

图 5 - 12　互动创新与服务出口
　　　　技术复杂度（OS）

　　图 5 - 10、图 5 - 11 及图 5 - 12 绘制的结果基本表明，在不同情
形下的服务出口企业，虚拟变量为 1 的企业组，要比虚拟变量为 0 的
企业组的服务出口平均复杂度相对要高。更确切地说，图 5 - 10 的直
观经验表明，对于是否接受国外企业服务外包订单的服务出口企业而
言，接受国外企业服务外包订单的服务出口企业，要比没有接受国外
企业服务外包订单的服务出口企业，其服务出口的平均复杂度要高。
对于服务出口企业是否明显处于一个服务产业集群之中而言，图 5 -

11 的结果显示，明显处于一个服务产业集群的服务出口企业，要比非服务产业集群中的服务出口企业，其服务出口技术复杂度要更高。对于服务出口企业是否存在着互动式创新问题而言，图 5 - 12 的结果显示，存在下列情况之一的服务出口企业：有客户企业参加设计研发或帮企业培训员工、与别的企业共同研发、从别的企业引进研发人员、与科研院校合作以及国外企业帮助，要比不存在上述情形之一的服务出口企业，其服务出口技术复杂度要更高。对上述三种不同情形下虚拟变量与服务出口技术复杂度之间的关系进行简单的线性模拟，结果进一步表明两者在三种不同情形下拟合优度都比较高。

四、服务出口技术复杂度的影响因素：进一步计量检验

虽然前面的分析有助于我们直观认识有关因素与服务出口企业出口复杂度之间关系，即部分变量与服务出口技术复杂度之间存在较高的相关性，而部分变量则未显示与服务出口技术复杂度之间具有较高相关性，但这种直观分析还不足以说明前述各变量与服务出口技术复杂度之间的必然联系，或者说还难以成为准确认识服务出口技术复杂度影响因素的足够证据。因为从单独来看，前述各种因素与服务出口技术复杂度之间可能存在这样或者那样的关系，但是从综合来看，前述各种因素是否仍然具有显著影响，还需要将其纳入计量模型进行进一步的计量检验。

(一) 多重共线性及异方差问题

考虑到问卷调研所获数据的年度期间，我们将主要利用 2014 年的截面数据进行计量分析。但对于横截面数据而言，需要考虑可能的

多重共线性及异方差问题。通过观察解释变量以及控制变量之间的相关系数矩阵，我们发现，除了创新活动变量的当期（IN）、滞后一期（IN（-1））以及滞后两期（IN（-2））之外，其他各变量之间相关系数均在0.3以内。为了消除由此而引起的多重共线性问题，我们利用逐步回归分析法，通过对模型进行多次组合回归分析，并对结果进行对比分析后发现，以滞后一期的创新活动变量为解释变量的回归结果要普遍优于当期和滞后两期作为解释变量的回归结果。因此，后面的回归估计使用的创新活动变量，均为滞后一期值。根据各变量间相关系数发现，主要解释变量及控制变量之间并不存在严重的多重共线性问题。为了减少模型中可能存在的异方差问题对估计结果稳健性的影响，我们采用加权最小二乘法（WLS）对模型进行估计，从而可以在相当程度上消除模型中存在的异方差问题。

（二）全样本回归结果分析

针对企业服务出口技术复杂度的影响因素，利用本章前面所设定的计量模型，我们首先进行全样本回归分析，结果见表5-3。

表5-3　企业服务出口技术复杂度影响因素的 WLS 回归结果

模型	（1）	（2）	（3）	（4）	（5）	（6）
常数项	-0.0397 （-1.49）	-0.0135 （-0.50）	-0.0338 （-0.98）	-0.0291 ** （-2.59）	-0.0122 （-1.08）	-0.0409 （-1.78）
EX	0.4098 *** （27.71）	0.4206 *** （28.26）	0.4195 *** （28.17）	0.4116 *** （28.16）	0.4227 *** （28.69）	0.4213 *** （28.60）
OS	0.0331 *** （5.22）	0.0356 *** （5.55）	0.0353 *** （5.52）	0.0322 *** （5.14）	0.0347 *** （5.46）	0.0345 *** （5.44）
LnHU1	0.0173 *** （3.66）	0.0127 *** （3.21）	0.0134 *** （4.01）			
HU2				0.0883 *** （6.49）	0.0837 *** （6.07）	0.0855 *** （6.19）

模型	(1)	(2)	(3)	(4)	(5)	(6)
IN (−1)	0.0157*** (13.86)	0.0157*** (13.63)	0.0158*** (13.65)	0.0164*** (14.63)	0.0163*** (14.32)	0.0165*** (14.40)
LnSC1	0.0037 (1.47)			0.0052 (1.06)		
(LnSC1)²	−9.39E−05 (−0.40)			−9.68E−05 (−0.12)		
LnSC2		1.93E−05 (0.38)			1.88E−05 (0.59)	
(LnSC2)²		−7.90E−05 (−0.28)			−6.80E−05 (−0.21)	
LnSC3			0.0042 (0.85)			0.0039 (1.45)
(LnSC3)²			−9.12E−05 (−1.12)	—	—	−9.21E−05 (−0.85)
LnAGE	0.0091** (2.21)	0.0095** (2.30)	0.0094** (2.26)	0.0093** (2.31)	0.0098** (2.40)	0.0096** (2.36)
(LnAGE)²	−0.0069* (−1.99)	−0.0068* (−1.93)	−0.0067* (−1.94)	−0.0068* (−1.93)	−0.0066* (−1.92)	−0.0067* (−1.96)
AGG	0.0012** (2.18)	0.0017** (2.11)	0.0011** (2.15)	0.0015** (2.07)	0.0013** (2.04)	0.0016** (2.09)
IA	0.0137 (1.75)	0.0151 (1.00)	0.0151 (0.99)	0.0132 (1.69)	0.0147 (1.36)	0.0147 (0.95)
调整后 R²	0.6578	0.6497	0.6499	0.6658	0.6571	0.6575
样本数	1658	1658	1658	1658	1658	1658

注：*、**、***分别表示参数估计在10%、5%和1%水平下显著，参数估计下方括号内的数值为t统计量。

表5-3报告的回归结果中，第一列至第三列的估计结果，是将服务出口企业员工的平均受教育年限作为衡量人力资本指标时，然后分别采用三种测度企业规模的指标进行回归所得；而第四列至第五列的回归结果，则是将服务出口企业员工中的中高层管理人员及中高级技术人员所占比重作为衡量企业人力资本的指标时，然后再分别采用三种测度企业规模的指标进行回归所得。后面各表在呈列回归结果时

与表5-3呈列回归结果的逻辑一致，本书将不再赘述。从表5-3报告的回归结果看，就服务出口强度（EX）而言，第一列至第六列的回归结果均表明，其系数估计值不仅为正，而且均在1%的显著性水平下通过了统计检验，从而表明服务出口强度对服务出口技术复杂度存在着显著的积极正向影响，换言之，服务出口倾向越高的企业，其服务出口技术复杂度也就越高。这一结果在一定程度上说明了异质性企业贸易理论关于"出口中学习效应假说"在服务出口企业中的适用性。

就是否接受国外企业的服务外包订单（OS）而言，表5-3第一列至第六列的回归结果同样表明，虚拟变量的系数估计值不仅为正，而且均在1%的显著性水平下通过了统计检验，从而说明是否接受国外企业的服务外包订单，对服务出口企业存在着显著的差异性影响。更具体地说，接受国外企业服务外包订单对企业服务出口技术复杂度具有显著正向影响，即接受国外企业服务外包订单有助于企业提升其服务出口技术复杂度。尽管承接国际大买家订单是否有利于企业升级在学术界仍然存在争议，但本书基于问卷调研所得上述实证结果，在一定程度上说明，至少在当前发展阶段，承接国外企业服务外包订单，从服务出口技术复杂度的角度来看，对企业升级是具备有利影响的。

就服务出口企业的人力资本（HU）状况而言，表5-3第一列至第三列的回归结果显示，当采用服务出口企业员工的平均受教育年限作为人力资本的衡量指标时，其系数估计值为正，且至少在1%的显著性水平下通过了统计检验，表明人力资本对企业服务出口技术复杂度具有重要影响。也就是说，服务出口企业的人力资本越是丰富和完善，其服务出口技术复杂度相应地也就会越高。这一点与现有国际服务贸易理论所揭示的人力资本对服务出口比较优势形成具有决定性作用的结论基本是一致的。当我们将服务出口企业的人力资本测度指标换作服务出口企业员工中的中高层管理人员及中高级技术人员所占比重时，第四列至第六列的回归结果同样显示，其系数估计值均为正且在1%的显著性水平下通过了统计检验，再次说明人力资本对企业服务出口技术复杂度具有显著的积极影响。

就服务出口企业的创新能力（IN）而言，第一列至第六列的回归结果显示，以研发经费投入占服务销售额之比表示的创新能力变量，其系数估计值均为正，且均在1%的显著性水平下通过了统计检验，结论表明，服务出口企业的创新能力对服务出口技术复杂度具有显著正向影响。也就是说，服务出口企业所投入的研发经费比重越大，企业的创新能力越高，相应地其服务出口技术复杂度也就越高。这一点基本上也是与理论预期是相一致的，即创新能力对于包括服务业在内的企业技术进步和提升，都具有重要的决定性影响，从而对于提升企业的服务出口技术复杂度也具有重要影响。

就服务出口企业的规模变量（SC）而言，第一列至第六列的回归结果表明，无论是使用服务出口企业销售额数据（千万元）作为企业规模的测度指标，还是使用服务出口企业的固定资产（千万元）作为企业规模的测度指标，抑或是采用服务出口企业员工总数作为企业规模的测度指标，其系数估计值虽然都为正，但均没有通过显著性检验，从而表明企业规模尚未成为服务出口技术复杂度的重要影响因素，或许也在一定程度上说明规模经济效应在服务出口企业中并不显著。进一步地，对于企业规模的二次项而言，第一列至第六列的回归结果表明，无论采用上述三种企业规模测度指标的哪一种，其系数估计值虽然都为负，但均没有通过显著性统计检验，表明服务出口企业规模对服务出口技术复杂度的非线性影响也是不显著的。总之，从基于总样本企业所得实证结果来看，服务出口企业规模对服务出口技术复杂度并不存在显著影响。

就服务出口企业年龄（AGE）而言，第一列至第六列的回归结果显示，以服务出口企业存续年限所表示的企业年龄，其系数估计值为正，且至少在5%的显著性水平下通过了统计检验，从而意味着企业年龄对服务出口技术复杂度具有显著的正向影响，即服务出口企业存续年限越长，相应地其服务出口技术复杂度也就会越高，或者说服务出口技术复杂度会伴随着企业年龄增长而不断提升。这一点与理论预期以及现有文献所发现的企业年龄对制造业企业转型升级具有重要影响的结论也是一致的。进一步地，从服务出口企业年龄的二次项来看，第一列至第六列的回归结果均表明，其系数估计值为负，且至少在10%的显著性水平下通过了统计检验，从而表明企业年龄对服务出口技术复杂度具有显著的非线性影响。更确切地说，由于服务出口企业年龄的二次项系数估计值为负，表明企业出口技术复杂度伴随企业年龄的增长会出现一个先升后降的倒"U"形变化趋势。这一点与企业生命周期理论所揭示的有关现象，即当企业年龄增长到一定阶段后可能会失去创新的激励和动力，从而丧失了技术进步的能力，表现在服务出口技术复杂度方面，即出现了先升后降的倒"U"形变化。

就服务业集聚效应（AGG）而言，第一列至第六列的回归结果显示，以虚拟变量所表示的服务出口企业是否处于一个明显的服务业集聚群，其系数估计值为正，且至少在5%的显著性水平下通过了统计检验，从而意味着处于与不处于服务业产业集群，对企业服务出口技术复杂度还是存在着显著差异性影响的。更确切地说，处于服务业产业集群之中，对服务出口企业技术复杂度的提升具有显著的促进作用。实际上，相对于制造业而言，服务业通常更具有知识、技术和信息等要素密集度特征，而这一特征所决定的外溢效应，包括知识、技术和信息的扩散和传播会更为明显，而服务业产业集群无疑对于此种外溢效应搭建了一个平台，构建了知识、技术和信息等的流通管道，从而处于服务业产业集群对单个企业的服务出口技术复杂度提升会产生显著的积极影响。

就服务出口企业的互动式创新（IA）而言，第一列至第六列的回归结果显示，虽然其系数估计值为正，但均没有通过显著性检验，表明服务出口企业的互动式创新对于服务出口技术复杂度的提升并不存在显著性影响。这一点与我们的理论预期并不一致，因为通常来说，从以往的简单依托内部创新资源转向同时依托内外部两种资源进行创新，应该对企业创新能力的提高和技术进步，从而对出口技术复杂度都有着显著影响。出现前述不显著回归结果的可能原因在于，目前对于大部分服务出口企业而言，互动式创新可能还至少处于一个起步发展阶段，或者说所谓的互动式创新还没有得到大多服务出口企业的足够重视，从而尚未被纳入企业发展战略之中进而付诸具体实践之中。因而本应对服务出口技术复杂度具有显著积极影响的互动式创新，在基于本书调研样本企业的实证结果中却并没有显现出预期结果。而进一步的观察发现，在调研的样本企业中，回答存在互动创新效应的企业数所占比重不足15%，这或许正是为什么系数估计值为正，但却没有通过显著性检验的可能原因。

(三) 基于技术行业分组回归结果

基于总样本的分析尽管有利于在整体上认识影响服务出口技术复杂的主要因素，但却无法区分行业差别。由于本书调研数据所涉及的企业样本涵盖了众多细分服务业行业，而许多细分服务行业的特征存在着较大差异，如新型服务业部门和传统服务业部门。众所周知，新型服务业部门通常被认为是普遍具有知识密集型、技术密集型和信息密集型以及易于实现规模经济效应等特征，相比之下，传统服务业部门则通常被认为具有典型的劳动密集型特征。因此，在不同类型的服务出口企业存在巨大行业特征差异条件下，就本书关注的前述各关键因素而言，对企业服务出口技术复杂度的影响，是否会因企业所在行业不同而异？对此，还需要从企业所属细分行业的角度进行进一步的实证研究。为此，我们按照现有文献的通行做法，将样本企业按照所在服务业行业特征划分为两类：一类是中低技术服务行业组，主要包括所属行业为住宿和餐饮业，交通运输、仓储和邮政业，房地产业，居民服务、修理和其他服务业，租赁和商务服务业，卫生和社会工作，公共管理、社会保障和社会组织的样本企业；另一类是中高技术服务行业组，主要包括所属行业为金融业，软件和信息技术服务业，信息传输、软件和信息技术服务业，科学研究和技术服务业，教育，文化、体育和娱乐业的样本企业。按照前述行业属性进行划分后，我们对两组样本企业的服务出口技术复杂度的平均水平进行了测算并进行了比较，结果发现，中低技术服务行业组较之于中高技术服务行业组而言，前者的服务出口技术复杂度平均水平要低于后者。这也在一定程度上说明前述划分方法的合理性。

表5-4报告的实证结果就是基于中低技术行业组的子样本进行回归所得。如果将其与基于总样本的回归结果进行比较的话，从中不难看出，对于关键解释变量无论是回归系数值表示的方向性，还是显著性统计检验，均没有发生本质差异。但是，进一步的观察可以发现，表5-4报告的回归结果与表5-3报告的回归结果仍存在以下几个方面的差异。

表5-4　　　　　　　　　基于中低技术行业组的子样本回归结果

模型	(1)	(2)	(3)	(4)	(5)	(6)
常数项	0.0281 ** (2.98)	0.0366 *** (3.70)	0.0335 ** (2.57)	0.0608 *** (13.07)	0.0676 *** (13.82)	0.0680 *** (7.55)
EX	0.4003 *** (8.97)	0.4139 *** (6.65)	0.3975 *** (9.58)	0.4014 *** (12.04)	0.4143 *** (6.81)	0.4151 *** (7.76)
OS	0.0359 ** (2.87)	0.0346 ** (2.44)	0.0353 *** (3.42)	0.0363 ** (2.84)	0.0356 ** (2.40)	0.0367 *** (3.37)
LnHU1	0.0114 *** (3.13)	0.0101 ** (2.69)	0.0093 ** (2.46)	—	—	—
HU2	—	—	—	0.0746 ** (2.87)	0.0766 *** (3.21)	0.0738 *** (3.16)
IN（-1）	0.0153 *** (19.75)	0.0155 *** (20.41)	0.0156 *** (20.65)	0.0515 *** (19.35)	0.0154 *** (20.08)	0.0155 *** (20.42)

续表

模型	(1)	(2)	(3)	(4)	(5)	(6)
LnSC1	0.0052 (0.26)	—	—	0.0048 (0.74)	—	—
(LnSC1)^2	−9.02E−05 (−1.03)	—	—	8.35E−05 (−0.60)	—	—
LnSC2	—	1.87E−05 (1.18)	—	—	1.79E−05 (0.59)	—
(LnSC2)^2	—	−3.53E−05 (−0.34)	—	—	−3.64E−05 (−0.16)	—
LnSC3	—	—	0.0018 (0.98)	—	—	0.0015 (0.14)
(LnSC3)^2	—	—	−9.00E−05 (−0.84)	—	—	−4.21E−06 (−0.04)
LnAGE	0.0086 ** (2.40)	−0.0085 ** (2.36)	−0.0086 ** (2.38)	−0.0088 * (1.98)	−0.0091 ** (2.56)	0.0089 ** (1.98)
(LnAGE)^2	0.0058 * (−1.98)	0.0061 * (−1.93)	0.0063 * (−1.96)	0.0059 * (−1.94)	0.0062 * (−1.93)	0.0060 * (−1.96)
AGG	0.0011 ** (2.00)	0.0013 ** (2.46)	0.0012 ** (2.68)	0.0013 ** (2.09)	0.0010 ** (2.57)	0.0012 ** (2.74)
IA	0.0118 (1.27)	0.0112 (1.69)	0.0116 (0.84)	0.0125 (1.36)	0.0124 (1.77)	0.0121 (0.92)
调整后 R^2	0.5985	0.5963	0.5940	0.6242	0.6008	0.5970
样本数	865	865	865	865	865	865

注：* 、** 、*** 分别表示参数估计在 10% 、5% 和 1% 水平下显著，参数估计下方括号内的数值为 t 统计量。

第一，就服务出口强度（EX）的回归系数值而言，表 5 - 4 报告的系数估计值与表 5 - 3 对应栏的系数估计值相比，均略微下降，这说明在中低技术行业组的子样本中，出口强度虽仍然对服务出口技术复杂度具有显著的正向影响，但影响程度却略微减弱。当然，导致这种差异的可能有两个方面的原因：一是犹如异质性企业贸易理论所解释的那样，对于技术复杂度越高的服务出口企业而言，其越有能力出口从而表现为更高的出口强度，反之，出口技术复杂度相对较低的企业，其出口能力也就相对较低从而表现为较低的出口强度；二是具有更高服务出口技术复杂度的企业，其出口中学习效应会更强，换言之，对于较低服务出口技术复杂度的企业而言，其出口中学习效应相应会弱些。

第二，就是否接受国外企业的服务外包订单（OS）而言，表5-4报告的系数估计值与表5-3对应栏的系数估计值相比，均略微上升，这说明在中低技术行业组的子样本中，承接国外企业的服务外包订单对服务出口技术复杂度不仅具有显著的正向影响，而且影响的程度还会表现得更强。这一点可能说明了，对于中低服务出口技术服务出口企业而言，由于在企业总体技术层次上处于中低水平，因而存在着更大的模仿进步空间，更容易在接包过程中吸收发包企业的诸如指导和帮助等主动技术溢出以及其他形式的溢出，而更快地实现技术进步，从而表现为出口技术复杂度的提高。

第三，就人力资本变量（HU）而言，无论采用何种测度指标，表5-4报告的系数估计值与表5-3对应栏的系数估计值相比，都略微有所下降，这说明在中低技术行业组的子样本中，人力资本对于服务出口技术复杂度虽然具有显著正向影响，但影响程度相比总样本回归结果则略微下降。导致这种差异性的可能原因在于与服务业出口企业所在行业属性有关。已有的国际服务贸易理论研究表明，人力资本对于不同行业属性的服务业比较优势所表现得决定性作用不尽相同，对于诸如金融业、软件和信息技术等高端要素密集型的服务业而言，人力资本的作用更大；相对而言，对于诸如住宿和餐饮业、交通运输、仓储等相对低端要素密集型的服务业而言，人力资本虽仍然重要，但相比前者其重要性显然会有所下降。而本书的实证研究对中低技术行业组的划分正是按照调研企业所属服务业行业属性进行划分，因此，从这一意义上说，前述所得差异性结果从现有理论解释中也是可以找到依据的。

第四，就服务出口企业滞后一期创新能力（IN）而言，表5-4

报告的系数估计值与表5-3对应栏的系数估计值相比，也有略微下降迹象。这说明在中低技术行业组的子样本中，创新能力对于服务出口技术复杂度虽然具有显著正向影响，但影响程度相比总样本回归结果也是略微下降的。对于这一结果和差异性的可能解释，与人力资本变量类似，可能与服务出口企业所属行业性质密切相关，即对于低端要素密集型的传统服务业部门而言，依托增加研发经费投入等创新活动，对于推动技术进步的空间可能相对有限；相比之下，对于高端要素密集型的新型服务业部门而言，依托增加研发经费投入等创新活动，可能更具有技术进步的空间，因此基于中低技术行业组的子样本回归分析，所得回归系数估计值略微下降，对此也就不难理解了。

此外，与人力资本等变量类似，就服务出口企业存续年限（AGE）、服务业产业集聚效应（AGG）变量而言，表5-4报告的系数估计值与表5-3对应栏的系数估计值相比，也都有略微下降之势。说明上述几个变量在中低技术行业组的子样本中，对于服务出口技术复杂度虽然具有显著正向影响，但影响程度相比总样本回归结果也是略微减弱的。其中可能原因，均与服务出口企业所属行业属性有关，即低端要素密集度高的传统服务业行业，其技术进步空间相对有限，进而在基于中低技术行业组的子样本回归结果中，前述各变量的系数估计值略有下降。

对于表5-4报告的回归结果的分析，尤其是与表5-3回归结果的对比分析及给予的可能解释，我们可以从表5-5报告的实证结果中得到进一步的佐证。表5-5呈列的回归结果是基于中高技术行业组的子样本进行回归所得。类似地，与基于总样本回归结果一致的是，对于关键解释变量而言，无论是回归系数值代表影响的方向性，还是显著性统计检验，均没有发生本质差异。但是，进一步比较各解释变量的对应栏，尤其是将表5-5报告的结果与表5-4报告的结果进行对比分析，容易发现，表5-4与表5-3呈列结果对比所表现的差异性，在与表5-5进行比较时表现得更为明显。具体而言，就服务出口强度变量、人力资本变化、服务出口企业滞后一期创新能力变量、服务出口企业存续年限变量、服务业产业集聚效应变量以及互动式创新变量，其回归系数值在表 5-5 报告的结果与表 5-4 对应栏的结果相比，都要略大；而对于是否接受国外企业的服务外包订单变量而言，表 5-5 报告的回归系数估计值与表 5-4 对应栏的回归系数估计值相比，却略小。因此，表 5-5 与表 5-4 回归结果的差异性在一定程度上佐证了前面分析，尤其是给予的可能解释的正确性。值得一提的变化是，在表 5-5 的回归结果中，企业的规模变量，无论采用的是何种测度指标，其系数估计值不仅为正，而且在 10% 的显著性水平下通过了统计检验，表明在中高技术行业组的服务出口企业中，规模经济效应可能开始发挥了作用。而且进一步观察二次项发现，其系数估计值未能通过显著性检验，表明目前并不存在非线性影响。

表 5-5　　　　　基于中高技术行业组的子样本回归结果

模型	(1)	(2)	(3)	(4)	(5)	(6)
常数项	-0.0058 (0.75)	0.0115 (1.60)	-0.0001 (0.80)	0.0158*** (5.24)	0.0277 (6.37)	0.0135 (2.88)
EX	0.4250*** (18.34)	0.4273*** (17.45)	0.4285*** (18.87)	0.4365*** (20.10)	0.4385*** (17.75)	0.4332*** (8.18)
OS	0.0365*** (4.05)	0.0336*** (3.99)	0.0333*** (4.47)	0.0358*** (3.99)	0.0326*** (3.93)	0.0326*** (4.40)
LnHU1	0.0182*** (3.40)	0.0185*** (2.95)	0.0188*** (3.24)	—	—	—
HU2	—	—	—	0.0891*** (4.68)	0.0864*** (4.64)	0.0871*** (4.68)
IN (-1)	0.0165*** (16.81)	0.0159*** (17.02)	0.0163*** (17.15)	0.0172*** (16.99)	0.0169*** (17.20)	0.0168*** (17.41)
LnSC1	0.0045* (1.89)	—	—	0.0050* (1.90)	—	—
$(LnSC1)^2$	-0.0003 (-0.72)	—	—	-0.0002 (-0.36)	—	—

续表

模型	(1)	(2)	(3)	(4)	(5)	(6)
LnSC2	—	0.0006 * (1.92)	—	—	0.0011 * (1.95)	—
(LnSC2)^2	—	-0.0001 (-0.31)	—	—	0.0000 (-0.03)	—
LnSC3	—	—	0.0030 * (1.92)	—	—	0.0037 * (1.93)
(LnSC3)^2	—	—	-0.0001 (-0.76)	—	—	-0.0002 (-0.63)
LnAGE	0.0093 ** (2.31)	0.0098 ** (2.33)	0.0095 ** (2.32)	0.0095 ** (2.14)	0.0105 ** (2.48)	0.0108 ** (2.17)
(LnAGE)^2	-0.0059 ** (-2.01)	-0.0061 ** (-2.06)	-0.0062 ** (-2.11)	-0.0064 ** (-2.31)	-0.0062 ** (-2.22)	-0.0065 ** (-2.00)
AGG	0.0013 ** (2.09)	0.0018 ** (2.28)	0.0015 ** (2.41)	0.0017 ** (2.08)	0.0017 ** (2.31)	0.0019 ** (2.41)
IA	0.0142 (1.01)	0.0155 (.84)	0.0153 (0.91)	0.0149 (1.03)	0.0151 (1.26)	0.0159 (1.43)
调整后 R^2	0.6281	0.6230	0.6219	0.6450	0.6289	0.6272
样本数	793	793	793	793	793	793

注：*、**、*** 分别表示参数估计在 10%、5% 和 1% 水平下显著，参数估计下方括号内的数值为 t 统计量。

（四）基于内生性处理回归结果

当然，前述各表的回归结果可能面临着一个关键性约束问题，那就是企业服务出口技术复杂度变量和出口强度变量之间，可能存在着内生性问题。因为异质性企业贸易理论所揭示的"自选择效应"表明，服务出口技术复杂度越高的企业，相对而言可能越具有出口能力，从而表现为更高的出口强度。为此，本书再采用工具变量的两阶段最小二乘法（TSLS）进行估计。其中，工具变量的选取必须与当期出口强度相关但与作为被解释变量的服务出口技术复杂度无关。钱学锋等（2010）[①] 以及陈勇兵等（2012）[②] 学者的研究均表明，企业出口行为往往具有持续性，即当期出口往往受到上一期出口的影响，据此，我们选取滞后一期的出口强度变量作为工具变量，即使用2013 年服务出企业服务出口额占服务销售总额的比重。当然，工具变量的选择是否有效，还需要开展进一步的相关检验。为此，我们对工具变量进行了过度识别检验、不足识别检验以及弱识别检验，检验结果连同回归结果报告于表5-6。其中，过度识别检验和不足识别检验均是解决工具变量的内生性问题，假如不足识别的原假设经检验被拒绝，而且接受了过度识别的原假设，那么就意味着所选取的工具变量是外生的。弱识别检验的原假设是所选工具变量与内生变量呈弱相关，如果原假设经检验被拒绝，那么就意味着工具变量和内生变量具有强相关关系。从表5-6 的工具变量有效性检验结果可以看出，本书所选工具变量基本有效。

表 5-6　　　　　　基于内生性处理的 TSLS 回归结果

模型	(1)	(2)	(3)	(4)	(5)	(6)
常数项	0.0044 (1.42)	0.0190 ** (2.23)	0.0100 (1.33)	0.0293 *** (7.59)	0.0397 *** (8.61)	0.0299 *** (4.28)
EX	0.4556 *** (15.53)	0.4163 *** (14.21)	0.4052 *** (16.09)	0.4700 *** (17.69)	0.4433 *** (14.47)	0.4368 *** (8.06)
OS	0.0375 *** (3.70)	0.0330 *** (3.52)	0.0327 *** (4.16)	0.0368 *** (3.65)	0.0320 *** (3.47)	0.0320 *** (4.09)
LnHU1	0.0134 *** (3.32)	0.0110 ** (2.87)	0.0107 *** (3.01)	—	—	—
HU2	—	—	—	0.0794 *** (4.14)	0.0791 *** (4.21)	0.0797 *** (4.22)

[①] 钱学锋、熊平：《中国出口增长的二元边际及其因素决定：经验研究》，载《经济研究》2010 年第 1 期。

[②] 陈勇兵、李燕、周世民：《中国企业出口持续时间及其决定因素》，载《经济研究》2012 年第 7 期。

续表

模型	(1)	(2)	(3)	(4)	(5)	(6)
IN（−1）	0.0154 *** (17.69)	0.0156 *** (18.04)	0.0157 *** (18.20)	0.0162 *** (17.70)	0.0157 *** (18.06)	0.0158 *** (18.31)
LnSC1	0.0047 (0.68)	—	—	0.0049 (0.85)	—	—
(LnSC1)²	−9.12E−05 (−0.36)	—	—	−8.69E−05 (−0.58)	—	—
LnSC2	—	1.83E−05 (0.66)	—	—	1.79E−05 (0.83)	—
(LnSC2)²	—	−7.52E−05 (−0.73)	—	—	−6.15E−05 (−0.79)	—
LnSC3	—	—	0.0026 (0.94)	—	—	0.0026 (0.60)
(LnSC3)²	—	—	−8.65E−05 (−1.18)	—	—	−8.93E−05 (−1.35)
LnAGE	0.0088 ** (2.34)	−0.0022 ** (2.34)	−0.0023 ** (2.34)	−0.0025 ** (2.09)	−0.0025 ** (2.50)	0.0091 ** (2.11)
(LnAGE)²	−0.0062 ** (−2.59)	−0.0064 ** (−2.18)	−0.0064 * (−1.89)	−0.0062 ** (−2.09)	−0.0064 * (−1.98)	−0.0063 * (−1.99)
AGG	0.0014 ** (2.06)	0.0013 ** (2.34)	0.0015 ** (2.49)	0.0012 ** (2.08)	0.0011 ** (2.39)	0.0014 ** (2.51)
IA	0.0144 (1.09)	0.0126 (0.80)	0.0154 (1.19)	0.0154 (1.13)	0.0152 (0.84)	0.0162 (1.58)
调整后 R²	0.6192	0.6150	0.6135	0.6387	0.6205	0.6182
样本数	1658	1658	1658	1658	1658	1658

注：*、**、*** 分别表示参数估计在 10%、5% 和 1% 水平下显著，参数估计下方括号内的数值为 t 统计量。

　　将采用工具变量的 TSLS 回归所得结果（见表 5−6）与前述表 5−3 的回归结果进行比较，不难发现，其中各关键变量的回归结果基本一致，并无实质性差异，从而在一定程度表明前述回归结果的可靠性。对此，本书不再赘述。

(五) 进一步的稳健性检验结果

此外, 为了进一步检验前述回归估计结果的稳定性和可靠性, 接下来我们再利用服务出口企业的劳动生产率, 即服务销售额与服务出口企业员工数之比作为服务出口技术复杂度的替代变量, 以对计量模型 (3) 进行回归分析。采取这一做法的合理之处在于, 除了索洛剩余法测度的技术水平之外, 学术界通常也采用劳动生产率作为考察国家、地区以及其企业技术的重要指标, 并且劳动生产率的测度相对而言其突出的优点就是较为直观和准确。据此进行的稳健性回归结果报告于表 5 –7。

表 5 –7　　　　　　　　　　稳健性检验结果

模型	(1)	(2)	(3)	(4)	(5)	(6)
常数项	0.0025 (1.29)	0.0177** (2.11)	0.0081 (1.23)	0.0269*** (7.16)	0.0375*** (8.20)	0.0269*** (4.03)
EX	0.3537*** (16.04)	0.3164*** (14.81)	0.3058*** (16.60)	0.3675*** (18.13)	0.3424*** (15.07)	0.3361*** (8.08)
OS	0.0313*** (3.76)	0.0301*** (3.61)	0.0318*** (4.22)	0.0316*** (3.71)	0.0301*** (3.56)	0.0298*** (4.15)
LnHU1	0.0126*** (3.33)	0.0121** (2.89)	0.0115*** (3.05)	—	—	—
HU2	—	—	—	0.0727*** (4.24)	0.0713*** (4.29)	0.0736*** (4.31)
IN (−1)	0.0125*** (17.53)	0.0136*** (17.85)	0.0147*** (18.01)	0.0152*** (17.57)	0.0151*** (17.91)	0.0149*** (18.15)
LnSC1	0.0047 (0.71)	—	—	0.0049 (0.86)	—	—
(LnSC1)^2	−0.0003 (−0.79)	—	—	−0.0003 (−0.42)	—	—
LnSC2	—	0.0007 (0.88)	—	—	0.0009 (0.59)	—

续表

模型	(1)	(2)	(3)	(4)	(5)	(6)
$(LnSC2)^2$	—	−0.0001 (−0.32)	—	—	0.0000 (0.02)	—
LnSC3	—	—	0.0027 (0.93)	—	—	0.0028 (0.64)
$(LnSC3)^2$	—	—	−0.0001 (−0.78)	—	—	−0.0001 (−0.48)
LnAGE	0.0018** (2.33)	0.0017** (2.34)	0.0018** (2.33)	0.0020** (2.10)	0.0020** (2.50)	0.0022** (2.12)
$(LnAGE)^2$	−0.0039** (−2.48)	−0.0044* (−1.98)	−0.0035** (−2.49)	−0.0042* (−1.93)	−0.0044** (−2.11)	−0.0043** (−2.25)
AGG	0.0021** (2.07)	0.0025** (2.33)	0.0019** (2.48)	0.0019** (2.08)	0.0023** (2.37)	0.0021** (2.49)
IA	0.0144 (1.07)	0.0127 (0.80)	0.0154 (1.14)	0.0153 (1.11)	0.0152 (0.84)	0.0162 (1.55)
调整后 R^2	0.6209	0.6165	0.6151	0.6399	0.6220	0.6198
样本数	1658	1658	1658	1658	1658	1658

注：*、**、***分别表示参数估计在10%、5%和1%水平下显著，参数估计下方括号内的数值为 t 统计量。

基于表5-7的回归结果容易看出，当以服务出口企业的劳动生产率作为服务出口技术复杂度的替代变量时，诸如服务出口强度、是否接受国外企业服务外包订单、人力资本、创新活动、企业规模、企业存续年限、服务业集聚效应以及互动创新效应等变量，其系数回归值表明，无论是影响的方向性还是显著性关系等方面，与前述各表回归结果都具有内在的逻辑一致性，从而进一步说明前述回归结果基本稳健。

五、简要结论及启示

利用来自微观层面的大样本服务业企业调研数据，本书计量分析了影响服务业企业服务出口技术复杂度的可能关键因素。结果发现：

第一，出口强度因素对服务出口企业的服务出口技术复杂度具有显著正向影响，但是对于分处不同服务行业属性的企业而言，影响的程度略有差异，具体而言，出口强度对中高技术行业组企业服务出口技术复杂度的影响程度，要强于对于中低技术行业组企业服务出口技术复杂度的影响。第二，接受国外企业的服务外包订单，对企业服务出口技术复杂度的提升同样具有积极的促进作用，但对于分处不同服务行业属性的企业而言，促进作用的大小同样存在差异，具体而言，承接国外企业的服务外包订单对中低技术行业组企业服务出口技术复杂度的促进作用，要强于对于中高技术行业组企业服务出口技术复杂度的作用。第三，人力资本变量对企业服务出口技术复杂度提升具有重要促进作用，同样的，这种促成作用的大小也会因行业属性不同而有所差异，换言之，人力资本对中高技术行业组企业服务出口技术复杂度的影响程度，要更高于对于中低技术行业组企业服务出口技术复杂度的影响。第四，创新活动能力对企业服务出口技术复杂度提升具有促进作用，但具有滞后性，而且其作用同样会因行业属性不同而有所差异，即创新活动对中高技术行业组企业服务出口技术复杂度的正向影响，要更高于对于中低技术行业组企业服务出口技术复杂度的正向影响。第五，企业规模对服务出口技术复杂度并没有呈现显著影响，说明规模经济效应目前在服务出口企业中尚未显现。第六，服务出口企业的存续年限对企业服务出口技术复杂度具有倒"U"形的非线性影响，即伴随着企业年龄的增长，企业服务出口技术复杂度呈现一个先升后抑的变化过程，并且从正向促进的角度看，其对中高技术行业组企业服务出口技术复杂度的影响，超过了对中低技术行业组企业的影响。第七，服务业集聚效应对企业服务出口技术复杂度提升也具有显著的正向影响，且这一正向影响对中高技术行业组企业的作用要强于对中低技术行业组企业的作用程度。第八，互动创新对企业服务出口技术复杂度尚未产生显著影响，这一出乎预期的结果可能源自于服务出口企业实施互动创新活动的力度有限所致。

　　大力发展服务贸易，作为转变中国外贸发展方式和顺应全球贸易发展趋势的重要内容和方向之一，其重要性基本成为理论和实践部门的共识。然而，大力发展服务贸易不仅要注重"量"的扩张，同样也应重视"质"的提升，否则有可能会重蹈备受争议的中国制成品出口增长模式的覆辙。因此，从技术内涵的角度看，如何提升企业服务出口技术复杂度，显然离不开从企业微观层面对可能关键影响因素进行探讨。本书基于大样本企业调研数据，对前述问题进行初步尝试，所得结论无疑具有重要的参考意义和实践价值。换言之，本书的研究不仅有助于我们从企业微观层面深化认识影响服务出口技术复杂度的可能关键因素，而且对于如何从企业层面提升服务出口技术复杂度有着重要政策意涵。从内部因素来看，首先，积极融入服务全球化，加大服务出口力度，走向更为广阔的国际市场，"出口中学习效应"会对企业服务出口技术复杂度提升产生显著的促进作用。其次，积极承接国际服务外包，尤其是在当前国际服务外包已经成为服务全球化重要趋势和内容之一的大背景下，以及当前国内服务业发展不足的情形下，承接服务外包不仅有助于反向带动国内服务业发展，而且还有可能在与"国际大买家"的互动中实现技术进步和知识积累等，从而不断提升企业服务出口技术复杂度。最后，完善人力资本、提升服务出口企业的创新活动能力，同样是企业提升服务出口技术复杂度的关键因素。从外部因素来看，一方面，要积极打造和形成服务业产业集聚，为服务出口企业间的互动和相互学习搭建良好的平台，为知识、技术和信息等在服务出口企业间的溢出和传播，构建起顺畅的流通渠道；另一方面，要积极推动服务出口企业的外部式互动创新。虽然本书基于大样本调研数据的实证分析尚未发现外部式互动创新对企业服务出口技术复杂度有显著的正向作用，但这并非意味着加强与外部科研院所等合作的战略措施不重要，相反，基于对调研样本的观察发现，其实正是由于服务出口企业这一战略措施实施的力度不够，从而导致其作用尚未充分显现，这也进一步说明了采取这一战略举措对企业服务出口技术复杂度提升,仍然具有很大的作用空间。

此外,更为重要的是,由于基于服务出口企业所属服务业行业属性的分样本组别回归结果表明,同种因素对于分属不同行业属性的服务出口企业服务出口技术复杂度的提升效应不尽相同,且总体而言,通过前面的分析基本可以判断,较之于低端要素密集型的中低技术服务业部门,高端要素密集型的中高技术服务部门具有更为广阔的技术进步空间和升级空间。这是因为,对于本书所关注和选取的多数解释变量而言,其对中高技术行业组的企业服务出口技术复杂度的影响,均要强于对中低技术行业组的企业服务出口技术复杂度的影响。这一点意味着同样的"举措"在前者可能会产生更强的功效和作用。这就要求在大力发展服务贸易的进程中,在继续发挥传统劳动密集型等部门优势的同时,更加注重现代新型服务业部门的发展,也可以说,本书基于微观调研数据的实证研究,能够为理论和实践部门"为何更加偏好高端服务业"提供了一定的经验证据。

当然,囿于研究资料的局限性,我们只是使用了部分地区微观企业所得的截面调研数据,初步探讨了影响企业服务出口技术复杂度的可能关键因素。这一研究结论固然对于我国从企业微观层面提升服务出口技术复杂度具有重要的借鉴意义,然而就其结论而言,是否符合当前我国服务贸易发展的总体情况,仍然有待进一步的深入研究,因为包括服务贸易在内的区域发展不平衡,仍然是中国当前开放型经济发展的一个突出特征。今后的研究应在跨时期、跨地区的企业问卷调研基础之上,更加全面、系统、深入地对这一问题进行进一步考察,从而为全球服务贸易快速发展大背景下,提升我国服务出口技术复杂度进而提升我国在全球服务业中的分工地位,贡献更具针对性和可操作性的对策建议。

第六章　人民币汇率变动与我国服务出口增长

第六章　人民币汇率变动与我国服务出口增长

考虑到第四章研究发现的一个重要结论，即实际有效汇率变化对发展中经济体服务出口复杂度不具备显著影响，因此，我们自然会想到一个关联性问题，那就是汇率变化是否会对服务出口增长产生重要影响？因为对这一重要问题的回答，会涉及服务贸易发展中的汇率政策选择和安排问题。换言之，如果汇率变动对服务出口增长亦无显著影响，那么是否采取稳健的汇率政策似乎对服务贸易的发展就显得无关紧要，因为既不会对服务出口复杂度产生重要影响，也不会对服务出口增长产生重要影响。然而，如果汇率变化对服务出口增长产生重要影响，那么合适和稳健的汇率政策对服务贸易的发展就至关重要，因为虽然不影响到服务出口的"质"，但会显著影响到服务出口的"量"。有鉴于此，本章利用1994～2013年中国经验数据，实证检验了人民币实际有效汇率变动对中国服务出口增长的影响。结果表明：（1）人民币实际有效汇率变动，虽然对当期服务出口增长不具显著影响，但对服务出口增长具有显著负面的滞后影响；（2）从服务分部门来看，人民币实际有效汇率变动对新型服务贸易部门出口增长的影响，超过对传统部门出口增长影响。此外，我们的研究还发现，人力资本存量对服务出口增长具有显著正向影响，并且对于新兴服务贸易部门出口而言影响更大；而利用外资对传统服务出口增长的影响，要强于对新型服务贸易部门的影响。据此，在进一步推进人民币汇率形成机制改革以及增强人民币汇率弹性进程中，应注意避免汇率过度波动对我国服务贸易发展可能带来的不利影响。适当而稳健的汇率政策，不仅对于扩大服务出口，而且对于服务出口结构优化升级，都有极为关键的意义。

一、问题提出

自20世纪80年代以来，伴随经济全球化的深入演进以及世界各国产业结构的不断调整，信息通信技术的迅猛发展及其广泛应用，以及服务贸易全球规则的逐步实行，服务业发展只能局限于一国国内的格局被打破，全球各国的服务贸易由此得到了快速发展，从而使世界贸易结构正逐步向服务贸易倾斜，服务贸易出口竞争力也日益成为衡量一国参与全球竞争能力的重要指标之一。WTO的统计数据显示，1980年全球服务贸易出口总额仅为3957亿美元，而到了2014年全球服务贸易出口规模攀升至49404亿美元，期间增长了29.06倍，年均增长率高达10.41%。在此背景下，我国"十二五"规划纲要明确指出，要大力发展服务贸易。因此，如何扩大中国服务贸易出口，已经成为理论和实践部门面临的重要课题，而其中的关键则在于识别服务贸易出口增长的影响因素到底是什么。在影响进出口贸易的众多因素中，汇率问题是学者们长期以来一直关注和研究的重要因素之一（Eichengreen，2012[①]；Rodrik，2009[②]；Haddad et al.，2010[③]；Fruend et al.，2012[④]），这是因为：一方面，汇率水平会影响到出口品相对价格的形成，进而在一定程度上决定了出口品的国际竞争力，并且出口品相对价格的变化还会通过资源的再配置（包括其他部门的资源向出口部门的流动）等效应而最终影响到其出口水平；另一方面，汇率变动构成了出口贸易风险的主要内容，进而对服务部门的投资乃至生产能力的形成和提高等，均会产生消极影响。

然而，有关汇率对出口贸易的影响，以往的研究主要是在货物贸易占据绝对主导地位的背景下开展的，因此研究的对象也主要针

① Eichengreen, Barry and Poonam Gupta (2012), "Exports of Services: Indian Experience in Perspective", India Growth and Development Review (forthcoming).

② Rodrik, Dani (2009), "The Real Exchange Rate and Economic Growth", Brookings Papers on Economic Activity 1, pp. 365 - 412.

③ Haddad, Mona and Cosimo Pancaro (2010), "Can Real Exchange Rate Undervaluation Boost Exports and Growth in Developing Countries? Yes, But Not for Long", Economic Premise 20, World Bank PREM Network (June).

④ Freund, Caroline and Martha Denisse Pierola (2012), "Export Surges", Journal of Development Economics 97, pp. 387 - 395.

对货物贸易。而当前全球贸易发展的一个突出特征即贸易结构正逐步向服务贸易倾斜。由于服务具有区别于货物的显著特性，因此，我们自然会提出这样一个问题：作为影响货物贸易的重要因素之一的汇率问题，是否也对服务贸易出口具有重要影响？遗憾的是，针对这一重要命题，目前的研究仍然较为鲜见。有鉴于此，本章利用1982～2012年中国服务贸易出口及人民币汇率等时间序列数据，实证分析人民币汇率变动是否影响了中国服务贸易出口。所得结论不仅为我们理解汇率变动与服务贸易出口之间的关系提供了中国经验，同时也为稳定并扩大中国服务贸易出口提供了重要政策启示。

二、文献回顾

全球贸易结构呈现向服务贸易不断倾斜的发展趋势，激发了学者们对服务贸易及其相关问题的热烈讨论。而针对汇率变动是否会影响服务贸易出口增长问题，从现有文献来看，直接研究还较为缺乏。但是现有关于汇率水平影响货物贸易出口的理论和经验研究等，能够为我们提供一些间接认识。

关于汇率水平对货物出口影响的理论和经验研究，学术界进行了大量探讨并取得了丰富成果。理论研究方面，Yarbrough（2000）的研究指出①，本币贬值会降低以外币表示的本国生产的出口产品价格水平，从而提高出口竞争能力并扩大出口。然而，正如 Boyd 等（2001）的研究所指出②，本币贬值虽然能够带来以外币表示的出口

---

① Yarbrough, B. V. and Yarbrough, R. M. (2000), The World Economy: Trade and Finance, 5th ed., Harcourt College, Fort Worth, TX.

② Boyd, D., Caporale, G. M. and Smith, R. (2001), "Real exchange rate effects on the balance of trade: co-integration and the Marshall-Lerner condition", International Journal of Finance & Economics, Vol. 6, No. 3, pp. 187–200.

价格的上升进而出口量的增加，但在出口量增长的同时由于价格水平
的下降，出口额未必能够增长。况且，本币贬值所带来的价格降低效
应是即时的，然而国外消费者因此而进行的消费决策的调整，则可能
需要一段时间。因此，即便在需求弹性较高的情况下，最终出口额会
上升，但由于消费决策的时滞性，出口额的变化可能呈现一个先降后
升的发展态势，即"J"曲线效应（Hacker，2003①）。在经验研究方
面，不同学者由于所选研究对象以及使用的研究方法不同，所得结论
也各不相同。例如，Koo 等（2007）研究美元贬值对美国贸易收支的
影响时就发现，美元贬值虽然在短期内会对美国贸易收支产生恶化作
用，但从长期来看，却最终能够起到改善贸易收支的作用。但也有经
验研究指出，美国贸易收支并没有受到美元币值变动的显著影响
（Moffett，1989②；Nadenichek，2000③），甚至有些学者研究发现，在
亚洲地区与美国的双边贸易中，美国贸易收支并没有因为亚洲地区货
币升值而得到任何改善，相反，还在一定程度上出现了逆差扩大之势
（Lee et al.，2006④）。就中国的贸易收支而言，谢建国等（2002）⑤
采用中国 1978～2000 年的年度数据，利用协整分析后发现，人民币
贬值对贸易收支改善没有显著影响，国内需求状况和国内供给状况分
别是中国贸易收支的短期和长期决定因素，此后，国内学者宋兆晗

① Hacker，R. S. and Hatemi-J，A.（2003），"Is the J-curve effect observable for small North European economies?" Open Economies Review，Vol. 14，No. 2，pp. 119－134.

② Moffett，Michael H.（1989），"The J-curve revisited：an empirical examination for the United States"，Journal of International Money and Finance，8（3）：425－444.

③ Nadenichek，J.（2000），"The Japan-US trade imbalance：a real business cycle perspective"，Japan and the World Economy，12（3）：255－271.

④ Lee，Jong-Wha，Warwick J. McKibbin，Yung Chul Park（2000），"Transpacific Trade Imbalances：Causes and Cures"，World Economy，29（3）：281－303.

⑤ 谢建国、陈漓高：《人民币汇率与贸易收支：协整分析与冲击分解》，载《世界经济》2002 年第 10 期。

(2008)[①]、韦军亮等 (2008)[②] 的实证研究也得出了类似的结论。但也有研究发现,人民币汇率波动对中国进出口具有显著的影响,并且人民币汇率波动对中国贸易收支的影响存在 "J" 曲线效应(卢向前,2005[③];费瑶瑶,2006[④])。

虽然针对汇率与进出口贸易之间关系的理论和经验研究,学者们已经取得了丰富的成果,但现有研究基本上都是基于货物贸易而开展的,针对服务贸易出口的研究还极为缺乏。当然,目前已有部分文献对服务贸易出口的决定因素进行了探讨(Deardorff et al.,2001[⑤];Marquez,2006[⑥];Sichei et al.,2007[⑦];Nordas et al.,2009[⑧];Jensen,2011[⑨]),其中也不乏有考虑汇率因素的,但多数经验研究只是将汇率作为控制变量纳入计量模型之中,仍然缺乏从汇率角度的直接研究。况且,即便是考虑到汇率因素作为控制变量的经验研究文献,大多也还只是限于对个别服务贸易分项的研究,并且所得结论也不尽

---

① 宋兆晗:《人民币实际有效汇率与我国贸易收支》,载《世界经济情况》2008 年第5 期。

② 韦军亮:《中国对外贸易的弹性分析》,载《世界经济文汇》2008 年第 6 期。

③ 卢向前、戴国强:《人民币实际汇率波动对我国进出口的影响》,载《经济研究》2005 年第 5 期。

④ 费瑶瑶:《人民币实际汇率波动与贸易收支的协整分析》,载《华中师范大学研究生学报》2006 年第 10 期。

⑤ Deardorff, A. S., Hymans, S. H., Stern, R. M. and Xiang, C. (2001), "Forecasting US trade in services", in Stern, R. M. (Ed.), Services in the International Economy, University of Michigan Press, Ann Arbor, MI, pp. 53 – 82.

⑥ Marquez, J. (2006), "Estimating elasticities for US trade in services", Economic Modelling, Vol. 23, No. 2, pp. 276 – 307.

⑦ Sichei, M. M., Harmse, C. and Kanfer, F. (2007), "Determinants of South Africa-US intra-industry trade in services: a wild bootstrap dynamic panel data analysis", South African Journal of Economics, Vol. 75, No. 3, pp. 521 – 539.

⑧ Nordas, Hildegunn K. & HenkKox (2009) "Quantifying Regulatory Barriers to Services Trade", OECD Trade Policy Working papers, No. 85.

⑨ Jensen, J. Bradford (2011), "Global Trade in Services: Fear, Facts, and Offshoring", Washington, D. C.: Peterson Institute for International Economics.

相同。例如，Payne 等（2002）[1] 在研究克罗地亚旅游服务贸易出口的影响因素时，采取旅游服务出口收入作为被解释变量，将汇率作为控制变量进行计量分析发现，汇率变动对旅游服务贸易出口收入具有显著影响；而同样针对克罗地亚旅游服务贸易出口的研究，Mervar 等（2007）[2] 使用国外游客在克罗地亚停留天数作为因变量进行计量研究时却发现，汇率水平对其出口并不具备显著影响。总而言之，综观现有文献，我们认为仍然存在以下几个方面的不足之处及需要进一步拓展研究：第一，针对汇率水平可能对出口贸易产生的影响，以往的理论和经验研究主要侧重于货物贸易，对服务贸易的专门探讨较少；第二，虽然针对服务贸易出口影响因素的研究文献中，已有部分文献考虑到了汇率因素，但基本上都是将其作为控制变量而非关键解释变量，即开展的直接研究还比较缺乏；第三，在考虑汇率因素可能对服务贸易出口影响的经验研究中，大多只是基于特定的服务贸易出口分项的个案分析，缺乏对服务贸易出口整体状况的探讨，更没有分析汇率因素对服务贸易出口结构可能产生的影响，或者说汇率变动对不同服务贸易出口部门所可能产生的差异影响；第四，在全球服务贸易快速发展的背景下，中国服务贸易正逐步步入全球服务贸易大国行列（2012 年中国服务贸易总额仅次于美国和德国而位居全球第三），然而针对汇率对服务贸易出口的可能影响，还缺乏来自中国的经验分析。况且，针对汇率变动对出口贸易（包括服务贸易）所可能产生的影响，目前国内外学术界尚未达成共识，这或许说明了在实践经验中还需要具体问题具体分析。有鉴于此，本章将使用 1982～2012 年的中国年度经验数据，对汇率变动与服务贸易出口增长之间的关系进行计量研究，力图在前述几个方面对现有文献进行拓展并形成边际贡献。

---

① Payne, J. E. and Mervar, A. (2002), "A note on modelling tourism revenues in Croatia", Tourism Economics, Vol. 8, No. 1, pp. 103 – 109.

② Mervar, A. and Payne, J. E. (2007), "Analysis of foreign tourism demand for Croatian destinations: long-run elasticity estimates", Tourism Economics, Vol. 13, No. 3, pp. 407 – 420.

三、变量选取、模型设定及数据说明

(一) 被解释变量及其测度

本章着重关注人民币汇率变动是否对我国服务出口增长具有显著影响，不言而喻，服务出口增长（记为 SG）即因变量。用公式表示即 $SG_t = [(EX_t - EX_{t-1}) / EX_{t-1}] \times 100\%$，其中 EX_t 和 EX_{t-1} 分别表示第 t 期和第 t-1 期中国服务出口总额。

(二) 解释变量及其测度

在解释变量的选取上，本章着重关注人民币汇率变动（记为 VER）。关于汇率波动的度量方法，学术界已进行了许多有益的探索并提供了许多可行的测度方法。包括汇率值标准差、汇率波动率、汇率增值率指数标准差等（Klein，1990[1]；潘红宇，2007[2]；范言慧，2007[3]；张荔和张庆君，2010[4]）。应该说，针对汇率变动的不同测度方法，在具体的选择和实证分析中往往具有很大的主观性，很难说孰优孰劣，通常情况下更多地取决于研究者的偏好和习惯。基于本章的研究需要，并且与本章选取因变量测度保持逻辑一致性，我们在测度汇率变动时也采用变动率。用公式表示即 $VER_t = [(REER_t -$

① Klein, M. (1990), "Sectoral Effects of Exchange Rate Volatility on United States Exports", Journal of International Money and Finance, 9 (3): 299–308.

② 潘红宇:《汇率波动与中国对主要贸易伙伴国的出口》，载《数量经济与技术经济研究》2007 年第 2 期。

③ 范言慧:《不确定条件下的资产调整与汇率波动》，载《金融研究》2007 年第 1 期。

④ 张荔、张庆君:《人民币实际汇率波动与货币替代的实证研究》，载《金融研究》2010 年第 2 期。

$REER_{t-1})/ REER_{t-1}] \times 100\%$，其中 $REER_t$ 表示第 t 期人民币实际有效汇率，$REER_{t-1}$ 表示第 t - 1 期人民币实际有效汇率。

(三) 其他控制变量

考虑到计量检验结果的稳健性，除了人民币实际有效汇率的变动率外，借鉴现有关于服务出口影响因素的研究文献，我们还选取了当期人民币实际有效汇率（REER）、人均 GDP 水平（记为 PC）、人力资本存量（记为 HU）、利用外资存量额占 GDP 比重（记为 FDI）作为控制变量。需要特别说明的是，考虑到数据的可获性，我们并没有严格区分服务业和非服务业 FDI，而是使用了外资利用总额这一替代性指标，其合理性不仅在于外资利用总额中包括服务业利用外资额，与此同时，制造业和服务业之间存在互动关系基本已成共识，制造业利用外资对服务业进而服务贸易可能产生间接作用。此外，考虑到汇率变动和实际有效汇率对出口贸易所可能产生影响的滞后效应，我们还在模型中纳入滞后一期的人民币实际有效汇率及其变动率；考虑到中国加入 WTO 这一历史性事件所可能产生的政策性影响，我们还设置了虚拟变量，即加入 WTO 之前的虚拟变量取值为 "0"，加入 WTO 之后的虚拟变量取值为 "1"。据此，本章设定如下分布滞后模型（Polynomial Distributed Lag，PDL）以计量检验人民币汇率变动是否对中国服务出口具有显著影响：

$$SG_t = \alpha_0 + \alpha_1 VER_t + \alpha_2 VER_{t-1} + \alpha_3 LnREER_t + \alpha_4 LnREER_{t-1}$$
$$+ \alpha_5 LnPC + \alpha_6 LnHU + \alpha_7 FDI + \alpha_8 Dummy + \mu_t \qquad (6-1)$$

其中，Ln 为自然对数符号，为了减缓数据的波动性而又不影响估计结果，我们对部分变量取了自然对数。

(四) 数据来源及说明

囿于数据的可获性及其连续性，本章将样本区间设定在 1994 ~

2013 年。需要说明的是，针对服务贸易的定义，目前尚没有一个统一公认的标准，因而在服务贸易的统计分类上也有所不同。相对而言，国际货币基金组织（IMF）的《国际收支手册》基于服务贸易传统定义（即一国居民和非居民之间的服务贸易，也称跨境服务贸易），进而将服务贸易在大类上分为运输、旅游、通信服务、建筑服务、保险服务、金融服务、计算机和信息服务、专利和特许费、其他商业服务、个人文化和娱乐服务、政府服务共 11 类，据此所得的统计数据具有一定的权威性且具有使用上的广泛性。本章使用的样本期间中国服务出口额数据来自 WTO 国际贸易统计数据库（International Trade Statistics Database）和中国商务部，就是按照 IMF 国际收支平衡表中的分类统计方法统计所得。样本期间人民币实际有效汇率的统计数据来自国际清算银行（Bank for International Settlements）。需要说明的是，国际清算银行给出的人民币实际有效汇率是月度数据，而在本章的计量研究过程中需要将月度数据转换成年度数据，为此，我们采用年度月平均值作为年度数据的替代变量。关于样本期间中国人力资本存量数据，本章采用借鉴现有文献的做法，采用人均受教育年限作为人力资本存量的替代变量，其中 1994～1999 年的数据来自 Wang 等（2003）的测算结果，2000～2013 年的数据是在借鉴 Wang 等（2003）的测算方法基础之上，由本章计算所得；样本期间中国利用外资额数据以及 GDP 数据来自联合国贸发会议统计数据库（UNCTAD Statistics）。各关键原始变量的描述性统计如表 6－1 所示。

表 6－1　　　　　主要变量的描述统计（1994～2013 年）

变量	平均值	中位数	最大值	最小值	标准差	样本数
EX	828.095	542.500	2105.900	164.000	667.349	20
REER	92.765	92.840	114.703	69.064	10.453	20
PC	2340.686	1409.625	6613.971	493.592	1941.804	20
HU	6.261	6.359	7.030	5.439	0.493	20
FDI	0.126	0.127	0.169	0.083	0.028	20
DUMMY	0.650	1.000	1.000	0.000	0.489	20

四、实证结果及分析

时序变量通常会因为非平稳性而发生"伪回归"现象，因此，在对时序数据进行回归分析之前，首先有必要进行单位根检验以判断时序数据的平稳性，只有平稳的时序数据才能进行回归分析。当然，如若时序数据非平稳但满足同阶单整，则可进行进一步协整性检验，以确定时序变量间是否存在某种长期稳定关系。我们采用 ADF（Augment Dickey-Fuller）检验对计量模型（6－1）中的时序数据进行平稳性检验，结果表明各变量具有平稳性。

（一）总样本回归结果

由于分布滞后模型往往存在着多重共线性问题，因而使用 OLS 估计方法是无效的，为此，本章采用阿尔蒙法（Almon Estimation Method）对分布滞后模型（6－1）进行估计，所得结果如表6－2所示。

表6－2　　　　　　　　汇率变动对服务出口增长的影响

	(1)	(2)	(3)	(4)	(5)	(6)
常数项	0. 1873 *** (6. 6202)	0. 4010 (1. 5181)	3. 4046 * (1. 8753)	2. 8739 (0. 8402)	4. 7489 (1. 2086)	6. 1909 (1. 3099)
VER	0. 2206 (0. 3169)	0. 3302 (0. 4253)	－ 0. 4654 (－ 0. 3090)	0. 4916 (0. 2537)	－ 0. 4067 (－ 0. 2501)	－ 0. 5480 (－ 0. 3840)
VER （－1）	－ 1. 2712 *** (－ 3. 0213)	－ 1. 5680 ** (－ 2. 8109)	－ 1. 3022 ** (－ 2. 4106)	－ 1. 2030 * (－ 1. 9178)	－ 1. 7682 *** (－ 3. 5626)	－ 1. 4104 ** (－ 2. 2679)

续表

	(1)	(2)	(3)	(4)	(5)	(6)
LnREER	—	9.8363 (0.3984)	6.4687 (0.2619)	5.5727 (0.2134)	5.0327 (0.1923)	9.5911 (0.3418)
LnREER (-1)	—	-10.3244 ** (-2.4147)	-7.2714 ** (-2.2924)	-6.3913 ** (-2.2433)	-6.8963 *** (-3.2619)	-11.1840 ** (-2.3981)
LnPC	—	—	0.0555 ** (2.1003)	0.0132 ** (2.0565)	0.2863 ** (2.7845)	0.3926 * (1.9419)
LnHU	—	—	—	0.49708 ** (2.1861)	0.5097 ** (2.1904)	1.4614 *** (3.3380)
FDI	—	—	—	—	5.8951 * (1.9556)	6.6961 * (1.9274)
DUMMY	—	—	—	—	—	0.1298 ** (2.5922)
R^2	0.396368	0.412876	0.467723	0.519541	0.619750	0.639412

注：估计系数下方括号内的数字为系数估计值的 t 统计量，其中"＊"、"＊＊"和"＊＊＊"分别表示 10%、5% 和 1% 的显著性水平。

表 6-2 中第一列的回归结果是在计量模型（6-1）中仅纳入汇率变动及其滞后一期作为基础解释变量进行回归所得，第二列至第六列是在依次纳其他控制变量后进行回归所得。后面各表呈列回归结果的逻辑与表 6-2 一致，以下不再赘述。就汇率变动率变量（ER）而言，第一列的回归结果表明，其回归系数为正，但并不具有显著性。这说明人民币实际有效汇率的变动率对当期服务出口增长率虽然具有正向影响，但这种影响并不显著。从第二列至第六列的回归结果来看，在依次纳入前述各控制变量后，汇率变动率变量的系数估计值不仅大小而且在方向性上都有所变动，但就其对服务出口增长率的影响的显著性来看，并没有发生实质性变化，即人民币实际有效汇率的变动率对当期服务出口增长并无显著影响，从而在一定程度上说明了估计结果的稳健性。就汇率变动率滞后一期（ER（-1））而言，

第一列的回归结果表明，其回归系数为－1.2712，并且在1%的显著性水平下，对服务贸易当期出口增长率具有显著影响。从第二列至第六列的回归结果来看，在依次纳入各控制变量后，汇率变动率滞后一期的系数估计值大小虽有所变动，但仍然为负并且至少在5%的显著性水平下对服务出口增长率具有显著影响，从而表明人民币实际有效汇率变动对服务出口增长率具有滞后影响，并且具有稳定性。综合而言，由于人民币实际有效汇率变动率对当期服务出口增长具有不显著的正向影响，而滞后一期则具有显著负向影响，因此，人民币实际有效汇率的变动，对服务出口影响表现出类似于"J"曲线的弱效应。

　　就其他控制变量而言。从第二列至第六列的回归结果可以看出，人民币实际有效汇率的系数估计值为正，但并不具有显著影响，从而说明人民币实际有效汇率对当期服务出口增长的影响效应并不显著。这一点与前面分析所得结论可能具有内在的逻辑一致性，即人民币实际有效汇率的变动，对服务出口增长的影响具有显著的滞后性。这一点从人民币实际有效汇率滞后一期（LnREER（－1））的系数估计值来看，能够得到进一步证实，因为第二列至第六列的回归结果均为负且至少在5%的水平下通过了显著性检验。从第三列至第六列的回归结果来看，作为控制变量的人均GDP的系数估计值均为正，且至少在10%的水平下对服务出口增长具有显著影响，这一结果与理论预期是相一致的，与中国经济发展的实践也是相吻合的，即伴随着中国经济的发展和产业结构的不断调整，服务业在国民经济中所占比重逐步提高，从而为服务出口奠定了基础。从第四列至第六列的回归结果来看，人力资本存量变量的系数估计值为正，并且至少在5%的显著性水平下对服务出口增长具有显著影响。国际服务贸易理论已经揭示了人力资本作为服务贸易比较优势来源的重要作用，因此，本章前述结果与现有理论预期基本是一致的。从第五列至第六列的估计结果来看，我国利用外资存量占 GDP 比重这一变量的系数估计值为正，且至少在 10% 的显著性水平下对服务出口增长具有积极影响。一个不争的事实是，改革开放以来，大量利用外资是中国发展开放型经济的重要方式和内容之一。虽然改革开放以来的很长一段时间内，流入中国的外资主要发生在制造业领域，而直到 2011 年流入中国服务业的外资才首次超过制造业。服务业 FDI 的增加固然对服务业发展具有直接带动作用，但是从分工演进的视角来看，伴随社会分工的不断细化，服务业和制造业呈现日益共生、融合的发展趋势，因此，制造业 FDI 在推动制造业发展乃至产业结构转型升级的同时，对服务业尤其是生产者服务业所形成的强烈需求，也必然引致服务业的相应发展，从而对服务出口增长具有促进作用。当然，前述系数估计值的显著性同时也表明，利用外资存量额占 GDP 比重对服务出口增长的促进效应还不是很强，可能正说明了我国利用外资整体质量不高，从而对服务业发展的带动作用还比较有限。就第六列纳入虚拟变量后的回归结果可以看出，加入 WTO 对我国服务贸易增长具有推动作用。

(二) 分样本回归结果

当然，仅仅以总样本的服务出口增长率作为被解释变量进行回归分析，所得结果还难以明晰人民币实际有效汇率变动对不同服务贸易部门所可能产生的差异性影响。为此，我们按照服务出口分项将服务贸易分为两大类：一类是包括旅游、运输以及建筑服务的传统服务贸易部门，另一类是包括通信服务、保险服务、金融服务、计算机和信息服务、专利和特许费、个人文化和娱乐服务等新型服务贸易部门，并分别作为被解释变量，然后对计量模型 (6-1) 进行回归，所得结果分别如表 6-3 和表 6-4 所示。

表 6 – 3 　　　　　汇率变动对传统服务贸易部门出口增长的影响

	(1)	(2)	(3)	(4)	(5)	(6)
常数项	0.1795 *** (5.7131)	3.2124 (1.7146)	4.0393 * (1.9708)	3.8611 (1.0155)	4.8857 (1.1757)	6.3854 (1.2706)
VER	0.6507 (0.8420)	-0.6907 (-0.5902)	-1.7428 (-0.4584)	1.3697 (0.4127)	-1.4052 (-0.2948)	-1.9427 (-0.4237)
VER (-1)	-1.0953 ** (-2.5162)	-1.5013 *** (-3.7033)	-1.2632 ** (-2.3500)	-1.1123 *** (-3.2431)	-1.3255 ** (-2.4002)	-1.2368 ** (-2.1351)
LNREER	—	8.2260 (0.5575)	7.5334 (0.4084)	5.1868 (0.3688)	6.9278 (0.2418)	9.8925 (0.3851)
LnREER (-1)	—	-9.8930 ** (-2.5780)	-8.4693 ** (-2.4411)	-5.1257 *** (-3.3995)	-6.6979 *** (-3.3032)	-10.3707 ** (-2.4344)
LnPC	—	—	0.0515 ** (2.9965)	0.0381 ** (2.1576)	0.2593 ** (2.6479)	0.3642 ** (2.8051)
LnHU	—	—	—	0.1578 ** (2.0567)	0.3740 * (1.9305)	0.6682 * (2.3613)
FDI	—	—	—	—	6.0997 ** (2.5037)	7.6696 ** (2.1494)
DUMMY	—	—	—	—	—	0.1331 ** (2.5772)
R^2	0.1183	0.338345	0.388915	0.419094	0.497924	0.538709

注：估计系数下方括号内的数字为系数估计值的 t 统计量，其中 " * "、" ** "和 " *** "分别表示 10%、5% 和 1% 的显著性水平。

从表 6 – 3 第一列的回归结果来看，人民币实际有效汇率的变动率及其滞后项，对服务出口增长率的影响，在方向性及其显著性方面与表 6 – 2 所得结果基本相同，不同之处在于，从系数估计值的绝对值大小来看，汇率变动率滞后一期的系数估计值在表 6 – 3 中的结果要低于表 6 – 2 中的估计结果，这说明在总样本中将传统服务贸易分离出来单看时，汇率变动对服务出口增长的滞后影响程度，要稍逊于总样本情形下的影响程度。在依次纳入其他控制变量后，即从第二列至第六列的回归结果来看，基础变量系数估计值的正负向及其显著性并没有因为控制变量的纳入而出现实质性改变，从而说明这一估计结果也是相对稳健的。如果我们将表6-3估计结果与表6-2估计结果的对应列逐一进行比较的话，我们在对比两张表中第一列结果时所得结论，基本上在纳入其他控制变量时也是基本成立的，即将分析仅限于汇率变动对传统服务出口增长的滞后影响时，其程度要低于总样本情形下的影响程度。就其他控制变量而言，比较表6-3和表6-2的估计结果，也基本一致，唯一需要注意的是人力资本存量和外资利用存量额占GDP比重这两个变量的回归结果。人力资本存量的系数估计值在表6-3中的回归结果，总体而言要小于表6-2中的回归结果，从而出现了类似于汇率变动率的比较结果。而外资利用存量额占GDP比重的系数估计值，总体而言，表6-3中的回归结果要大于表6-2中的回归结果，这一差异性意味着，将分析限于外资利用对传统服务出口增长的影响时，其程度要高于总样本情形下的影响程度。当然，我们将服务出口分为传统和新型两类，关注的重点并不在于其与总样本情形下回归结果的差异性，而是要着重比较汇率变动对两类服务出口增长所可能产生的差异影响。对此，我们可以通过对表6-4的回归结果稍加观察并与表6-3进行简单对比加以明晰。

表6-4　　　　汇率变动对新型服务贸易部门出口增长的影响

	(1)	(2)	(3)	(4)	(5)	(6)
常数项	0.2126 *** (6.0880)	2.4010 (1.5181)	3.4046 * (1.8753)	2.8739 ** (0.8402)	4.7489 (1.2086)	6.1909 (1.3099)
VER	0.7848 (0.9136)	-0.4302 (-0.4253)	-7.5654 (-0.3090)	-6.5916 (-0.2537)	-6.5067 (-0.2500)	-10.6480 (-0.3840)
VER (-1)	-1.5650 ** (-2.2376)	-1.6680 *** (-3.8109)	-1.3022 *** (-3.4106)	-1.2030 ** (-2.2178)	-1.7682 ** (-2.5626)	-1.4104 *** (-3.2679)
LNREER	—	9.8363 (0.3984)	6.4687 (0.2619)	5.5727 (0.2134)	5.0327 (0.1923)	9.5911 (0.3418)
LnREER (-1)	—	-10.3244 ** (-2.4147)	-7.2714 ** (-2.2924)	-6.3913 ** (-3.2433)	-6.8963 ** (-2.2619)	-11.1840 ** (-3.3981)
LnPC	—	—	0.0555 ** (2.1003)	0.0132 ** (2.0565)	0.2863 ** (2.7845)	0.3926 *** (3.9419)

续表

	(1)	(2)	(3)	(4)	(5)	(6)
LnHU	—	—	—	0.4970 ** (2.1860)	0.5097 *** (3.1904)	1.4614 *** (3.3380)
FDI	—	—	—	—	5.1831 * (1.9756)	6.0327 * (1.9374)
DUMMY	—	—	—	—	—	0.12986 *** (2.5922)
R^2	0.383853	0.408839	0.467781	0.499541	0.519750	0.539412

注：估计系数下方括号内的数字为系数估计值的 t 统计量，其中"＊"、"＊＊"和"＊＊＊"分别表示10%、5%和1%的显著性水平。

从第一列至第六列的回归结果来看，作为基础变量的汇率变动率滞后一期的系数估计值正负性和显著性，在纳入控制变量后并未发生实质性改变，具有较好的稳健性。将表6－4和表6－3回归结果的对应列进行比较后，容易发现，就各变量对传统和新型服务出口增长的影响方向性及其显著性方面，两者具有相似之处，或者说所得结果基本一致，但与此同时也存在着以下几个方面的显著差异：第一，就人民币汇率变动率的滞后一期而言，表6－4中的系数估计值要显著高于表6－3中对应列中的系数估计值，这一对比性结果可能意味着，人民币汇率变动对新型服务贸易部门的出口影响，要强于对传统服务贸易部门的出口影响。第二，就人力资本变量而言，表6－4中的系数估计值也显著高于表6－3中对应列中的系数估计值，这一对比性结果可能意味着，人力资本的积累对新兴服务贸易部门的出口增长，具有更强的促进作用。第三，就利用外资存量额占 GDP 比重这一变量而言，表6－4中的系数估计值绝对值却显著低于表6－3中对应列中的系数估计值绝对值，并且在影响的显著性水平方面也有所下降。导致这一差异性结果的可能解释，应该说与前面的阐释具有内在的逻辑一致性。即，总体而言，目前我国利用外资的质量水平还不高，尤其是大量的低端外资存量，还难以对新型服务出口增长产生显著的促进作用。例如，高级生产性服务部门利用外资的不足，还难以直接对我国新型服务贸易发展产生显著带动作用，而制造业部门外资的"低端嵌入"也难以对服务业尤其是高级服务业产生有效需求，从而对高端服务业进而新型服务出口增长的促进作用还比较微弱。

（三）稳健性检验

如前所述，实际有效汇率的原始数据是月度数据，因此，在汇率变动的测度方面，我们再采用当年各月实际有效汇率的方差作为实际有效汇率变动的替代变量（记为 VD），据此进行进一步的稳健性分析。所得结果报告如表 6-5 所示。

表 6-5　　　　　　　　　　稳健性检验结果

	（1）	（2）	（3）	（4）	（5）	（6）
常数项	0.2121 *** (4.7962)	2.1262 (1.7903)	3.6054 ** (2.7759)	3.7509 (1.3350)	0.1904 (0.0522)	6.1909 (1.3099)
VD	-0.0063 (-1.3874)	-0.0041 (-0.9445)	-0.0044 (-1.1164)	-0.0043 (-1.0534)	-0.0102 (-1.3051)	-10.6480 (-0.3840)
VD（-1）	-0.0043 ** (-2.9582)	-0.0055 *** (-3.3058)	-0.0066 ** (-2.7136)	-0.0068 *** (-3.4863)	-0.0137 ** (-2.1165)	-0.4104 ** (-2.2679)
LNREER	—	-1.1196 (-1.2922)	-1.5484 (-1.3118)	-1.5942 (-1.6523)	-1.5869 (-1.7183)	9.5911 (0.3418)
LnREER（-1）	—	-0.7009 ** (-2.3926)	-0.6702 *** (-3.4712)	-0.7136 ** (-2.8157)	-1.9940 ** (-2.6373)	-1.1840 (-3.3981)
LnPC	—	—	0.0817 ** (2.0267)	0.0927 ** (2.4865)	0.4432 ** (2.0740)	0.3926 ** (2.9419)
LnHU	—	—	—	0.1170 *** (3.0590)	1.5495 ** (2.6982)	1.4614 *** (3.3380)
FDI	—	—	—	—	9.5308 * (1.9480)	6.5696 * (1.9374)
DUMMY	—	—	—	—	—	0.12986 ** (2.5922)
R^2	0.365296	0.411597	0.522479	0.582618	0.629047	0.539412

注：估计系数下方括号内的数字为系数估计值的 t 统计量，其中"＊"、"＊＊"和"＊＊＊"分别表示10%、5%和1%的显著性水平。

从表6-5的回归结果容易看出，当我们将各月实际有效汇率的方差作为基础解释变量时，第一列至第六列的回归结果均表明，当期回归系数值虽有正负性变化，但均没有通过显著性检验；而滞后一期的系数回归值则为负，且至少在5%的水平下通过了显著性检验，再次表明了人民币实际有效汇率变动对服务出口增长率具有滞后影响。这一点与前述各表的回归结果基本是一致的，进而说明了前述回归结果具有稳健性和可靠性。此外，将表6-5中其余各控制变量的回归结果与前述各表进行比较，不难发现，无论是对服务出口增长影响的方向性还是显著性方面，均没有发生实质性变化，换言之，表6-5结果所显示的其余各控制变量对服务出口增长的影响，与前述各表的回归结果也是基本一致的，对此，本章不再赘述。总之，通过比较表6-5与前述各表的回归结果，能够说明前述各表回归结果所揭示其余各控制变量对服务出口影响结论的稳健性和可靠性。

为了进一步考察汇率变动是否会通过控制变量而影响到服务出口增长，我们在计量模型中纳入汇率变动率与各主要控制变量的交叉项，分布滞后模型（6-1）相应地变为：

$$SG_t = \alpha_0 + \alpha_1 ER_t + \alpha_2 ER_{t-1} + \alpha_3 REER_t + \alpha_4 LnPC + \alpha_5 LnHU$$
$$+ \alpha_6 FDI + \alpha_7 Dummy + ER_t \times Control_t + \mu_t \qquad (6-2)$$

其中，Control 分别表示 LnPC、LnHU 和 FDI 三个控制变量，其他各变量符号及含义同计量模型（6-1）。据此，我们分别对总样本、传统服务出口以及新型服务出口进行回归估计，所得结果见表6-6。从表6-4的回归结果容易看出，无论是以总样本进行回归，还是以传统服务出口为样本进行回归，抑或是以新型服务出口为样本进行回归，汇率变动率与前述三个主要控制变量的交叉项的回归系数值均不具备显著性，这一结果意味着人民币实际有效汇率的变动，并不以前述各控制变量为条件。换言之，汇率变动对服务出口增长的影响，具有独立作用。

表6-6　汇率变动对服务出口增长影响的其他渠道

	总样本			传统服务出口			新型服务出口		
	(1)	(2)	(3)	(1)	(2)	(3)	(1)	(2)	(3)
常数项	-1.6564 (-0.7377)	-1.4726 (-0.6613)	-1.9638 (-0.9592)	-2.2877 (-0.9657)	-1.2364 (-0.4919)	-1.4197 (-0.5574)	-1.2077 (-0.4656)	-2.2266 (-0.8029)	-2.3858 (-0.8431)
ER	-5.3260 (-0.1543)	-13.8377 (-0.4181)	5.8250 (0.6629)	6.2037 (0.6101)	-35.8755 (-0.9605)	27.3882 (-0.6996)	4.8189 (0.4328)	45.6016 (1.1065)	52.9711 (1.2180)
ER(-1)	5.0859 (0.1464)	13.7827 (0.4143)	-5.9648 (-0.6680)	-6.9121 (-0.6689)	35.3489 (0.9415)	26.6770 (0.6771)	-3.9685 (-0.3508)	-44.9272 (-1.0845)	-52.4570 (-1.1985)
REER	-0.0095 (-1.0409)	-0.0137 (-1.7428)	-0.0122 (-1.6573)	-0.0103 (-1.2134)	-0.0136 (-1.5309)	-0.0094 (-0.9074)	-0.0166 (-1.7810)	-0.0134 (-1.3686)	-0.0098 (-0.8486)
LnPC	-0.0087 (-0.0356)	0.0137 (0.0566)	-0.0417 (-0.1876)	-0.1015 (-0.3943)	0.0173 (0.0631)	-0.0051 (-0.0184)	0.0709 (0.2516)	-0.0442 (-0.1460)	-0.0637 (-0.2060)
LnHU	1.4399 (0.6883)	1.4419 (0.6921)	1.8955 (0.9879)	2.2536 (1.0150)	1.2828 (0.5456)	1.2809 (0.5397)	1.1564 (0.4757)	2.0972 (0.8084)	2.0955 (0.7948)
FDI	1.0823 (0.4170)	1.3479 (0.5248)	0.8174 (0.3431)	0.5153 (0.1869)	1.6506 (0.5694)	1.3857 (0.4706)	1.7507 (0.5800)	0.6504 (0.2033)	0.4204 (0.1285)

续表

	总样本			传统服务出口			新型服务出口		
	(1)	(2)	(3)	(1)	(2)	(3)	(1)	(2)	(3)
DUMMY	0.0092 (0.0681)	0.0055 (0.0409)	-0.0134 (-0.1039)	-0.0569 (-0.3808)	-0.0163 (-0.1077)	-0.0126 (-0.0826)	0.0955 (0.5833)	0.0562 (0.3346)	0.0594 (0.3479)
ER*LNPC	-4.6139 (-1.1958)	—	—	-0.7705 (-0.5364)	—	—	-0.7865 (-0.500)	—	—
ER*LNHU	—	17.874 (0.6170)	—	—	38.2518 (1.1700)	—	—	-7.0730 (-1.0276)	—
ER*FDI	—	—	-0.7831 (-0.6308)	—	—	-36.988 (-0.8053)	—	—	-3.1166 (-0.6294)
R^2	0.4509	0.4137	0.4359	0.3809	0.4225	0.4426	0.3756	0.4085	0.4212

注：估计系数下方括号内的数字为系数估计值的t统计量，其中"*"、"**"和"***"分别表示10%、5%和1%的显著性水平。

五、简要结论及启示

在全球贸易结构不断向服务贸易倾斜，以及我国服务贸易发展相对滞后的情形下，大力发展服务贸易，不仅是顺应全球贸易发展趋势的需要，也是转变我国外贸发展方式的需要，更是提升中国参与国际分工和贸易竞争能力的需要。也正是在此背景下，我国"十二五"规划纲要明确指出，要大力发展服务贸易，助推外贸发展方式转型升级。从政策角度来看，适当的汇率政策对于推动出口增长具有重要作用，基本已经成为大量研究文献的共识。然而，以往针对汇率与出口增长关系的研究主要侧重于货物贸易，考虑到服务贸易相比货物贸易所具有的不同特性，我们便提出这样一个极具现实意义的重要问题：汇率变动是否会对服务出口具有重要影响？

针对这一重要命题，本章利用 1994～2013 年的中国经验数据，在控制了其他一系列影响因素情况下，实证检验了人民币实际有效汇率的变动是否显著影响了中国服务出口增长。计量检验结果表明：（1）人民币实际有效汇率的变动，对当期服务出口增长并不具备显著性影响，但滞后一期的人民币实际有效汇率变动率，则对当期服务出口增长具有显著负向影响，因此，人民币实际有效汇率的变动，对服务出口影响表现出类似于"J"曲线的弱效应；（2）从服务贸易分部门来看，人民币实际有效汇率的变动，特别是对服务出口增长所产生的滞后效应，在新型服务贸易部门出口增长中的影响，要超过在传统服务贸易部门出口增长中的影响；（3）人力资本存量对服务出口增长具有显著的正向影响，并且这种影响对于新兴服务贸易部门出口而言更大；（4）利用外资对服务出口增长具有正向推动作用，但从服务贸易分部门来看，其在传统服务出口增长中的推动作用，要强于在新型服务贸易部门出口增长中的推动作用。

　　本章研究所得前述结论具有重要政策含义。自 2005 年人民币汇率制度改革以来，截至目前，人民币实际有效汇率的升值幅度已近 40%。目前迫于国内国际环境的压力，人民币总体而言处于升值状态。因此，在进一步推进人民币汇率形成机制改革以及增强人民币汇率弹性进程中，如何避免汇率可能出现的过度波动对进一步扩大我国服务出口可能带来的不利影响，应引起管理者的足够重视。换言之，基于本章前述研究所得结论，适当而稳健的汇率政策，不仅对于服务出口增长，而且对于服务贸易结构的优化升级，都具有重要影响。此外，加快人力资本的培育，不断提升利用外资质量，包括鼓励外资向先进制造业和高端服务业领域流动，对于我国扩大服务出口、提升服务出口竞争力以及优化服务出口结构，都具有极为重要的现实意义。

第七章　服务出口复杂度的经济增长效应

本章通过构建和计算服务贸易出口技术复杂度指数，利用1997～2013年的跨国面板数据，对服务贸易出口技术复杂度与经济增长的关系进行了经验分析。结论表明，服务贸易出口技术复杂度对经济增长有着显著的积极影响，即，服务贸易出口技术复杂度越高，对经济增长的促进作用就越明显。在中国服务贸易发展相对滞后以及外贸发展方式亟待转型升级的背景下，提倡大力发展服务贸易不应单纯追求规模的扩张，更应注重服务贸易出口技术复杂度的提升，如此，才能更为有效地推进中国外贸发展方式转型，以及更为有效地促进中国经济又好又快的发展。

一、引言

一国经济发展或者说人均收入水平的提高往往伴随经济结构的转型，这一点基本上已经成为理论和实践部门的共识。然而，传统经济理论对经济增长的关注，大多停留在从农业驱动型向工业驱动型模式的转型，因为制造业通常被认为是经济增长的引擎（Kaldor，1967[①]）。也正是由于这一原因，针对开放条件下出口贸易与经济增长关系的大多经验研究，也主要集中在制成品出口驱动型经济增长分析之上。特别地，亚洲"四小龙"出口导向型工业化经济增长模式的成功实施，更是引起了众多学者对制成品出口贸易与经济增长关系的广泛讨论（Hausmann et al.，2005[②]；Rodrik，2006[③]；Schott，

---

① Kaldor, Nicholas, (1967), Causes of the Slow Rate of Economic Growth of the United Kingdom, Cambridge：Cambridge University Press.

② R. Hausmann, Y. Huang, and D. Rodrik., (2005), "What You Export Matters" [DB]. NBER working paper No. 11905, 2005.

③ Rodrik, Dani, (2006), "What's so special about China's exports?" [DB]. NBER Working Paper 11947.

2007①；UNIDO，2009②）。然而，对于经济增长驱动因素的探讨，其实一直是经济学理论所热衷且备受争议的话题。实际上，早在17世纪，英国经济学家威廉·配第（William Petty，1662③）根据当时英国产业结构演进的实际情况，就已经发现，随着经济的不断发展，产业结构也将随之调整，产业中心将逐渐由有形货物的生产转向无形的服务产品的生产。这一判断和预测背后的逻辑思想是：工业化并非是驱动经济增长的唯一路径，服务经济同样能够成为经济增长的主导力量。第二次世界大战后发达国家经济发展及其产业结构调整的实践，实际上已经证实了威廉·配第的判断和预测。据世界银行（World Bank）的统计，目前发达国家服务业创造的增加值在 GDP 中所占比重已超过了 70%，服务经济的发展因此也引起了人们越来越多的重视。

　　伴随世界经济结构的不断调整和全球经济一体化进程的加快，特别是自 20 世纪 90 年代以来，信息通信科技的突飞猛进和广泛应用，以及全球服务贸易规则的实行，服务业只能局限于一国国内的格局被打破，世界各国的服务贸易得到了迅猛发展，全球贸易结构正逐步向服务贸易倾斜。据联合国贸发会议（UNCTAD）的统计数据显示，1980 年发达经济体服务贸易出口额为 3124.60 亿美元，1996 年突破 1 万亿美元大关达到 10007.76 亿美元，2008 年进一步攀升到 27795.58 亿美元。发展中经济体服务贸易出口额也从 1980 年的 733.90 亿美元迅速增加到 2008 年的 10381.70 亿美元。1980～2008 年，发达经济体和发展中经济体服务贸易出口额年均增长率分别高达 8.11% 和

---

① Schott P.，（2007），"The Relative Sophistication of Chinese Exports"，Economic Policy，23（53），5–49.

② United Nations Industrial Development Organization（UNIDO），— Breaking In and Moving Up：New Industrial Challenges for the Bottom Billion and the Middle-Income Countries，Industrial Development Report（2009）.

③ William Petty（1662）著，马妍译：《赋税论》［M］，中国社会科学出版社 2010 年版。

9.89%。可以说，在全球产业结构不断调整和升级的背景下，服务贸易作为服务经济发展的重要标志之一，其发展状况已日益成为衡量一国参与国际竞争能力的重要指标之一。与此同时，服务贸易出口与一国经济发展的关系也受到了理论和实践部门越来越多的关注，基于此，本章力图从服务贸易出口技术复杂度的视角对两者之间的关系进行经验分析。

二、文献回顾

随着全球服务经济在 GDP 中所占比重逐步提高，以及服务贸易的迅猛发展，针对服务贸易出口与经济增长关系的探讨，也日益成为理论界所关注的重要研究方向之一。综观近年来国内外现有研究文献，针对服务贸易与经济增长关系的研究，在理论方面略显薄弱，更多的研究侧重在经验分析上。理论方面的研究相对缺乏，可能是由于在服务贸易的模式界定中，不同模式具有不同属性和特点，难以在统一的理论框架内构建服务贸易影响经济增长的理论模型。在极少数的研究文献中，Robinson 等（2002）的研究颇具代表性[1]，为了简化分析，Robinson 等（2002）并不考虑服务贸易模式的差异，并且仅仅将服务当做一般的商品，运用可计算一般均衡模型（CGE Model）理论分析了服务贸易自由化所产生的经济增长效应。之后，Rutherford（2004）利用可计算一般均衡模型对俄罗斯加入世界贸易组织效应进行预评估时也指出[2]，服务贸易壁垒的降低能够提高一国福利水平，而降低服务业 FDI 的市场准入壁垒，有助于服务贸易自由化的发展，

---

[1] Robinson, S, Wang, Z and Martin, W, (2002), Capturing the implications of services trade liberalization, Economic System Research, 14 (1): 3-33.

[2] Rutherford, Thomas F., (2004), "Learning on the Quick and Cheap: Gains from Trade through Imported Expertise" [DB]. NBER working paper No. 10603, 2004.

显然有助于一国福利水平的提升。

相对于理论模型而言，对服务贸易与经济增长关系的经验研究，成果则颇为丰富。Lewis 等（2003）利用截面数据，选取 10 个国家和地区以及 11 个部门作为研究对象，研究发现，服务贸易对经济增长的影响，不仅在于直接导致世界服务产品的生产增加，而且还可以通过产业间的关联性，对其他经济部门产生影响从而带来间接的经济增长效应，特别是服务贸易的进出口能够引起全要素生产率提高，从而对经济增长产生推动作用。Hoekman 等（2006）以印度为研究对象进行分析时甚至认为，服务贸易可能成为一些国家经济增长的"发动机"，这是因为，企业国际竞争力在很大程度上取决于低成本、高质量的服务，如金融、电信、运输、分销服务等，而通过进口生产者服务，带动国内相关服务业的快速发展，从而能够有效降低企业成本和提高竞争力，最终有利于此国的经济增长绩效。Bosworth 等（2007）的研究则进一步指出，印度全要素生产率的提高正是得益于服务业生产率的进步，而服务业生产率的进步正是得益于其服务贸易的快速发展。危旭芳和郑志国（2004）以中国为研究对象，采用最小二乘法对服务贸易与经济增长关系进行实证分析，研究发现，中国服务贸易进出口与 GDP 之间存在显著正相关关系，胡日东和苏桂芳（2005）、曹吉云（2007）以及韩振国和刘玲利（2009）的研究得出了相似的结论。Fixler 和 Siegel（2004）经验分析了一些特定部门的服务贸易出口和服务外包的生产率提升效应及其经济推动作用。Mattoo（2008）对金融和通信服务市场开放效应进行经验研究后指出，金融和通信服务贸易的自由化是经济长期增长的重要驱动力之一。Khoury 和 Savvides（2006）选取了包括发展中国家和发达国家在内的 60 个国家地区，利用电信和金融服务部门的横截面数据，建立了起点回归模型（Threshold Regression Model），进行研究后发现，服务贸易自由化的经济增长效应对低收入国家和高收入国家具有显著差异，不同服务部门贸易自由化的经济增长效应与一国经济发展水平密切相关。类似的研究如 Blinder（2006）、Ghani 和 Kharas（2010）以及 Weiss John（2010）等，分别对特定部门服务贸易自由化的经济增长效应进行了经验分析。

综上所述，针对服务贸易出口与经济增长之间的关系，特别是经验分析方面，很多学者已进行了有益的探索。但是从现有文献来看，要么在国家或者区域的层面从总体上考察服务贸易自由化的经济增长效应，要么从特定部门的层面实证分析服务贸易自由化的经济增长效应，从服务贸易出口技术内涵的角度分析服务贸易出口的经济增长效应的研究，尚属空白。而 R. Hausmann 等（2005）对制成品出口贸易的经济效应进行研究时，就曾经指出：对于将目标"锁定"在获取更高技术含量商品出口能力提升的国家会从贸易中获取更多利益，并实现更好的经济绩效，即，"一国选择出口什么，是至关重要的"。因此，在我们看来，服务贸易对经济增长的作用，不仅来自基于比较优势的专业化生产所带来的效率提高和产出扩大，同时还可能来自服务贸易出口技术内涵的变化。实际上，在越来越多的"服务产品"变得可贸易的同时，得益于生产技术进步和贸易自由化的深入发展，"服务产品"的全球价值链拓展也得到了快速发展，即，同一服务产品的不同阶段和环节被日益分解，并被配置和分散到具有不同比较优势的国家和地区，即理论界通常所说的"国际生产分割"（International Fragmentation of Production）。这不仅推动了服务部门专业化生产和服务贸易的快速发展，同时也对一国服务贸易出口技术复杂度也产生了重要影响。正如 Deardorff（2000）的研究指出：国际生产分割的快速发展，不仅进一步挖掘了比较优势，从而使更多的国家和地区获取参与国际贸易的机会，与此同时，"价值链"的延长和不断分解以及由此所形成的国际梯度转移，也给各国出口产品的技术进步带来了机遇。相对于规模变化而言，服务贸易出口技术内涵的变迁更能反映一国在国际分工中的地位和获取贸易利益的能力，因为不同服务产品或者说同一服务产品的不同生产阶段和环节，实际上意味着不同档

次和附加值构成的高低。正是受到 R. Hausmann 等（2005）研究的
启发，以及考虑到与全球服务贸易总量规模快速增长相伴随的一个重
要经济现象——服务贸易出口结构变迁和"国际生产分割"，本章试
图从服务贸易出口技术内涵的角度，对服务贸易出口的经济增长效应
进行实证分析。

三、计量模型及实证结果

（一）变量选取及模型设定

计量模型的构建首先要确定被解释变量和解释变量，当然，此处
重点关注的是服务贸易出口技术复杂度的经济增长效应，不言而喻，
经济增长即被解释变量，而服务贸易出口技术复杂度即解释变量之
一。然而，把经济增长变量作为计量模型的被解释变量时，自变量的
选取通常是一个棘手的问题，正如 Durlauf 等（2005）对关于经济增
长问题的经验研究进行综述时指出：就经济增长理论而言，就有多达
40 余种并不完全相同的理论解释，对解释变量的选取累计已高达 100
多种。为此，本章借鉴 Barro（1991）的做法，即，与经济绩效密切
相关而又能基本上被学界所普遍接受的解释变量，包括人力资本、物
质资本、外向国际化程度、基础设施。因此，在解释变量的选取上，
除了本章所感兴趣的变量，即服务贸易出口技术复杂度之外，其余的
解释变量即人力资本、物质资本、外向国际化程度、基础设施。据
此，本章将计量模型的形式设定如下：

$$GDP_{i,t} - GDP_{i,t-1} = \alpha GDP_{i,t-1} + \beta ES_{i,t-1} + \gamma R_{i,t} + \mu_t + \nu_i + \varepsilon_{i,t}$$

$$(7-1)$$

其中，i 表示国家（地区），t 表示时期，此处为年份，GDP 为实
际人均 GDP 的自然对数值，此处将解释变量表示为本期和上一期世

界人均 GDP 对数值之差（即经济增长率的替代变量），而不是对实际 GDP 增长率直接取自然对数，主要原因在于实际 GDP 增长率有时可能为负数，从而无法取对数。ES 为服务贸易出口技术复杂度的自然对数形式，R 即上述所述决定经济增长的其他变量，此处作为控制变量纳入计量方程之中，μ 为时期固定效应变量，ν 为国家（地区）的固定效应变量，ε 为误差项。在前述计量模型中，本章将服务贸易出口技术复杂度对经济增长的影响，设定为滞后一期，即上一时期的服务贸易出口技术复杂度对本期人均 GDP 有着影响，与此同时，上一期的人均 GDP 水平往往对本期人均 GDP 有滞后影响，因此，滞后一期的人均实际 GDP 也作为解释变量纳入计量模型之中，除此之外，其他变量对经济增长的影响均采用当期变量。

（二）变量测度、数据来源及说明

按照逻辑一致的研究思路，有关服务出口技术复杂度的测算及其数据来源问题，本章仍与前述各章一样。下面着重说明其他变量来源及其处理。

关于人力资本指数（记为 HR）变量。由于目前并无各国（地区）的人力资本的直接统计数据，因此，本章采用 Barro 和 Lee（2010）最新研究所得出的各国（地区）人均受教育年限当做是人力资本的替代变量。

关于物质资本（记为 Physical）变量。关于物质资本的度量，本章采用现有研究中的普遍做法，即采用固定投资占 GDP 之比作为物质资本的替代变量。其中，固定投资额数据亦来自世界经济发展指标统计数据库。

关于外向国际化程度变量。关于外向国际化程度的度量，本章采用一国（地区）的出口贸易依存度（即出口贸易额与当年 GDP 之比，此处用 EX 表示），以及外资利用情况或者称为外资依存度（即当年引进 FDI 的流量额与 GDP 之比，此处以 FDI 表示），其中各国（地区）的出口贸易数据和引进的 FDI 数据均来自联合国贸发会议统计数据库（UNCTAD Statistics）。

关于基础设施（记为 Infrastructure）变量。关于基础设施数据的选取，本章采用世界银行公布的各国（地区）物流绩效指数（Logistics Performance Index）中的基础设施指数（Infrastructure Index）。

（三）回归结果

本章在计算服务贸易出口技术复杂度时，所使用的样本国家（地区）为 36 个[①]，但是，在前述 36 个国家（地区）中，由于中国香港、中国台湾、新加坡以及匈牙利的物质资本变量在世界经济发展指标统计数据库中缺失，为了保持数据的连续性，本章将前述 4 个样本对象舍弃后利用余下 32 个样本对象，样本区间设定为 1997~2013 年，采用面板数据对前述计量方程进行回归。考虑到本章仅以样本自身效应为条件进行研究，因此，对前述模型的估计，采用固定效应模型，回归结果如表 7-1 所示。

表 7-1　　　　　　　　固定效应模型回归结果

被解释变量 解释变量	实际人均 GDP 增长						
	(1)	(2)	(3)	(4)	(5)	(6)	(7)
ES（滞后一期）	0.047 *** (0.01)	0.049 *** (0.01)	0.047 *** (0.01)	0.046 *** (0.01)	0.049 *** (0.01)	0.047 *** (0.01)	0.046 *** (0.01)
GDP（滞后一期）	—	-0.026 *** (0.01)	-0.027 *** (0.01)	-0.025 *** (0.01)	-0.027 *** (0.01)	-0.028 *** (0.01)	-0.027 *** (0.01)

---

① 这 36 个国家（地区）分别是：美国、英国、德国、法国、中国、日本、西班牙、意大利、爱尔兰、荷兰、印度、中国香港、比利时、新加坡、瑞士、瑞典、卢森堡、加拿大、韩国、奥地利、俄罗斯、澳大利亚、挪威、瑞士、土耳其、中国台湾、泰国、波兰、马来西亚、巴西、芬兰、葡萄牙、以色列、埃及、捷克、匈牙利。

被解释变量 解释变量	实际人均GDP增长						
	(1)	(2)	(3)	(4)	(5)	(6)	(7)
HR	—	—	0.048** (0.03)	0.049* (0.06)	0.050* (0.06)	0.048* (0.07)	0.049* (0.06)
Physical	—	—	—	0.019** (0.03)	0.019** (0.04)	0.021** (0.03)	0.019** (0.03)
EX	—	—	—	—	0.033*** (0.04)	0.032** (0.05)	0.032** (0.04)
FDI	—	—	—	—	—	0.026** (0.01)	0.024** (0.03)
Infrastructure	—	—	—	—	—	—	0.019** (0.02)
常数C	-0.22*** (0.01)	-0.18*** (0.01)	-0.21*** (0.01)	-0.17*** (0.01)	-0.25*** (0.01)	-0.23*** (0.01)	-0.22*** (0.01)
判决系数R^2	0.6684	0.66693	0.6725	0.6801	0.6872	0.6904	0.6985
样本观测数	512	512	512	512	512	512	512

注：在所有的估计中都包括时期固定效应和截面固定效应，受到篇幅所限，本章仅仅给出各变量的系数估计值。估计系数下方括号内的数字为相伴概率，其中"*"、"**"和"***"分别表示10%、5%和1%的显著性水平。

在表7-1的估计结果中，第一列结果是仅将服务贸易出口技术复杂度作为解释变量进行回归所得，结果显示，服务贸易出口技术复杂度在1%的显著性水平下，对经济增长具有显著积极影响，换言之，服务贸易出口技术复杂度的提高，有助于提升经济增长速度。第二列到第七列的回归结果，是在计量方程中逐步纳入实际人均GDP滞后一期的变量、人力资本指数（HR）、物质资本（Physical）、出口贸易依存度（EX）、外资依存度（FDI）以及基础设施（Infrastructure）等一系列控制变量后，所得出的回归结果。容易看出，将前述影响经济增长的决定因素作为控制变量纳入计量方程后，并没有影响到服务贸易出口技术复杂度（ES）这一变量对经济增长影响的显著性。当然，前述固定效应模型的回归结果可能存在一个关键性的约束问题，那就是服务贸易出口技术复杂度与实际GDP增长之间可能存在的内生性问题。为此，本章采用广义矩（GMM）估计方法，再对前述模型进行估计。实际人均 GDP 与服务贸易出口技术复杂度之间可能存在正相关关系，而从现有经济发展实践来看，实际人均 GDP 与其增长率之间并无显著关系，因此，在采用广义矩（GMM）方法进行估计时，本章选取的工具变量即实际人均 GDP 的自然对数，估计结果如表 7 - 2 所示。

表 7 - 2　　　　　　　　　　GMM 估计结果

被解释变量 解释变量	实际人均 GDP 增长						
	(1)	(2)	(3)	(4)	(5)	(6)	(7)
ES（滞后一期）	0.045 *** (0.01)	0.043 *** (0.01)	0.043 *** (0.01)	0.046 *** (0.01)	0.043 *** (0.01)	0.045 *** (0.01)	0.046 *** (0.01)
GDP（滞后一期）	—	0.0018 * (0.06)	0.0019 * (0.07)	0.0017 * (0.07)	0.0018 * (0.06)	0.0019 * (0.07)	0.0018 * (0.08)
HR	—	—	0.036 ** (0.03)	0.033 * (0.08)	0.035 * (0.06)	0.037 * (0.08)	0.035 * (0.07)
Physical	—	—	—	0.019 * (0.07)	0.017 ** (0.08)	0.017 ** (0.04)	0.018 ** (0.02)
EX	—	—	—	—	0.025 ** (0.03)	0.023 ** (0.02)	0.026 * (0.07)
FDI	—	—	—	—	—	0.0056 * (0.07)	0.0053 ** (0.04)
Infrastructure	—	—	—	—	—	—	0.014 ** (0.03)
常数 C	-0.36 *** (0.01)	-0.38 *** (0.01)	-0.36 *** (0.01)	-0.41 *** (0.01)	-0.37 *** (0.01)	-0.42 *** (0.01)	-0.41 *** (0.01)
Wald-χ^2统计量	113.21 (0.00)	115.33 (0.00)	121.42 (0.00)	129.15 (0.00)	131.31 (0.00)	135.16 (0.00)	135.28 (0.00)
Sargan 检验	139.16 (0.386)	141.28 (0.401)	143.55 (0.399)	143.86 (0.301)	145.26 (0.427)	139.28 (0.536)	137.36 (0.395)
AR(1)检验 p 值	0.0275	0.1033	0.1283	0.1035	0.1128	0.1077	0.0329
AR(2)检验 p 值	0.4633	0.5217	0.5352	0.6128	0.7312	0.6933	0.5872

注：估计系数下方括号内的数字为相伴概率，其中"＊"、"＊＊"和"＊＊＊"分别表示 10%、5% 和 1% 的显著性水平。

与表 7-1 估计结果类似，在表 7-2 的估计结果中，第一列结果是仅将服务贸易出口技术复杂度作为解释变量进行 GMM 回归估计所得，其他各列是在计量方程中依次纳入影响经济增长的其他决定因素后进行 GMM 估计所得结果，结果表明，服务贸易出口技术复杂度（ES）对经济增长的确存在显著影响，具体而言，服务贸易出口技术复杂度与经济增长之间存在显著正相关关系，服务贸易出口技术复杂度越高，越是能够对经济增长起到促进作用。

（四）稳健性检验结果

为了进一步检验前述回归估计结果的稳定性和可靠性，并且为了与前述各章保持逻辑一致的研究方法，接下来采用两种方法对前述计量结果进行稳健性检验。一是继续借鉴 Kwan（2002）提出的测度制成品出口技术复杂度的方法[①]，重新测算样本期内各样本国家的服务出口技术复杂度指数，作为被解释变量进行进一步的稳健性分析。二是为了尽可能地解决可能存在的内生性问题，我们继续以样本期内的2005 年为基期的不变人均产出计算服务出口技术复杂度，从而进一步弱化当期人均收入的可能内生性影响。据此对动态面板数据计量模型（7-1）进行重新估计，所得结果如表 7-3 和表 7-4 所示。

表 7-3　　　　　　　　　　稳健性结果

被解释变量 \\ 解释变量	实际人均 GDP 增长						
	(1)	(2)	(3)	(4)	(5)	(6)	(7)
CSI（滞后一期）	0.041 *** (0.01)	0.039 *** (0.01)	0.038 *** (0.01)	0.040 *** (0.01)	0.038 *** (0.01)	0.037 *** (0.01)	0.039 *** (0.01)
GDP（滞后一期）	—	0.0017 * (0.06)	0.0016 * (0.09)	0.0018 * (0.07)	0.017 * (0.06)	0.0016 * (0.07)	0.0018 * (0.07)

① Kwan, C. H., (2002), "The Strength of 'Made in China' Viewed from American Market" [J]. International Economic Review, 2002, (8), pp. 5-12.

续表

被解释变量	实际人均 GDP 增长						
解释变量	(1)	(2)	(3)	(4)	(5)	(6)	(7)
HR	—	—	0.039** (0.03)	0.037* (0.06)	0.037* (0.06)	0.036* (0.07)	0.038* (0.08)
Physical	—	—	—	0.025* (0.07)	0.023** (0.03)	0.026** (0.05)	0.026** (0.05)
EX	—	—	—	—	0.022** (0.03)	0.020** (0.03)	0.023* (0.07)
FDI	—	—	—	—	—	0.0049* (0.07)	0.0047* (0.06)
Infrastructure	—	—	—	—	—	—	0.014** (0.03)
常数 C	-0.51*** (0.01)	-0.55*** (0.01)	-0.56*** (0.01)	-0.53*** (0.01)	-0.50*** (0.01)	-0.52*** (0.01)	-0.52*** (0.01)
Wald-χ^2统计量	108.35 (0.00)	109.33 (0.00)	111.35 (0.00)	122.18 (0.00)	123.46 (0.00)	125.21 (0.00)	128.36 (0.00)
Sargan 检验	128.13 (0.401)	127.36 (0.396)	136.11 (0.431)	129.15 (0.406)	134.28 (0.421)	133.17 (0.419)	129.43 (0.408)
AR(1)检验 p 值	0.1203	0.0328	0.0916	0.0844	0.2104	0.1318	0.0977
AR(2)检验 p 值	0.3855	0.4012	0.5033	0.5129	0.6353	0.5743	0.5418

注：估计系数下方括号内的数字为相伴概率，其中"*"、"**"和"***"分别表示10%、5%和1%的显著性水平。

表7-3的检验结果即以 Kwan（2002）提出的测度制成品出口技术复杂度的方法，重新测算样本期内各样本国家的服务出口技术复杂度指数，作为被解释变量进行回归分析所得。比较表7-3和表7-2的回归结果可以发现，尽管相同变量的回归系数值的大小略有变化，但是就变量影响的方向性及显著性而言，并无实质性差异，从而说明了前述回归分析结果的稳健性。

表 7 - 4   稳健性结果

被解释变量	实际人均 GDP 增长						
解释变量	(1)	(2)	(3)	(4)	(5)	(6)	(7)
ES（滞后一期）	0.038 *** (0.01)	0.036 *** (0.01)	0.038 *** (0.01)	0.036 *** (0.01)	0.037 *** (0.01)	0.038 *** (0.01)	0.036 *** (0.01)
GDP（滞后一期）	—	0.0022 * (0.06)	0.0021 * (0.07)	0.0021 * (0.07)	0.0020 * (0.06)	0.0021 * (0.08)	0.0023 * (0.06)
HR	—	—	0.036 ** (0.03)	0.035 * (0.06)	0.033 * (0.09)	0.033 * (0.07)	0.036 * (0.06)
Physical	—	—	—	0.021 * (0.07)	0.019 ** (0.06)	0.018 ** (0.03)	0.018 ** (0.05)
EX	—	—	—	—	0.022 ** (0.04)	0.023 ** (0.05)	0.023 * (0.08)
FDI	—	—	—	—	—	0.0055 * (0.07)	0.0053 * (0.06)
Infrastructure	—	—	—	—	—	—	0.012 ** (0.03)
常数 C	−0.46 *** (0.01)	−0.43 *** (0.01)	−0.41 *** (0.01)	−0.42 *** (0.01)	−0.47 *** (0.01)	−0.41 *** (0.01)	−0.48 *** (0.01)
Wald-χ^2 统计量	113.22 (0.00)	112.59 (0.00)	109.58 (0.00)	123.35 (0.00)	131.09 (0.00)	128.77 (0.00)	125.69 (0.00)
Sargan 检验	131.26 (0.486)	129.33 (0.412)	132.36 (0.491)	127.58 (0.391)	128.79 (0.396)	131.66 (0.485)	135.97 (0.512)
AR(1)检验 p 值	0.3012	0.0646	0.0734	0.1856	0.2473	0.14532	0.0933
AR(2)检验 p 值	0.6443	0.3253	0.7453	0.6326	0.5732	0.5028	0.5133

注：估计系数下方括号内的数字为相伴概率，其中" * "、" ** "和" *** "分别表示10%、5%和1%的显著性水平。

表 7 - 4 即以样本期内的 2005 年为基期的不变人均产出计算服务出口技术复杂度作为关键的解释变量，对动态面板数据计量模型（7 - 1）进行估计所得。比较表 7 - 4 和表 7 - 2 的回归结果容易判断，结果依然是稳健的。

四、结论及启示

信息通信等科学技术的突飞猛进和广泛应用，以及全球服务贸易规则的实行，促进了世界各国服务贸易的迅猛发展。服务经济及其服务贸易的发展在一国（地区）的经济发展中扮演着越来越重要的作用。不言而喻，服务贸易的迅猛发展首先得益于科学技术的进步，从而使服务产品在本质上产生重要变化，这种变化不仅表现在更多的服务产品变得越来越具有"可贸易性"方面，同时也表现在服务产品技术内涵的提升上。技术进步对服务产品技术内涵变化所产生的影响，主要体现在两个方面：一是技术进步在传统服务部门的广泛运用，使传统服务产品的生产率得以不断提高，技术内涵得以不断提升；二是技术进步和技术创新及其在服务经济领域中的广泛运用，不断催生了许多新型服务产品的"诞生"，而新型服务产品的"诞生"，很大一部分正是表现为技术进步导致服务产品生产阶段的"可分离性"，具有不同技术内涵的生产阶段和环节的日益分解，无疑对服务产品技术内涵的提高产生了重要影响。正是在这一背景下，一个自然而然的问题便是：在服务贸易出口驱动型的经济增长模式中，服务贸易出口技术内涵是否也具有重要影响？对此，本章首先通过构建服务贸易出口技术复杂度指数，然后利用跨国面板数据，对服务贸易出口技术复杂度与经济增长的关系进行了实证分析，结果发现，服务贸易出口技术复杂度与经济增长之间存在着显著的正相关关系，即便在模型中将决定经济增长的其他变量作为控制变量纳入后，两者表现出来的前述正相关关系的显著性依然成立。这一研究结论与 R. Hausmann 等（2005）对制成品出口技术复杂度的经济增长效应进行研究时所得结论基本一致。这一研究结论具有十分重要的政策含义，它意味着，除了大力发展制成品出口贸易及其提升制成品出口技术复杂度之外，服务贸易出口技术复杂度的提升，同样能够促进一国（地区）的经济增长，是促进经济增长及其实现经济增长模式转型的重要且可行的路径之一。

自改革开放以来，中国以其丰富廉价的劳动要素禀赋特点融入经济全球化进程，积极参与国际分工，通过大力发展对外贸易充分发挥了劳动力禀赋优势，并带动了中国经济的"腾飞"。但是长期以来，以制成品特别是劳动密集型产品的大量出口为主要驱动力的"粗放型"发展方式已面临一系列现实约束，经济发展方式转型升级迫在眉睫。为此，中共中央关于制定国民经济和社会发展第十二个五年规划的建议中指出："加快转变经济发展方式，大力发展服务贸易，促进出口结构的转型升级"，特别地，在世界经济结构不断调整，以及服务贸易的发展状况日益成为衡量一国参与国际竞争能力的重要指标之一的大背景下，从服务贸易出口技术内涵的角度，探寻中国对外贸易发展方式转型及其经济发展的新动力，有着重要的现实指导意义。应该说，改革开放以来中国在制成品贸易的发展上取得了巨大成就，然而服务贸易的发展却成了我们的"小舢板"。因此，大力发展服务贸易的紧迫性，以及服务贸易作为转变中国外贸发展方式的重要内容之一，似乎已经成为理论和实践部门的共识。诚然，服务贸易的发展的确可以起到协调、优化中国贸易结构（货物贸易和服务贸易比重），以及利用服务贸易优于货物贸易的某些固有特征从而在一定程度上实现中国外贸发展方式转变的目标。但与此同时，我们还必须清醒地认识到，服务贸易本身也存在着增长方式问题，不同的服务产品同样具有技术内涵的差异性，忽视了这一点，"重量不重质"地大力发展服务贸易，很可能会使中国外贸发展方式在未摆脱目前制成品"粗放型"发展模式的同时，服务贸易本身又陷入"比较优势陷阱"的可能性。而本章前述研究结论已经表明，通过发展服务贸易来驱动经济增长，不仅来自"量"的扩张上，同时"质"的提升也具有非常重要的意义。在官产学界都大力呼吁发展服务贸易的同时，我们还应注重提升服务贸易出口技术复杂度，这样，才能更好地有助于中国加快转变经济发展方式，促进中国经济又好又快地发展。为此，我们应着力从以下几个方面进行努力：（1）由于决定服务贸易技术内涵变化的主要因素在于人力资本，因此，从提升中国服务贸易技术复杂的具体措施来看，我们应以开放的姿态和思路加强服务贸易领域人力资本的积累。这意味着，我们不仅要通过加强教育和培训等培养高端人力资本，在开放条件下特别是要素可跨国流动条件下，还应通过扩大开放领域、完善服务市场机制以及采取优惠的政策等，吸引服务经济领域"外智"的流入。（2）此外，基础设施、相关和支持性产业的发展、知识积累、技术创新和技术进步、政府的支持等，也是决定具有较高技术内涵的现代新型服务贸易比较优势的重要因素，要注重这些关键要素的培育和积累。（3）应当看到，本轮全球金融危机过后，作为服务贸易重要组成部分和主要增长引擎的服务外包，在发达国家跨国公司"归核化"发展战略下，必然得到更快发展，更多和更为高级的生产环节、工序以及服务流程等将"外包"给发展中国家。这无疑为中国承接国际服务外包、促进服务贸易的快速发展和转型升级带来了重要战略机遇。我们应抓住在后危机时代新一轮全球服务经济结构调整和转移带来的战略机遇，推进中国服务贸易转型升级和提高出口技术复杂度。当然，如何在实现中国服务贸易出口量增长的同时，不断提升其出口技术复杂度，进一步地具体探讨已经超出了本章的范围，这是一个值得深入研究的大课题。

第八章 服务出口复杂度的经济增长质量效应

本章借鉴测度服务出口技术复杂度的最新方法，在测算了包括中国在内的 35 个国家服务出口技术复杂度指数基础之上，利用 2000~2013 年跨国面板数据，计量检验了服务出口技术复杂度对经济增长 "质" 的影响。结论表明，无论是以全要素生产率作为经济增长质量的替代变量，还是以劳动生产率作为替代变量，服务出口技术复杂度对经济增长的 "质" 均表现出显著积极的影响，即服务出口技术复杂度越高，对经济增长质量的促进作用越明显。与现有文献所发现的服务出口技术复杂度对经济增长 "量" 具有显著积极影响的结论相对应，本章补充验证了服务出口技术复杂度对经济增长 "质" 的显著正向影响。此外，本章研究还发现，人力资本、创新能力、贸易开放度以及利用外资等均对经济增长质量提升具有促成作用。研究结论对于亟待转变经济发展方式以提高经济发展质量和效益的中国而言，如何依托服务出口技术复杂度提升这一重要途径以助推上述目标实现，有着极为重要的实践意义和政策意涵。

一、问题提出

出口贸易和经济增长之间的关系是国际经济领域中经久不衰的话题，且较为一致的观点认为，出口对经济增长具有重要的推动作用。由于传统经济理论对经济增长的研究，大多聚焦于从农业驱动向工业驱动的转型，即制造业通常被看作是经济增长的 "引擎"，因此，针对开放条件下出口贸易与一国（地区）经济增长关系的研究，也主要侧重于对制成品出口驱动型的经济增长分析，而对服务贸易的关注则相对较少。然而，第二次世界大战后全球产业结构的演进，尤其是发达经济体产业结构的不断 "软化"，加之信息通信技术的迅猛发展以及全球服务贸易规则的推行，近年来全球服务贸易得到了迅猛发展，并且其增速超过了货物贸易的增速，从而使全球贸易结构正逐渐地向服务贸易倾斜。联合国贸发会议统计数据库（UNCTAD Statistics）的统计数据显示，1980 年全球服务贸易出口总额仅为 3957 亿美元，而到 2013 年全球服务贸易出口总额攀升至 4.62 万亿美元。毋庸置疑，在全球经济和产业结构不断升级背景下，服务贸易作为服务经济的重要标志，其发展状况也日益成为衡量一国（地区）参与全球竞争与合作能力的重要指标。这一实践性的变化使越来越多的有识之士认识到，作为驱动经济增长重要力量之一的所谓出口贸易不再仅仅限于货物出口，服务贸易出口同样正在发挥着越来越重要的作用。在此背景下，近年来针对服务贸易与经济增长之间关系的研究，越来越成为理论界关注的热点。但现有研究主要侧重于从"量"的角度展开，而较少涉及"质"的问题（Rudolf et al.，2013①）。换言之，现有文献既较少关注服务贸易出口对经济增长"质"的影响研究，又没有从服务贸易出口"质"的视角探讨其对经济增长"质"的影响。有鉴于此，本章力图从服务出口复杂度的视角，借鉴目前国内外学术界普遍采用的服务出口复杂度最新测度方法，利用包括中国在内的跨国面板数据，实证检验服务出口的"质"是否影响了经济增长的"质"，从而对现有研究文献进行补充和拓展。研究所得结论不仅有助于我们深化理解服务出口复杂度与经济增长质量之间的关系，而且对于亟待转变经济发展方式以提高经济发展质量和效益的中国而言，如何依托服务业发展进而服务出口复杂度提升这一重要途径以助推上述目标的实现，也有着极为重要的实践意义和政策启示。

二、文献回顾

综观近年来国内外针对服务贸易与经济增长关系的现有研究文献，主要集中于三个方面：一是从将服务贸易作为整体对象进行研

---

① Rudolf Adlung and Hamid Mamdouh，（2013），"How to Design Trade Agreements in Services：Top Down or Bottom Up?"，WTO Working Paper No. ERSD‐2013‐08.

究，探讨其对经济增长的影响；二是研究某一特定部门的服务贸易，对经济增长所产生的可能影响；三是考察特定服务贸易模式对经济增长的影响。

就第一个方面开展的研究而言，主要借鉴研究货物贸易出口对经济增长的既有思路，简单地将服务出口视为一般的商品出口，对不同部门的服务贸易和不同服务贸易模式也不加区别。例如，在理论研究层面，Robinson 等（2002）采用可计算一般均衡模型探讨了服务贸易自由化所能产生的经济增长效应[1]。继 Robinson 等学者的研究之后，许多学者从实证层面探讨了服务贸易出口对经济增长的影响，并取得了十分丰富的成果。Lewis 等（2003）[2] 通过选取 10 个国家（地区）的 11 个部门进行截面数据分析，结果发现，服务出口影响经济增长，不仅表现为直接导致服务产出的增加，并且还会通过产业关联效应，影响了其他产业部门产出增加进而产生了间接经济增长效应，尤其是服务出口能够带动本国服务业规模扩张（包括生产者服务业），从而对制造业的发展进而经济增长产生极为重要的推动作用。Rutherford（2004）对俄罗斯加入世界贸易组织效应进行定量评估时指出[3]，服务贸易壁垒降低具有促进经济增长的内在机制，因此，俄罗斯加入世界贸易组织将会通过促进服务贸易的发展而有利于其经济增长。Bosworth 等（2007）的研究甚至认为[4]，印度服务贸易的快速发展推动了服务业增长乃至服务业生产率的提升，而服务业增长和服务业生产率的提升对印度经济的全面增长无疑具有重要的推动作用。国内方面，危旭芳（2004）探讨了中国服务贸易与经济增长之间的

---

[1] Robinson, S, Wang, Z & Martin, W., (2002), "Capturing the implications of services trade liberalization" [J]. Economic System Research, 14 (1): 3 – 33.

[2] Lewis, J. D., Robinson, S. and Thierfelder, K., (2003), "Free Trade Agreements and the SADC Economies" [J]. Journal of African Economies, 2003, 12 (2): 156 – 206.

[3] Rutherford, Thomas F. (2004). Learning on the Quick and Cheap: Gains from Trade through Imported Expertise [DB]. NBER working paper No. 10603.

[4] Bosworth, Barry Susan M. Collins and Arvind Virmani. Sources of Growth in the Indian Economy [DB]. NBER paper No. 12901, 2007.

关系①，采用普通最小二乘法（OLS）进行的实证分析表明，中国服务贸易与经济增长之间存在显著正相关关系；类似地，曹吉云（2007）②、韩振国（2009）③、姚星等（2010）④、曹标等（2014）⑤的研究也得出了极为相似的结论。

就第二个方面的研究而言。理论层面上，Hoekman 等（2006）的研究指出⑥，如同货物贸易出口一样，服务贸易出口同样能够成为一些国家（地区）的经济增长发动机，甚至其作用机制更强于货物贸易出口。这是因为，一国（地区）参与全球竞争与合作的能力，最终要落实在国际化企业的竞争能力上，而在当前社会分工日益细化的情况下，企业竞争能力的高低很大程度上取决于服务投入的成本和质量的高低，换言之，不同服务投入，如金融、电信、运输、分销服务等，对企业成本的降低和竞争力提升作用可能不一。而服务贸易的发展有助于不同部门服务发展，从而最终有利于经济增长。经验层面上，Francois 等（2000）⑦ 运用主要宏观经济变量、贸易开放度以及金融部门发展状况对经济增长进行解释时，研究发现，金融服务贸易领域自由化发展对经济增长具有显著的促进作用；Khoury（2004）⑧

---

① 危旭芳：《服务贸易对我国 GDP 增长贡献的实证研究》，载《财贸经济》2013年第 3 期。

② 曹吉云：《我国服务贸易与经济增长关系的再探讨》，载《国际商务》2007 年第 4 期。

③ 韩振国：《我国服务贸易出口对经济增长的影响研究》，载《国际贸易问题》2009年第 3 期。

④ 姚星、黎耕：《服务贸易自由化与经济增长的关系研究》，载《国际贸易问题》2010 年第 7 期。

⑤ 曹标、廖利兵：《服务贸易结构与经济增长》，载《世界经济研究》2014 年第 1 期。

⑥ Hoekman, Bernard and Aaditya Mattoo, (2006). "Services, Economic Development and the Doha Round: Exploiting the Comparative Advantage of the WTO" [DB]. mimeo: 126 – 139.

⑦ Francois, J., and Schuknecht, L., (2000), "International Trade in Financial Services, Competition, and Growth Performance", Centre for International Economic Studies, No. 6, 2000.

⑧ Khoury, A. C., (2004), "The Effect of Globalization of Trade in Services on Economic Growth: a Simultaneous Econometric Analysis", Ph. D. Dissertation, Oklahoma State University, 2004.

使用联立方程模型（包括电信和金融服务的需求和供给方程）对 64
个国家（地区）的服务贸易自由化的经济增长效应进行估计，结果
表明，中低收入水平的国家（地区）会从电信和金融服务部门的开
放中获得更高的经济增长绩效。Fixler 和 Siegel（2004）[1] 经验分析了
一些特定部门的服务贸易出口和服务外包对经济增长的推动作用。
Mattoo（2008）[2] 对金融和通信服务贸易自由化效应进行实证研究后
指出，金融和通信服务贸易的开放是驱动经济长期增长的重要力量之
一。类似的研究如 Blinder（2006）[3]、Weiss（2010）[4] 以及 Fung
（2013）等，分别对特定部门服务贸易自由化的经济增长效应进行了
经验分析。

就第三个方面的研究而言。根据服务贸易总协定的解释，服务贸
易包括境外消费、过境交付、自然人流动及商业存在四种模式。总体
来看，现有从服务贸易模式角度探讨其对经济增长影响的文献，主要
集中于服务业 FDI 的流入（即商业存在）以及自然人流动对一国
（地区）经济发展的影响。Whalley 等（1984）[5] 较早研究了劳动力
的跨境流动对全球经济所能产生的影响，研究指出，在劳动力可跨
境自由流动情形下，不同国家（地区）劳动边际产品价值的差异性
会促使劳动力从低报酬地区流向高报酬地区，这一作用机制会使劳
动力资源在全球范围内实现优化配置，从而促进经济增长。Hauser

① Fixler Dennis, and Donald Siegel, (2004), "Outsourcing and Productivity Growth in Services" [J]. Structural Change and Economic Dynamics, 2004, 10 (6): 177 – 194.

② Mattoo, Aaditya, (2008), "Services Trade and Growth" [DB]. World Bank Policy Research Working Paper No. 4461.

③ Blinder, Alan (2006), "Offshoring: The Next Industrial Revolution?" [J]. Foreign Affairs, 85 (2): 113 – 128.

④ Weiss, John, (2010) "Changing Trade Structure and Its Implications for Growth" [J]. World Economy, 2010, 11 (7): 36 – 49.

⑤ Whalley, Bob Hamilton, (1984), "Efficiency and Distributional Implications of Global Restrictions on Labor Mobility: Calculations and Policy Implications" [J]. Journal of Development Economics, 14 (1 – 2) January-February: 61 – 75.

等（2003）[①] 的研究指出，如果发达经济体允许非熟练劳动力自由进出入其劳动力市场，那么由此所能产生的经济增长效应可能强于任何形式的贸易自由化所带来的收益。Ruotinen 等（2008）[②] 计量分析了服务业 FDI（即商业存在）所具有的技术溢出效应，研究指出，服务业 FDI 与商品领域 FDI 相比所能产生的技术外溢效应大体相当，从而对东道国尤其是发展中国家具有显著推动作用。其他许多基于不同国家和不同样本期间的实证研究也基本证实了服务业 FDI 对经济增长具有的显著积极作用（Sharmistha，2003[③]；Horst，2007[④]；Han，2011[⑤]）。

综上可见，现有文献要么从整体考察服务贸易自由化对经济增长的作用，要么从特定部门或服务贸易模式角度考察其经济增长效应，这虽然对于我们深化认识服务出口与经济增长之间关系具有重要参考和借鉴意义，但仍然存在进一步拓展的必要和空间。R. Hausmann 等（2007）[⑥] 在研究制成品出口技术含量的经济效应时曾发现：一国选择出口什么至关重要，即，出口更高技术含量制成品的国家（地区）往往能够获取更高的经济增长绩效。这一发现同样也存在于服务出口

① Hauser, Philip M.; Palmer, Gladys L.; Myers, Charles A., (2003), "Labor Mobility and Economic Opportunity", MIT Press.

② Ruotinen, Jukka, (2008), "Essays in trade in service: difficulties and possibilities", Academic Dissertation, Helsinki School of Economics, A – 331.

③ Sharmistha B. S., (2005), "FDI in US Producer Services: A Temporal Analysis of Foreign Direct Investment in the Finance, Insurance and Real Estate Sectors", Regional Studies, 29 (2): 159 – 170.

④ Horst Raff and Marc von der Ruhr, (2007). "Foreign Direct Investment in Producer Services: Theory and Empirical Evidence", Applied Economics Quarterly (formerly: Konjunkturpolitik), Vol. 53 (3), 299 – 321.

⑤ Han. D. C, (2011). "A Study on the Impacts of Producer Services FDI on the Efficiency of Industrial Enterprises" [J]. Statistical Research, 2011, V28 (2): 65 – 70

⑥ Hausmann R., Huang Y. and Rodrik D. (2007), "What You Export Matters", NBER working paper No. 11905.

领域（Gable et al.，2011[①]），即服务出口复杂度对经济增长同样具有促进作用。而在我们看来，服务出口复杂度不仅对经济增长具有重要的促进作用，同时还会因为其技术内涵而影响到经济增长的质量。但遗憾的是，针对这一重要问题，迄今为止，仍然是一个鲜见研究的重要命题。有鉴于此，本章力图对现有研究文献进行补充和拓展，并在以下几个方面可能有所贡献：第一，在研究视角方面，与现有文献主要从"量"的角度开展研究不同，本章着重从"质"的角度探讨服务贸易与经济增长的关系；第二，在研究内容上，本章通过直接把服务出口复杂度与经济增长质量纳入一个回归模型中，以定量考察服务出口复杂度对经济增长质量的影响；第三，在经验研究方面，本章借鉴目前国内外学术界测度服务出口复杂度的通行做法，测算了35个国家（地区）的服务出口技术复杂度和经济增长质量，并在有效控制其他影响因素的情况下，计量分析了服务出口复杂度对经济增长质量的影响，所得结果不仅与我们的理论预期具有逻辑一致性，而且也丰富和发展了服务出口和经济增长之间关系的经验研究。

三、变量选取与模型设定

（一）被解释变量

由于本章着重关注服务出口技术复杂度对经济增长质量的影响，显然，基于这一研究目的，计量模型的被解释变量即经济增长质量。然而，将经济增长质量作为被解释变量时，如何测度经济增长质量，在学术界尚未形成统一认识和测度方法，因为不同学者基于不同的研究需要及其关注的侧重点不同，对经济增长质量的内涵理解进而采取

---

① Gable, S. L. and Mishra, S., (2011), "Service Export sophistication and Europe's new growth model", World Bank Policy Research Working Paper Series 5793.

的测度指标也不尽相同。例如，有些学者采用产业结构优化指标作为经济增长质量替代变量，有些学者则从资源环境视角界定经济增长质量，甚至还有学者从收入分配角度来探讨经济增长质量。然而，从长期来看，经济增长质量的提升实质上表现为效率提升，正如 Krugman（2009）指出的那样："生产率虽然不是全部，但从长期来看则近乎一切。"由于全要素生产率反映的是一定时期内国民经济各种要素投入与产出之间的关系，体现的是技术进步对经济发展作用的综合反映，因而采用全要素生产率作为经济增长质量的替代变量较为合适。况且，依据新经济增长理论的基本观点，要实现一个国家和地区经济健康、持续和快速发展，努力提高全要素生产率是重要途径和关键动力。据此，本章采用全要素生产率作为经济增长质量的替代变量（记为 TFP）。

(二) 解释变量

在解释变量的选取上，除了本章重点关注的服务出口技术复杂度这一因素外，考虑到回归结果的稳健性和可靠性，综合现有关于影响全要素生产率的研究文献，我们还在计量模型中纳入以下几个变量作为控制变量：人力资本（记为 HU）、创新能力（记为 RD）、贸易开放度（记为 EX）、利用外资额（记为 FDI）以及资本集中度（记为 CAP）。关于人力资本的测度，我们采用教育经费支出占 GDP 比重表示；关于创新能力的度量，我们采用研发经费支出占 GDP 之比表示；关于贸易开放度的测度，我们采用进出口总额与 GDP 之比表示；关于利用外资额的度量，我们采用外资存量额占 GDP 之比表示；关于资本集中度的测度，我们采用资本存量和就业人数之比表示。前述变量所使用的基础数据均来自 OECD 数据库。

据此，本章设定如下面板数据计量模型：

$$\text{TFP}_{i,t} = \alpha_0 + \alpha_1 \text{LnES}_{i,t} + \alpha_2 \text{HU}_{i,t} + \alpha_3 \text{LnCAP}_{i,t} + \alpha_4 \text{INN}_{i,t}$$

$$+ \alpha_5 EX_{i,t} + \alpha_6 FDI_{i,t} + \mu_t + \nu_i + \varepsilon_{i,t} \qquad (8-1)$$

其中，i 表示国家，t 表示时期（此处为年份），u 表示时期固定效应变量，ν 表示国家固定效应变量，ε 表示误差项，其余各变量符号如前所述。此外，由于不同变量水平值间存在巨大差异，因此，我们在计量分析过程中对服务出口技术复杂度变量（ES）和资本集中度变量（CAP）取了自然对数，Ln 即自然对数符号。需要说明的是，关于服务出口技术复杂度的测算及数据来源，为了保持本项目前后研究的逻辑一致性，此处仍保持着与前述各章一致的测度方法。

四、实证结果及分析

（一）OLS 估计结果

考虑到仅以所选样本自身效应为条件而进行的研究，因此，本章对前述计量模型（8-1）采用固定效应模型进行估计。此外，考虑到估计结果的稳定性，我们以服务出口技术复杂度作为基础解释变量，然后依次纳入其他控制变量进行回归，所得结果如表 8-1 所示。

表 8-1　　　　　　　　　　OLS 回归估计结果

被解释变量／解释变量	全要素生产率 TFP					
	(1)	(2)	(3)	(4)	(5)	(6)
ES	58.611 ** (2.70)	56.598 ** (2.73)	56.708 ** (2.76)	55.511 ** (2.78)	44.917 ** (2.69)	43.091 ** (2.67)
HU	—	0.444 *** (3.08)	0.446 *** (3.10)	0.426 *** (4.07)	0.192 *** (3.56)	0.182 *** (5.54)
RD	—	—	0.135 *** (3.08)	0.168 *** (3.108)	0.219 *** (5.16)	0.157 *** (4.12)

被解释变量 解释变量	全要素生产率 TFP					
	(1)	(2)	(3)	(4)	(5)	(6)
EX	—	—	—	9.346** (2.43)	7.138** (2.27)	7.527* (1.97)
FDI	—	—	—	—	0.416*** (3.09)	0.415*** (3.16)
CAP	—	—	—	—	—	4.870 (1.69)
常数 C	−58.711 (−1.68)	−67.987 (−1.71)	−69.059 (−1.74)	−61.835 (−1.75)	−50.205 (−1.65)	−49.184 (−1.66)
时间固定效应	Y	Y	Y	Y	Y	Y
地区固定效应	Y	Y	Y	Y	Y	Y
判决系数 R^2	0.3326	0.3895	0.4133	0.4628	0.4932	0.5015
样本观测数	490	490	490	490	490	490

注：*、**、***分别表示参数估计在10%、5%和1%水平下显著，参数估计下方括号内的数值为 t 统计量。

表8-1中第一列即以服务出口技术复杂度作为基础解释变量进行回归所得结果，而第二列至第六列是在依次纳入人力资本、创新能力、贸易开放度、利用外资额以及资本集中度等控制变量后估计所得。对表8-1的估计结果进行分析，我们可以得到以下几点结论：从第一列的计量回归结果来看，服务出口技术复杂度与经济增长质量之间呈现正相关关系，具体而言，服务出口技术复杂度指数的系数估计值为58.611，并且在5%的水平下显著。由于计量模型中对服务出口技术复杂度变量取了自然对数，前述结果也就意味着，服务出口技术复杂度相对增加1%时，经济增长质量（即全要素生产率）就会增长58.611个单位。显然，服务出口技术复杂度指数越高，经济增长的质量也就越高。在依次纳入其余控制变量后，如表8-1中第二列至第六列的结果所示，虽然服务出口技术复杂度变量的系数估计值大小有所改变，但其与以全要素生产率所表示的经济增长质量之间正相

关关系并未改变，并且均至少在5%水平下具有显著性。这一结果支持了我们前面的预期：服务出口技术复杂度的提高对经济增长质量具有重要的促进作用。

就其余控制变量而言，从第二列至第六列的回归结果可见，人力资本变量的系数估计为正，并且均在1%的显著性水平下具有积极影响，这意味着人力资本状况的改善是提升经济增长质量的重要影响因素。这一结果与现有理论也是相吻合的。从第三列至第六列的回归估计结果可见，研发经费支出占GDP之比表示创新能力变量回归系数估计值为正，并且均在1%显著性水平下呈积极影响，这意味着提升研发经费支出占GDP之比，对于提升经济增长质量具有积极意义。从第四列至第六列的回归估计结果来看，贸易开放度变量的系数估计值为正，并且至少在5%显著性水平下呈积极影响，这意味着贸易开放度的提高对于经济增长质量同样带来了有利影响。实际上，贸易开放度的提升意味着专业化分工程度的提高，而专业化分工水平的提升不仅有利于形成规模经济效应、加快资本积累以及提高资源配置效率，还会通过"斯密式"的技术进步而提升经济增长质量。这一点在有关贸易和经济增长的文献中已有广泛讨论并形成了一些较具代表性的观点，我们在此不再赘述。总之，就基于本章样本所进行的回归结果证实了，以外贸依存度所表示的贸易开放度对经济增长质量提升是具有促成作用的。从第五列至第六列的回归结果来看，外资利用额变量的回归系数估计值为正，并且均在1%显著性水平下呈积极影响。这一结果意味着外资企业对一国经济增长质量的提升具有一定程度的推动作用。异质性企业贸易理论表明，生产率是决定企业外向型发展的重要因素之一，具体而言，生产率最高的企业可以采取外向型发展战略，生产率次高的企业则只能留在国内经营，而生产率最低的企业则会被市场所淘汰。而在外向型发展企业之中，相对于采取出口方式的企业而言，采取对外直接投资的企业往往需要更高的生产率水平。依据异质性企业贸易理论，FDI的利用实际上也就意味着引进了具有更高生产率水平的企业，而外资企业作为国民经济的重要组成部分，显然，其自身生产率水平越高，越是有利于东道国经济增长质量的提升。从这一点来看，本章实证结果与现有文献具有内在的逻辑一致性。从第六列的回归结果来看，以资本存量和就业人数之比表示的资本集中度变量的回归系数虽然为正，但其并不具有显著性。这一结果意味着资本集中度的提升虽然对经济增长质量具有正向推动作用，但这种作用尚不具备显著性。这一结果与我们的惯常理解并不一致，即资本集中度的提高往往伴随着生产率水平提升。当然，导致这一结果的可能原因在于计量模型中因变量采用的全要素生产率而非劳动生产率，而资本集中度与生产率水平之间的传统关系更多的是指劳动生产率。

（二）FMOLS 估计结果

当然，使用 OLS 方法对计量模型（8 - 1）进行估计，可能会因变量间内生性问题的存在而使估计结果失效，因为服务出口技术复杂度与经济增长质量之间可能具有较强内生性，这不仅体现在服务出口技术复杂度会对以全要素生产率表示的经济增长质量产生影响，同时，经济增长质量的提升也会导致一国服务业发展方式转变进而服务出口技术复杂度的提高。为此，考虑到变量间可能存在的内生性关系，我们再采用完全修正最小二乘法（FMOLS）对上述计量模型（8 - 1）进行回归估计，所得结果报告如表 8 - 2 所示。

表 8 - 2　　　　　　　　　　FMOLS 回归估计结果

被解释变量 解释变量	全要素生产率 TFP					
	（1）	（2）	（3）	（4）	（5）	（6）
ES	2.198 ** （2.18）	2.244 ** （2.20）	2.091 *** （3.12）	2.210 ** （2.18）	2.299 ** （2.25）	0.818 *** （6.36）
HU	—	0.081 ** （2.40）	0.089 ** （2.44）	0.084 ** （2.42）	0.072 *** （3.35）	0.286 ** （1.98）

续表

被解释变量\解释变量	全要素生产率 TFP					
	(1)	(2)	(3)	(4)	(5)	(6)
RD	—	—	1.293 ** (2.63)	1.134 ** (2.42)	1.253 ** (2.60)	0.478 *** (3.53)
EX	—	—	—	4.450 ** (2.28)	3.291 * (1.97)	2.067 ** (2.31)
FDI	—	—	—	—	0.393 *** (4.41)	0.088 ** (2.42)
CAP	—	—	—	—	—	1.653 (1.07)
常数 C	-17.507 (-0.82)	-18.425 (-0.86)	-15.011 (-0.70)	-14.683 (-0.68)	-14.792 (-0.71)	-21.08 ** (-2.01)
DW 统计量	1.9326	1.8935	2.1014	1.9588	1.9637	2.0125
判决系数 R^2	0.3316	0.3674	0.3865	0.4011	0.4328	0.4952
样本观测数	490	490	490	490	490	490

注：*、**、*** 分别表示参数估计在 10%、5% 和 1% 水平下显著，参数估计下方括号内的数值为 t 统计量。

与表 8-1 呈列回归结果的逻辑一致，表 8-2 中第一列的回归结果是以服务出口技术复杂度作为基础解释变量进行回归所得，而第二列至第六列则是在依次纳入其他控制变量后进行回归估计所得。首先，将表 8-2 和表 8-1 的回归估计结果进行比较，不难看出，无论使用 OLS 方法还是使用 FMOLS 方法进行估计，作为基础解释变量的服务出口技术复杂度，各列回归结果表明均对经济增长质量具有显著正向影响；同样，作为控制变量的人力资本变量、创新能力变量、贸易开放度变量以及利用外资额变量，其系数估计值仍然为正，且至少在 10% 的显著性水平下对经济增长质量具有显著影响，而资本集中度变量的系数估计值虽然为正，但仍不具备显著性影响。抛开系数估计值的大小不论，前述结果与表 8-1 的估计结果保持了较好的一致性。其次，将表 8-2 中第一列与第二列至第六列的估计结果进行对比，不难看出，在纳入其他控制变量后，并没有改变服务出口技术复杂度系数估计值的正向性及其显著性，即服务出口技术复杂度作为基础解释变量，仍然显示出与经济增长质量具有显著正相关关系。这一点与表8-1的估计结果也是高度一致的，从而在一定程度上表明了估计结果的可靠性。至于其他控制变量的回归结果，表8-2报告的回归结果与表8-1报告的回归结果也基本一致，无论是系数值的方向性还是显著性，均未发生实质性改变，对此我们不再赘述。

(三) 系统 GMM 估计结果

由于经济增长往往具有惯性作用，即具有持续性特征，而从经济增长的质量角度来看，同样也是如此。因此，将经济增长质量的滞后项作为解释变量之一纳入前述计量模型（8-1）之后，相应地就有了下述动态面板数据模型：

$$TFP_{i,t} = \alpha_0 + \alpha_1 TFP_{i,t-1} + \alpha_2 LnES_{i,t} + \alpha_3 HU_{i,t} + \alpha_4 LnCAP_{i,t} +$$
$$\alpha_5 INN_{i,t} + \alpha_6 EX_{i,t} + \alpha_7 FDI_{i,t} + \mu_t + \nu_i + \varepsilon_{i,t} \qquad (8-2)$$

在动态面板数据模型（8-2）中，显然，由于解释变量中包括被解释变量的一阶滞后项，产生了与扰动项的相关；与此同时，经济增长质量与其他变量之间可能存在着反向因果关系，因此，普通的估计方法容易带来"动态面板估计偏误"。为此，接下来我们运用广义矩估计方法（GMM）对前述动态面板数据模型（8-2）进行估计。GMM 估计方法包括一阶差分（DIF-GMM）估计法和系统（SYS-GMM）估计法，相对而言，使用系统 GMM 估计法所得结果更为可靠。我们选择"一步法"系统 GMM 对动态面板数据模型（8-2）进行估计，所得结果呈列于表8-3。其中，表8-3最后几行给出了模型设定的主要检验结果：AR（2）统计量以及 Sargan 检验结果总体表明系统 GMM 估计是有效的。

表8-3   系统 GMM 回归估计结果

被解释变量 解释变量	全要素生产率 TFP					
	(1)	(2)	(3)	(4)	(5)	(6)
TFP (-1)	0.259 *** (5.55)	0.259 *** (5.53)	0.248 *** (5.32)	0.248 *** (5.31)	0.217 *** (4.58)	0.205 *** (4.31)
ES	1.564 ** (2.84)	1.571 ** (2.85)	1.273 ** (2.68)	1.383 ** (2.74)	1.444 ** (2.78)	1.412 ** (2.76)
HU	—	0.011 ** (2.05)	0.001 ** (2.01)	0.001 * (1.87)	0.122 ** (2.59)	0.115 ** (2.55)
RD	—	—	2.275 ** (2.32)	2.039 ** (2.02)	2.281 ** (2.27)	2.041 ** (2.02)
EX	—	—	—	3.503 ** (1.96)	2.699 ** (2.74)	3.544 * (1.92)
FDI	—	—	—	—	0.275 ** (2.93)	0.279 ** (2.99)
CAP	—	—	—	—	—	5.887 ** (2.05)
常数 C	-12.319 (-0.58)	-12.452 (-0.58)	-5.884 (-0.27)	-5.975 (-0.27)	-5.528 (-0.26)	-18.631 (-0.84)
样本观测数	420	420	420	420	420	420
Wald-χ^2统计量	104.06 (0.00)	108.24 (0.00)	108.18 (0.00)	114.44 (0.00)	115.60 (0.00)	115.83 (0.00)
Sargan 检验	144.23 (0.431)	143.33 (0.527)	143.48 (0.385)	138.21 (0.296)	137.41 (0.439)	134.68 (0.628)
AR (1) 检验 p 值	0.0684	0.1356	0.1555	0.1380	0.1429	0.1590
AR (2) 检验 p 值	0.5593	0.6014	0.7137	0.7973	0.8186	0.8487

注：估计系数下方括号内的数字为系数估计值的 z 统计量，其中"＊"、"＊＊"和"＊＊＊"分别表示10％、5％和1％的显著性水平。AR（1）和 AR（2）检验的原假设 H0 为"扰动项不存在自相关"，系统 GMM 估计的一致性，要求差分方程不存在二阶或者更高阶的自相关，但允许存在一阶自相关，原假设下统计量服从标准正态分布；Sargan 检验的原假设 H0 为"工具变量过度识别"，若原假设被接受，则表明工具变量的选择是合理的，原假设下统计量服从卡方分布。

与表8-1和表8-2呈列回归结果的逻辑仍然一致，表8-3中第一列至第六列报告的结果是在以服务出口技术复杂度和滞后一期的 TFP 作为基础解释变量，并依次纳入其余控制变量分别进行回归所得。根据表 8 - 3 中各列回归结果，我们可以总结出以下几点基本结论：第一，在所有各列回归结果中，作为解释变量的滞后一期经济增长质量，均在1%显著性水平下对当期经济增长质量具有显著正向影响，这一结果表明经济增长质量的确在一定程度上存在"持续性"特征。第二，在所有各列回归结果中，作为基础解释变量之一的服务出口技术复杂度，其系数估计值方向性及其显著性统计特征，大体而言，均与前述各表保持了较高一致性。这一结果意味着服务出口技术复杂度的确对经济增长质量具有显著正面影响，换言之，服务出口技术复杂度越高的国家，相应地其经济增长的质量也就会越高。第三，各列回归结果均表明，作为控制变量的人力资本变量、创新能力变量、贸易开放度变量以及利用外资额变量，均对经济增长质量产生了显著正向影响，表明这些影响经济增长质量的传统因素的确发挥了重要作用。第四，在最后一列的回归结果中，资本集中度系数估计值仍然不具备显著性，没有迹象表明其对经济增长质量具有显著积极影响。

(四) 稳健性检验

尽管全要素生产率具有更为全面的内涵，然而在实证研究中由于不同学者基于不同的研究目的和需要，采取不同的测度方法，且不同测度方法往往结果存在较为显著的差异，进而影响了实证结果的可靠性。为此，本节再利用与全要素生产率具有较高相关性，且经常被学术界借用考察一个国家和地区的技术或生产率水平的劳动生产率指标，作为被解释变量（本章采用 GDP 与就业人数之比作为变量测度，记为 LP），进行进一步的回归估计分析。相对而言，劳动生产率的测度较为直观和准确，有助于在一定程度上检验以全要素生产率作为被解释变量分析结果的可靠性和稳定性。利用劳动生产率作为被解释变量，采用系统 GMM 回归估计法进行的稳健性分析，所得结果如表 8 - 4 所示。

表 8 - 4   稳健性检验

被解释变量 解释变量	劳动生产率 LP					
	（1）	（2）	（3）	（4）	（5）	（6）
LP（-1）	0.297 *** （7.04）	0.297 *** （7.02）	0.296 *** （6.98）	0.296 *** （6.97）	0.296 *** （6.97）	0.279 *** （6.46）
ES	0.063 *** （6.26）	0.054 ** （2.19）	0.057 ** （2.16）	0.057 ** （2.69）	0.045 ** （2.33）	0.137 ** （2.60）
HU	—	0.020 ** （2.37）	0.022 ** （2.42）	0.022 *** （3.42）	0.021 *** （3.38）	0.034 ** （2.61）
RD	—	—	0.036 ** （2.33）	0.036 *** （3.13）	0.034 ** （2.31）	0.051 *** （3.47）
EX	—	—	—	0.031 ** （2.03）	0.028 ** （2.35）	0.218 *** （3.37）
FDI	—	—	—	—	0.012 * （1.86）	0.036 ** （2.29）
CAP	—	—	—	—	—	0.449 ** （2.97）
常数 C	13.013 ** （2.01）	15.289 * （1.89）	21.304 ** （1.98）	14.562 * （1.88）	22.196 * （1.91）	-11.466 （-1.21）
样本观测数	420	420	420	420	420	420
Wald-χ^2统计量	45.13 （0.00）	44.23 （0.00）	47.35 （0.00）	47.25 （0.00）	49.79 （0.00）	51.67 （0.00）
Sargan 检验	266.45 （0.437）	274.03 （0.529）	268.66 （0.416）	265.83 （0.315）	267.97 （0.513）	268.49 （0.493）
AR（1）检验 p 值	0.0697	0.1383	0.1586	0.1408	0.1458	0.1622
AR（2）检验 p 值	0.5707	0.6137	0.7283	0.8135	0.8353	0.8660

注：同表 8 - 3。

将表 8 - 4 的回归估计结果与前述各表的回归结果进行对比，不难看出，当我们将劳动生产率作为被解释变量时，作为基础性解释变量的劳动生产率滞后一期以及服务出口技术复杂度变量，均与以劳动生产率表示的经济增长质量保持了高度正相关性。表 8 - 4 的回归结果在一定程度上进一步说明，前述各表回归结果所揭示的服务出口技术复杂度对经济增长质量具有积极影响的结论是稳健的。至于其他控制变量，除了资本集中度变量外，回归所得结果与前述各表回归所得结果也基本一致，进而说明了前述有关控制变量的回归结果也是稳健的。唯一不同的在于，表 8 - 4 中资本集中度变量的系数回归值为正且具有了显著性，这一结果表明资本集中度对以劳动生产率表示的经济增长质量具有显著正向影响。出现这一差异性结果的可能原因正如前所述，劳动生产率的测算通常无法反映资本变量，而资本集中度则通常与劳动生产率存在密切关系。

五、简要结论及启示

本章采用目前学术界提出的测度服务出口技术复杂度的最新方法，利用 OECD 数据库中的基础数据，测算了包括中国在内的 35 个国家（地区）的服务出口技术复杂度。并以此作为基础解释变量，在有效控制人力资本、创新能力、贸易开放度、利用外资以及资本集中度等可能影响因素后，采用 2000～2013 年的跨国面板数据，计量检验了服务出口技术复杂度对经济增长质量的影响。研究结论表明：（1）服务出口技术复杂度对以全要素生产率表示的经济增长质量具有显著积极影响；（2）从其他控制变量来看，人力资本、创新能力、贸易开放度以及利用外资等，均对以全要素生产率表示的经济增长质量具有显著积极影响；（3）资本集中度虽然对以全要素生产率表示的经济增长质量没有显著的促进作用，但却对以劳动生产率表示的经济增长质量具有显著促进作用。

伴随全球经济结构的不断"软化"，以及服务贸易日益成为全球经济增长的新动力和衡量一国参与全球竞争和合作能力重要指标之一的大背景下，大力发展服务贸易已然成为各国的重要开放战略。然而，从"质"的角度来探讨服务贸易对经济增长的影响，本章的研究结论表明，服务出口技术复杂度对经济增长质量具有显著积极影响。这一结论也就意味着，如果服务贸易的发展重"量"而不重视"质"，很可能会陷入"扩张陷阱"，进而对经济发展方式的转变带来不利影响。从前述意义来看，本章研究所得结论不仅对于发达经济体具有重要的政策含义，对于包括中国在内的发展中经济体同样具有重要的政策意涵。加快转变经济发展方式，提升经济增长的质量和效益，是当前中国经济发展面临的重要形势和任务，而发展服务业则被视为实现前述目标的重要途径之一，对此，学术界和政策部门基本已形成共识。而服务业作为国民经济的重要组成部分，其对经济增长方式转变的带动作用不仅在于统计意义上的"产业结构"变迁，更在于其自身内涵的技术复杂度水平。而服务贸易作为服务业向国际市场延伸的直接反映，作为全球专业化分工的结果和表现，服务出口技术复杂度的高低不仅折射出服务业发展状况，更为重要的是，从贸易和产业发展的互动关系来看，它还会影响到服务业发展状况。统计数据显示，虽然中国服务业发展起步较晚，但发展速度较快，2012年就已"跻身"世界前三。但这种规模的快速扩张并未逻辑地带动复杂度的相应提升，中国服务贸易逆差主要集中于金融、保险等高端生产者服务部门的事实就是明证。因此，在服务业日益"全球化"和"碎片化"为我们发展服务贸易带来机遇的同时，也要谨防跌入"比较优势陷阱"的可能。换言之，我们在主张大力发展服务贸易的同时，不仅要注重"量"的扩张，更应注重"质"的提升。

至于如何提升中国服务出口技术复杂度水平，我们认为，从大的思路上来说，需要特别注意以下两个方面的问题：一方面，在服务贸易发展过程中特别需要注意不能盲目地在低端服务产业链上"铺摊子"，进而避免可能的"扩张陷阱"，避免出现类似于国内外学术界针对制成品出口讨论的所谓"低端锁定"。注重服务贸易发展战略和政策与产业发展的协调，充分发挥服务贸易对服务业发展的反向拉动作用，力图通过适当的服务贸易发展战略，如鼓励高复杂度的服务出口，来带动服务业发展水平的提升，从而实现服务业和服务贸易之间的良性互动。另一方面，应该通过鼓励发展知识和技术密集型服务部门，来促进服务出口技术复杂度水平的不断提升。而鼓励发展知识和技术密集型服务业，技术创新显然是最有效的途径。换言之，技术先行，是解决中国服务出口从低端向中高端不断攀升的有效路径，是中国促进产业转型升级（包括服务业自身转型升级）进而提升经济发展质量和效益的重要环节和步骤。当然，如何实现服务贸易部门的技术创新，除了需要在服务贸易部门积累更多具有创新能力的生产要素外，更为重要的是打造有利于创新的环境，包括制度环境。正如国内著名学者金碚（2013）研究指出①，中国创新能力不足虽是客观事实，但与其说创新能力不足是技术困境所致，还不如说是制度困境所致，缺乏创新能力的实质是缺乏激励创新的体制机制环境。为此，要鼓励个人、企业和科研院所敢于创新、勇于投入，关键在于对知识产权的有力保护，在于对创新主体的个人权益有力保护，在于让创新主体能够切实享受到创新成果带来的利益，保障创新主体的合法收益。这才是实现技术先行进而不断提升中国服务出口技术复杂度，从而提升经济增长质量和效益的持续和根本动力。

　　尽管本章采用最新方法测度了服务出口技术复杂度，并利用2000～2013年35个国家（地区）的跨国面板数据，实证探讨了服务出口技术复杂度对经济增长质量的影响，并得出了一些颇有价值的研究结论和政策意涵，但仍然存在一定不足之处，需要在今后的研究中进一步完善和拓展。一是加强机理机制的分析。服务出口技术复杂度如何能够影响经济增长质量？其具体的作用机理和机制是什么？能否从微观企业视角出发，讨论服务出口技术复杂度影响生产率的微观机制？等等，对于诸如此类问题的回答，还需要进一步的深入研究。二

---

① 金碚：《现阶段我国推进产业结构调整的战略方向》，载《求是》2013年第4期。

是进一步扩大样本分析范围。本章研究的样本大多是发达经济体，因此，今后的研究应不断扩大样本范围，纳入更多的发展中经济体，提升本章研究结论的一般性和可靠性。三是细化研究内容。大体而言，本章主要还是从总体层面上探讨服务出口技术复杂度与经济增长质量之间的"宏观"关系。这种影响是否会因不同服务部门而异？是否会对不同产业部门增长质量产生差异影响？对此，还需要专门探讨，进行进一步的细化研究。四是采用更加全面的经济增长质量测度指标。如前所述，不同学者基于研究目的、兴趣和关注点的不同，对经济增长质量的理解和测度指标也不尽相同。因此，进一步的研究需要采用更多的测度指标，探讨不同意涵下的经济增长质量是否以及如何受到服务出口技术复杂度的影响。这些都是我们今后开展研究的进一步努力方向。

第九章　服务出口复杂度的服务出口增长效应

本章通过构建理论模型，探讨了服务出口技术复杂度影响服务出口增长的可能作用机制，并形成了相应理论假说。在此基础上，借鉴国内外学术界目前普遍采用的最新方法，测算了包括中国在内的 35个国家 2000~2013 年的服务出口技术复杂度，进而利用跨国面板数据实证分析了服务出口技术复杂度对服务出口增长的影响。在有效控制人力资本、经济发展水平、有效汇率以及利用外资等因素后，计量检验结果表明，单纯的服务出口技术复杂度提升，对服务出口增长并无显著影响，但其与国际市场上人均收入水平的交互作用，则对服务出口增长具有显著推动作用。理论假说通过了较好的逻辑一致性计量检验。据此，中国服务贸易的发展应注重"技术先行"战略，以此推动服务出口技术复杂度的提升，如此，才能真正抓住服务"全球化"和"碎片化"深入演进的重要机遇，实现服务出口的"量质齐升"，避免跌入可能的"扩张陷阱"。

一、问题提出

自 20 世纪 90 年代以来，伴随全球产业结构的不断调整和转型升级，尤其是发达经济体产业结构的不断"软化"，全球通信技术革命的快速进步，以及全球服务贸易规则的不断推行，服务业只能局限于一国国内的格局被打破，从而呈现出服务业"全球化"和"碎片化"的重要发展趋势，并由此带动了全球服务贸易的迅猛发展。目前，全球服务贸易增长正在以超过货物贸易增长的速度在发展，从而使全球贸易结构逐步向服务贸易倾斜。联合国贸发会议统计数据库（UNCTAD Statistics）的统计数据显示，1980 年全球服务贸易进出口总额仅为 7306.04 亿美元，占同期全球货物贸易进出口总额 39341.9亿美元的比重为 18.57%，而到 2013 年全球服务贸易进出口总额快速攀升至 9.16 万亿美元，占同期全球货物贸易进出口总额 36.51 万亿美元的比重相应地上升至 25.08%。正是在此背景下，国内外学术界越来越多的有识之士认识到，服务贸易正成为带动全球贸易增长的"新引擎"，各国（地区）也均把服务贸易的发展状况视为一国（地区）参与全球合作与竞争能力的重要衡量指标之一。这一实践性的变化也使学术界对贸易问题的关注逐渐从传统的货物贸易向服务贸易领域转变。

那么，是何种因素推动了全球服务贸易的快速发展？对此，国内外学术界进行了广泛探讨并取得了丰硕成果。部分学者研究认为，全球产业结构升级是驱动全球服务贸易快速增长的根本因素（Imbs，2003[①]；McMillan，2011[②]），尤其是在全球产业结构大调整的过程中，新的世界经济结构不平衡发展，致使对国际服务的需求规模越来越大，从而使全球服务贸易有了很大增长潜力（Weiss，2010[③]；Ahern et al.，2014[④]）。也有学者认为，全球产业结构调整只是为服务贸易发展奠定了产业基础，而服务贸易能否开展，则取决于服务的可"贸易性"（Bartel et al.，2007[⑤]；Keller，2013[⑥]），因此，新科技尤其是信息技术革命使许多原先"不可贸易"的服务转化成"可贸易"的服务，才是推动全球服务贸易发展的根本力量（Beaudry et al.，2010[⑦]；Jens-

---

[①]　Imbs，J. and W. Romain，（2003）. "Stages of Diversification." American Economic Review 93（1）：63 – 86.

[②]　McMillan，M. and D. Rodrik，（2011）. "Globalization，Structural Change，and Productivity Growth"，NBER Working Paper 17143.

[③]　Weiss，J.（2010）. "Changing Trade Structure and Its Implications for Growth"，The World Economy，28（11）：1321 – 1346.

[④]　Ahern，K. and J. Harford，（2014）. "The Importance of Industry Links in Merger Waves." Journal of Finance，forthcoming.

[⑤]　Bartel，A.，I. Casey and K. Shaw，（2007）. "How Does Information Technology Affect Productivity?" Quarterly Journal of Economics 122（4）：1721 – 1758.

[⑥]　Keller，W. and S. Yeaple，（2013）. "Gravity in the Knowledge Economy"，American Economic Review，103（4）：1414：1444.

[⑦]　Beaudry，P.，M. Doms and E. Lewis，（2010）. "Should the Personal Computer Be Considered a Technological Revolution? Evidence from U. S. Metropolitan Areas." Journal of Political Economy 118（5）：988 – 1036.

en，2010 ①）。还有学者从全球货物贸易和全球对外直接投资的带动效应角度（Van，2013②；Nefussi③），以及产品内国际分工深入演进对"链接"不同生产区段和环节的"服务黏合剂"的内生需求角度进行了探讨（Blinder，2006④；Grossman，2008⑤）。

与全球服务贸易迅猛发展密切相关的一个客观事实是，近年来服务贸易的品种也在不断增多，且从传统和新型服务部门分离出来的服务新品种大多表现为技术和知识等高端要素密集型。世界贸易组织（WTO）发布的《2013 年世界贸易报告》表明，从全球服务贸易结构来看，以通信、金融、保险、计算机和信息服务等为代表的商业服务在全球服务贸易中增长最快，服务贸易结构正逐渐转向知识、智力和资本密集型的新兴服务贸易，昭示着未来产业进而服务贸易发展的重要趋势。由此，就服务贸易技术内涵的角度而言，我们不免提出这样一个问题：服务出口复杂度是否影响了服务出口增长？如果是，那么其中可能的作用机制是什么？然而，遗憾的是迄今为止，前述问题仍然是一个鲜见研究的重要命题。实际上，对于前述问题的回答具有重要的理论和实践意义：一方面，出口贸易对经济增长的积极作用基本已成理论和实践部门的共识，因此，从理论和实证角度研究服务出口复杂度对服务出口增长的影响，有助于我们理解服务出口复杂度对

---

① Jensen, J. B. and L. G. Kletzer, (2010). "Measuring Tradable Services and the Task Content of Offshorable Services Jobs." In Labor in the New Economy, edited by Katharine G. Abraham, James R. Spletzer, and Michael J. Harper, 309 – 35. Chicago: University of Chicago Press.

② Van, E. and B. Shepherd, (2013). "Services Trade, Regulation and Regional Integration: Evidence from Sectoral Data", The World Economy, 12 (6).: 28 – 51.

③ Nefussi, B. and C. Schwellnus, (2010). "Does FDI in manufacturing cause FDI in business services? Evidence from French firm-level data", Canadian Journal of Economics 43 (1): 180 – 203.

④ Blinder, A. S. , (2006). "Offshoring: The Next Industrial Revolution?", Foreign Affairs 85 (2): 113 – 128.

⑤ Grossman, G. M. , and R. H. Esteban, (2008). "Trading Tasks: A Simple Theory of Offshoring", American Economic Review, 98 (5): 1978 – 1997.

经济增长的影响。另一方面，探讨服务出口复杂度对服务出口的影响机制及其效果，为我们研究中国服务出口扩张和贸易发展方式转变，提供了新的思路，这对于进一步推动中国服务贸易发展实现"量质齐升"，进而避免可能的"扩张陷阱"具有重要的政策意涵。

二、文献回顾

从现有文献来看，直接研究服务出口复杂度对服务出口增长影响的文献还比较缺乏，但从技术内涵的视角研究产品质量与贸易关系的文献，能够为我们提供一些间接认识。

针对品质与贸易关系的文献，最早可追溯到林德的重叠需求理论（Linder，1961[①]），其研究认为，人均收入水平决定着一国消费者对产品需求的质量和档次，高收入的国家对高品质和高档次产品需求比重较高，低收入的国家对低品质和低档次的产品需求比重相对较高，因此，收入水平越相似的国家其需求重叠部分就越大，贸易基础就越雄厚。20世纪80年代，越来越多的经济学家开始关注品质与贸易问题，力图在理论层面上解释到底是什么因素决定了一国出口品品质水平。这一方面的代表性研究主要从两种思路展开：一种思路是从供给的角度开展研究，较为一致的观点认为，不同的国家出口不同品质的商品，主要是由于各自的要素禀赋结构不同，或者具有不同的技术水平即技术差异（Falvey et al.，1987[②]；Flam et al.，1987[③]）；而另一

---

① Linder, S., (1961). "An Essay on Trade and Transformation", Almqvist and Wik-sell, Stockholm.

② Falvey, R., and H. Kierzkowski, (1987). "Product Quality, Intra-Industry Trade and (Im) perfect Competition", in: Kierzkowski, H. (Ed.), Protection and Competition in International Trade, Basil Blackwell, Oxford, pp. 143 – 161.

③ Flam, H., and E. Helpman, (1987). "Vertical Product Differentiation and North-South Trade", American Economic Review, 77 (5), pp. 810 – 822.

种思路则是从需求的角度开展研究，研究认为进口国对品质水平的偏好，是决定贸易品品质的关键因素（Grossman et al.，1991[1]；Stockey，1991[2]；Murphy et al.，1997[3]）。例如，贫国和富国消费者的消费偏好差异，致使富国生产并出口更高品质的产品，即所谓的"质量边际"（Quality Margin）。

但是基于要素禀赋、技术差异以及偏好差异的理论模型，更多地适用于解释不同发展水平国家之间的贸易品质问题，而难以解释经济发展水平相似国家间的贸易品质问题，且偏重于宏观层面的分析。因此，最近有关品质和贸易关系的理论研究，则大多是建立在 Melitz（2003）[4] 的异质性企业贸易理论基础之上，考虑企业异质性对贸易模式的影响。一部分的学者研究认为，具有更高生产率的企业往往具有企业层面的技术优势，从而在高品质的产品生产上更具有低成本优势（Huergo et al.，2004[5]；Griffith et al.，2005[6]），与 Melitz（2003）的思想内核一致，此类模型称为"价格竞争"模型。但也有学者提出了不同观点，Schott（2004）的研究认为，产品的高价并不必然意味着高成本和低生产率，完全有可能源自高品质，因此考虑到品质差异后，高品质进而索取高价格的产品反而更富有出口竞争力。类似

---

① Grossman, G. M., andE. Helpman, (1991). "Innovation and growth in the global e-conomy". Cambridge, MA: MIT Press.

② Stockey, N. L., (1991). "The Volume and Composition of Trade Between Rich and Poor Countries", Review of Economic Studies, 58 (1): 63 – 80.

③ Murphy, K., and A. Shleifer, (1997). "Quality and Trade", Journal of Development Economics, 53, pp. 1 – 15.

④ Melitz, M. (2003): "The Impact of Trade on Intra-Industry Reallocations and Aggregate Industry Productivity", Econometrica, 71, pp. 1695 – 1725.

⑤ Huergo E. and J. Jaumandreu, (2004). "Firms' age, process innovation and productivity growth". International Journal of Industrial Organization. 22: 541 – 559.

⑥ Griffith, R., E. Huergo, J. Mairesse and B. Peeters, (2005). "Innovation and productivity across our European countries". presented at EARIE conference, Porto.

地，Baldwin 等（2011）[①]、Crozet[(2009)][②]以及 Kugler 等（2012）[③] 的理论模型分析同样认为，经过质量调整后的价格，如果消费者的偏好更侧重于"品质"水平，那么产品价格与出口竞争力的关系就会发生反转，即价格更高的产品出口反而更具有竞争力。这一类的理论分析称为"质量竞争"模型。

　　针对要素禀赋、技术差异以及偏好差异，在实证研究方面，Schott（2004）采用美国的细分贸易数据进行研究后发现[④]，以单位价值表示的出口品品质水平，的确与出口国人均 GDP 水平、资本劳动之比，以及生产的资本集中度水平等密切相关。同样，Hummels 等（2005）利用 76 个国家细分商品贸易数据的研究也发现[⑤]，出口产品的质量指数会随着出口国人均收入水平的提高而提高。国内学者施炳展（2010）采用三元边际的分解方法[⑥]，将出口价格视为出口品品质水平，研究认为中国出口品价格没有显著上升，主要原因可能在于出口品品质没有得到提升；但杨汝岱（2008）的研究却表明[⑦]，品质提升对中国出口增长有显著促成作用。Hallak（2006）[⑧] 则从需求层面对进口国人均收入水平与品质需求间的关系进行了实证研究，在考察了 60 个国家的双边贸易数据后发现，人均收入水平较高的国家会更

---

① Baldwin, R. E. and J. Harrigan, (2011), "Zeros, Quality and Space: Trade Theory and Trade Evidence", American Economic Journal: Microeconomics, 3 (1): 60 – 88.

② Crozet, M., K. Head, and T. Mayer, (2009). "Exporter prices, quantities, and cross-market sorting: Discriminating evidence from France", mimeo.

③ Kugler, M. and E. Verhoogen, (2012). "Prices, Plant Size, and Product Quality", The Review of Economic Studies, 79 (1): 307 – 339.

④ Schott, P. K., (2004). "Across-Product versus Within-Product Specialization in International Trade", Quarterly Journal of Economics 119 (2), 647 – 678.

⑤ Hummels, D. and P. J. Klenow, (2005). "The Variety and Quality of a Nation's Exports", American Economic Review, 95 (3): 704 – 723.

⑥ 施炳展：《中国出口增长的三元边际》，载《经济学（季刊）》2010 年第 4 期。

⑦ 杨汝岱：《中国工业制成品出口增长的影响因素研究》，载《世界经济》2008 年第 8 期。

⑧ Hallak, J-C. (2006), "Product Quality and the Direction of Trade", Journal of International Economics, 68 (1): 238 – 265.

多地从生产高品质产品的国家进口。类似地，Hummels 等（2004）[1]
以及 Baldwin 等（2008）的研究表明[2]，高品质的产品往往更容易出
口到远方市场，从而印证了历史上所谓的 Alchian-Allen 效应[3]（即所
谓的"好苹果反而销往外地"现象，Alchian 和 Allen 认为其主要原
因在于，运输费用的增加反而降低了高品质产品的相对价格，进而导
致其需求增加）。

　　伴随企业层面微观数据的可获性，从企业异质性角度对品质与贸
易关系的实证研究随之大量涌现。Manova 等（2009）[4] 采用中国企
业层面的微观数据来研究企业异质性对出口技术复杂度的影响，结果
表明，出口市场越是多元化的企业，索取的出口价格也就越高，从而
证实了"质量筛选"效应的存在。Verhoogen（2008）[5] 利用墨西哥
制造业出口企业的微观数据进行实证研究后发现，高品质的产品出
口企业往往拥有高级人力资本，并且通常具有更高的出口绩效。
Kugler 等（2008）[6] 基于哥伦比亚制造业出口企业的数据研究显
示，企业出口倾向与中间投入品和产出品的价格高度正相关，证实
了中间投入品与产出品之间的内在品质关系。Hallak 等（2008）[7]
通过对印度、美国、智利和哥伦比亚四国制造业出口企业的数据进

---

① Hummels, D., and A. Skiba, (2004). "Shipping the Good Apples Out? An Empirical Confirmation of the Alchian-Allen Conjecture", Journal of Political Economy, 112（6）: 1384 – 1402.

② Baldwin, R. E. and T. Ito, (2008). "Quality competition versus price competition goods: an empirical classification", NBER Working Paper No. 14305.

③ Alchian, A. A. and W. R. Allen, (1964), University Economics, Belmont, CA: Wadsworth Publishing Company.

④ Manova, K. and Z. Zhang, (2009). "Export Prices and Heterogeneous Firm Models", mimeo Stanford University.

⑤ Verhoogen E., (2008), "Trade, Quality Upgrading and Wage Inequality in the Mexican Manufacturing Sector", Quarterly Journal of Economics 123（2）, 489 – 530.

⑥ Kugler M, and Verhoogen E., (2008). "The Quality-Complementarity Hypothesis: Theory and Evidence from Colombia", NBER working paper No. 14418.

⑦ Hallak, J-C. and J. Sivadasan, (2008). "Productivity, Quality and Exporting Behavior Under Minimum Quality Requirements", mimeo.

行分析后发现，出口企业的品质选择与出口价格之间存在显著正相关关系。此外，Iacovone 等（2008）① 对墨西哥制成品出口企业进行研究发现，高品质产品出口企业索取的价格也相对较高，且这部分企业在开始出口之后的几年里，出口价格还有不断上涨趋势。总体而言，大量的实证研究表明出口贸易的"品质竞争"在企业层面是存在的。

综上可见，尽管现有文献针对产品质量与贸易关系做出了大量研究，并取得了十分有益的成果，但仍有进一步拓展的必要和空间：（1）虽然大多理论和实证研究表明，产品品质对出口具有重要影响，但其讨论主要还是集中在回答"是"与"否"的问题上，缺乏从品质角度探讨出口增长问题；（2）针对两者关系的现有研究，主要侧重于货物贸易尤其是制成品贸易，还缺乏对服务贸易的专门研究，这显然滞后于全球服务贸易快速发展的实践；（3）就服务贸易出口的影响因素而言，目前的研究也只是聚焦于对"决定因素"的分析，并没有考虑到服务出口增长问题，更没有从"质"的视角对服务出口增长问题进行研究。有鉴于此，本章力图首先在理论上明晰服务出口复杂度对服务出口增长影响的可能微观机制，并形成相应的理论假说，然后利用跨国面板数据对理论假说进行逻辑一致性计量检验，从而在前述几个方面对现有文献做出拓展和边际贡献。

三、理论模型与待检验假说

本节力图从理论上明晰服务出口技术复杂度影响服务出口增长的可能作用机制。一般而言，技术内涵更高的服务通常会索取更高的价

---

① Iacovone L. and B. Javorcik，（2008），"Shipping Good Tequila Out：Investment，Domestic Unit Values and Entry of Multi-product Plants into Export Markets"，mimeo University of Oxford.

格，但与此同时，技术内涵的提升也会改变消费者的需求偏好水平。因此，综合来看，服务出口技术复杂度会通过下述几个方面的主要作用机制，影响着服务出口增长。

一是价格作用机制。由一般的经济学原理常识可知，当一种商品的价格上升时，其需求量通常会相应下降。但是由于销售总收入是销售量和销售价格的乘积，因此，在"价升量跌"的共同影响下，其结果是不确定的，更多地可能要取决于需求弹性。显然，这一原理同样适用于贸易品。具体到服务出口而言，价格上升的效应会有利于出口收入的增长，但是价格上升所带来的需求量下降又会对出口收入增长产生反向作用。因此，在这两股力量相反作用下，一国服务出口技术复杂度的提升，到底是会促进服务出口增长，还是抑制服务出口增长，也是具有不确定性的。如果不求严格，我们承认服务出口技术复杂度的提升相应地会索取更高出口价格的话，那么就可以简单地将服务出口技术复杂度提升等同于出口价格的提升。这也就意味着单纯从服务出口技术复杂度自身看，而不考虑其他影响因素，那么其对服务出口增长的影响具有不确定性。

二是需求偏好作用机制。当然，前述着重于从价格作用机制的分析，对需求量的影响更多的是基于原有偏好之上，即在消费者的偏好水平不变情况下，价格上升通常会引发消费需求量的下降。然而，当一种产品的价格上升是由于内涵的技术水平变化所导致时，那么此时单纯从价格变化的角度考察就会有失全面。这是因为，从产品异质性角度看，产品或服务的技术内涵提升后，实质上可以看成是有别于以往的一种"新"产品，而面对这种新产品，消费者的偏好水平会有所不同。通常而言，在价格相同的情况下，消费者对技术内涵更高的商品或者服务，需求偏好亦会更强烈。显然，这是一种正向的作用机制。基于这一意义，一国服务出口技术复杂度的提升，会改变国际市场上消费者的需求偏好，或者说强化国际市场上消费者的偏好水平，进而引发需求量的扩大。如果单纯考虑这种需求量的扩大，无疑又会对服务出口增长产生重要的促进作用。

三是收入提升作用机制。实际上，消费者的需求偏好水平和层次，与收入状况密切相关，这一点早已在经典的需求偏好理论中得到说明（Linder，1961）。无论是从有形商品的不同技术和品质水平来看，还是从有形的商品消费需求向无形的服务消费需求演进来看，都是如此。即随着人们收入水平的提高，消费者对产品消费的品质和技术水平要求越来越高，用于购买技术内涵和品质水平更高的产品支出会增加；随着人们收入水平的提高，在消费者的支出比重中，服务消费所占比重就会越来越高。基于这一意义可知，收入提升会强化消费者对更高技术内涵的服务消费需求偏好水平，从而引发需求量的上升。这是一种正向作用机制。因此，一国服务出口技术复杂度的提升，在国际市场收入水平提升进而强化消费者需求层次的作用下，服务出口也会相应增加。

当然，较之于一般商品而言，服务所具有的一个特征就是，其需求的价格弹性和需求的收入弹性往往与其他商品略有差异。具体来说，服务需求的价格弹性相对较小甚至较为缺乏弹性，换言之，消费者对服务价格的变化不太敏感，服务价格的上升往往不会导致服务需求量的大幅下降。这一点无论在理论分析和实证研究中，都基本成为共识（Houthakker et al.，1966；Summer，1985）。与服务需求的价格弹性较小不同，服务需求的收入弹性往往较大或者说富有弹性，尤其是收入提高时会带来服务需求的大幅增加。这一点在既有的理论和实证研究中基本上也得到了学术界一致认可（Fuchs，1968；Favvy et al.，1996）。因此，如果考虑到服务本身所具有的有别于一般商品的前述特性，那么结合以上三种作用机制的分析，我们可以得到以下两个推理假说：

假说9-1：单纯的服务出口技术复杂度的提升，通常会逻辑地带动出口价格的上升，而在价格上升的作用机制下，连同由此所导致的需求下降，共同影响着服务出口增长，但由于价格上升作用机制的影响正向的，需求下降作用机制的影响是逆向的，因而最终结果具有不确定性。

假说9－2：服务出口技术复杂度的提升，会强化国际市场消费者的需求偏好，尤其是在收入水平提高的情况下，需求偏好的作用机制会得到进一步加强，结合服务需求价格的弱弹性以及收入的强弹性的特征，可以预期，即便由于服务出口技术复杂度的提高而使得价格相应上升，服务的国际市场需求量大有可能出现"不减反增"的变化，从而引发服务出口增长。

四、计量模型、变量测度及数据说明

前述关于服务出口技术复杂度影响服务出口增长的作用机制分析，从而形成的两种可能的研究假说，主要还是停留在理论逻辑上的推演，缺少来自经验数据的实证检验。本节及以下部分的内容，旨在利用跨国面板数据，对前述理论假说进行经验验证，以进一步明晰服务出口技术复杂度是否显著影响了服务出口增长。

（一）被解释变量

本章关注的核心问题是，服务出口技术复杂度是否影响了服务出口，因此，模型的因变量为服务出口增长。然而，客观而言，如何进行服务贸易统计，目前仍然是各国面临的棘手问题，统计口径和方法的不一，严重影响了各国服务贸易数据的可比性。但得益于一些国际组织（包括 IMF、WTO、UNCTAD 和 OECD）以及越来越多的国家致力于解决这一问题，有关世界各国的服务贸易统计数据库建设日臻完善。相对而言，国际收支统计（BOP）是唯一能够较为全面地反映全球服务贸易状况及其跨国可比性较强的权威统计，有鉴于此，作为被解释变量的服务出口，本章即采用国际组织基于 BOP 方法统计的服务出口贸易额（记为 EX）。

（二）解释变量

根据本章设定的研究目标，模型的关键解释变量即服务出口技术复杂度。目前，有关出口技术复杂度测度问题，仍然是学术界研究的一个难点，不同学者基于不同的研究需要、方法及样本，采取的测度方法也不尽相同（Henn，2013[1]）。显然，相对于制成品而言，服务出口技术复杂度的测度更为棘手。而目前有关制成品出口的许多实证研究均表明，出口技术复杂度相对而言衡量出口质量更为合适。正是由于这一指标的合理性及其易操作性，目前，国内外学术界已将这一方法借鉴到服务贸易研究领域（Gable et al.，2011[2]；程大中，2013[3]）。本章也借鉴目前国内外学者普遍采用的这一最新测度方法，测算服务出口技术复杂度。具体而言，其测度方法可分两步进行。首先，测算某一分项服务的技术含量（记为 TSI），测度公式为：

$$TSI_k = \sum_j \left[\frac{x_{jk}/X_j}{\sum_j (x_{jk}/X_j)} Y_j \right] \qquad (9-1)$$

其中，TSI_k 代表分项服务 k 的技术含量，x_{jk} 代表国家 j 的服务分项 k 出口额，X_j 代表国家 j 的服务出口总额，x_{jk}/X_j 代表国家 j 服务分项 k 出口在服务出口总额中的占比，Y_j 代表国家 j 的人均 GDP。再

[1] Henn, C., C. Papageorgiou, and N. Spatafora, 2013, "Export Quality in Developing Countries", IMF Working Paper, No. 13/108.

[2] Gable, S. L. and Mishra, S., 2011, "Service Export sophistication and Europe's new growth model", World Bank Policy Research Working Paper Series 5793.

[3] 程大中：《中国服务出口复杂度的国际比较分析——兼对"服务贸易差额悖论"的解释》，载《经济研究》工作论文（2013）No. WP456。

计算一国服务出口技术复杂度指数（记为 ES），计算公式为：

$$ES = \sum_k \left(\frac{x_k}{X} TSI_k \right) \qquad (9-2)$$

ES 即表示所测算的一国服务出口技术复杂度指数。其中，x_k 代表此国服务分项 k 的出口额，X 代表此国服务贸易出口总额。按照前述测度方法，在数据可获性前提下，可以测算任何一个国家在任何年度的服务出口技术复杂度指数。由以上的测度方法可见，一国服务出口技术复杂度的变化主要取决于两种因素：一是具有不同 TSI 值的服务出口分项在一国（地区）的服务总出口中所占比重，或者说服务出口分项结构的分布状况；二是伴随技术进步所可能带来的同一服务分项的 TSI 值逐步增大。相比于货物贸易的统计数据而言，现行关于服务贸易的统计数据，还远远达不到像货物贸易那样"细致"，因此，在相对"宏观"分类层面上的服务贸易统计数据，很难真实反映一国（地区）在某一"宏观"分类项下的"亚分项"演进，尤其是在服务业如同制造业一样的"碎片化"发展趋势日益深入演进情况下，情况更是如此。正如 WTO 发布的《2013 年世界贸易报告》中指出，当前在金融、保险、通信、计算机和信息服务等商业服务领域，不断衍生出新的服务提供流程和环节并成为国际服务贸易的重要内容，一些最新的实证研究也表明了服务价值链在全球分工演进中迅猛发展状况（裴长洪等，2014；Rainer L. and A. Maurer，2015）。实际上，在"碎片化"趋势特征下掩盖于"宏观"层面统计数据中的这种"亚分项"演进，其实恰恰可以通过 TSI 值的变动加以表现。

根据前面的理论分析，服务出口技术复杂度对服务出口的影响，可能会因国际市场上收入水平提高而得到正向的强化作用，换言之，服务出口技术复杂度与外部收入水平提高的互补效应可能对服务出口的影响更为显著。为此，我们还将服务出口技术复杂度与收入水平的交互项纳入计量模型之中。至于如何测度出口市场的收入水平（记为 WR），当然，最为理想的方式是获取出口目的国人均 GDP 数据。由于所能获得的各国服务出口统计数据并未细分到每一具体出口目的国市场，因此，我们将其向国际市场的出口视为一个"整体"，从而采用世界人均 GDP 作为替代变量。当然，除了本章最为关注的服务出口技术复杂度这一关键变量外，借鉴有关服务贸易出口影响因素的现有研究文献，考虑到计量检验结果的稳健性和可靠性，我们还选取了以下几个变量作为控制变量，即人力资本存量（记为 HU）、各服务出口国的人均 GDP 水平（记为 PC）、有效汇率（记为 REER）、利用外资存量额占 GDP 比重（记为 FDI）。据此，本章设定以下面板数据模型以计量检验服务出口技术复杂度是否对服务出口具有显著影响：

$$\mathrm{LnEX}_{i,t} = \alpha_0 + \alpha_1 \mathrm{LnES}_{i,t} + \alpha_2 \mathrm{LnES}_{i,t} \times \mathrm{LnWR}_t + \alpha_3 \mathrm{HU}_{i,t} +$$
$$\alpha_4 \mathrm{LnPC}_{i,t} + \alpha_5 \mathrm{REER}_{i,t} + \alpha_6 \mathrm{FDI}_{i,t} + \mu_t + \nu_i + \varepsilon_{i,t} \quad (9-3)$$

其中，下标 i 代表国家，t 代表时期（即年份），u 代表时期固定效应变量，ν 代表国家固定效应变量，ε 代表误差项，其余各变量符合的含义如前所述。此外，由于不同变量的水平值存在巨大差异，因此，我们在计量分析过程中对服务出口额变量（EX）、服务出口技术复杂度变量（ES）、世界人均 GDP（WR）以及各服务出口国人均 GDP 变量（PC）取了自然对数，Ln 即自然对数符号。

（三）数据来源及说明

前述各变量的统计数据，世界人均 GDP 来自联合国贸发会议统计数据库的统计数据，其他数据包括测度服务出口技术复杂度所需要的样本国家服务贸易额以及人均 GDP 数据，均来自 OECD 数据库提供的基础数据（http：//stats. oecd. org）。既要考虑到样本国家的代表性，同时又要考虑到样本国家统计数据的非缺失性和连续性，为此，本章根据 OECD 数据库提供的基础数据情况，最终选择 35 个样本国，并将样本区间设定为 2000～2013 年。35 个样本国家分别为：奥地利、澳大利亚、比利时、智力、加拿大、捷克、芬兰、丹麦、法国、希腊、德国、匈牙利、爱尔兰、冰岛、意大利、韩国、日本、卢森堡、荷兰、新西兰、墨西哥、挪威、葡萄牙、波兰、西班牙、斯洛伐克、瑞典、土耳其、瑞士、英国、美国、中国、俄罗斯、印度和巴西。为剔除价格变化的影响，以及尽量增强跨国面板数据的统一性和可比性，对于计量模型中涉及价格因素的变量，我们在使用过程中均统一折算为 2005 年可比美元价格。

此外，需要进一步说明的是，在 OECD 数据库提供有关服务贸易统计数据中，包括运输服务，旅游服务，建筑服务，通信服务，金融服务，保险服务，版权和特许费，计算机和信息服务，个人、文化和娱乐服务，其他商业服务以及政府服务等 11 大类。由于本章研究服务出口技术复杂度对服务出口的影响，着重关注的是商业服务出口，因此在统计数据库提供的 11 大类分项服务统计数据中，我们剔除了政府服务而仅保留和采用另外 10 大类分项服务贸易统计数据，据此测度服务出口技术复杂度。

五、实证结果及分析

（一）OLS 回归估计结果

由于仅仅以所选样本国自身效应为条件研究服务出口技术复杂度对服务出口的影响，因此，本章采用固定效应模型对前述计量模型（9-3）进行回归估计。此外，考虑到估计结果的可靠性和稳定性，我们以服务出口技术复杂度作为基础解释变量，然后再依次纳入其他控制变量进行回归，所得回归结果如表9-1所示。

表 9 - 1 OLS 回归估计结果

解释变量＼被解释变量	服务出口额					
	(1)	(2)	(3)	(4)	(5)	(6)
LnES	0.121517 (0.52)	0.119325 (0.46)	0.103129 (0.22)	0.093288 (0.56)	0.101528 (0.39)	0.093166 (0.58)
LnES * LnWR	—	0.203843 ** (2.31)	0.195312 ** (2.13)	0.213816 ** (2.33)	0.189726 ** (2.51)	0.193126 ** (2.33)
HU	—	—	0.103326 *** (3.09)	0.091382 ** (2.44)	0.092316 *** (3.12)	0.091325 *** (3.51)
LnPC	—	—	—	1.562017 * (1.91)	1.491235 * (1.94)	1.501326 * (1.91)
REER	—	—	—	—	-0.391217 ** (-2.17)	-0.375327 ** (-2.38)
FDI	—	—	—	—	—	0.017332 * (1.88)
常数项	3.281829 (1.55)	4.012874 (1.28)	6.031285 * (1.96)	5.132866 (1.35)	6.153628 * (1.93)	5.832189 ** (2.01)
时间固定效应	Y	Y	Y	Y	Y	Y
地区固定效应	Y	Y	Y	Y	Y	Y
判决系数 R^2	0.462123	0.468918	0.493211	0.501355	0.513928	0.521326
样本观测数	490	490	490	490	490	490

注：*、**、***分别表示参数估计在10%、5%和1%水平下显著，参数估计下方括号内的数值为t统计量。

表 9 - 1 回归结果中的第一列，是仅以服务出口技术复杂度作为基础变量进行回归估计所得；而第二列至第六列的估计结果，则是在依次纳入服务出口技术复杂度与世界人均 GDP 变量的交互项，以及其他控制变量后，进行回归估计所得。后续各表呈列回归结果的逻辑与表 9 - 1 一致，对此后面将不再赘述。从第一列的回归结果来看，服务出口技术复杂度的系数回归值虽然为正，但并未通过显著性检验，也就是说，单纯的服务出口技术复杂度提升，对服务出口增加并没有显著积极影响，这一结果与前面理论假说 9 - 1 相吻合，从而在一定程度上验证了理论假说 9 - 1 的正确性。这一结果也在一定程度

上说明，服务出口本身所具有的特性，即需求价格的弱弹性，从而表现在前述回归结果中就是系数估计值为正却不显著。从第二列的回归结果来看，在计量模型中纳入服务出口技术复杂度与世界人均 GDP 变量的交互项后，单纯的服务出口技术复杂度变量本身，无论从其系数估计值的正负性来看，还是从其显著性检验来看，与第一列均无实质性差异。但需要值得我们注意的是，服务出口技术复杂度与世界人均 GDP 的交互项，其系数估计值为正，且在 5% 的水平下通过了显著性检验。这一结果意味着，同时考虑服务出口技术复杂度与世界人均 GDP 的交互作用后，单纯的服务出口技术复杂度对服务出口增长仍没有显著影响，但其与世界人均 GDP 的交互作用则对服务出口增长产生了显著的促进作用。这一结果与前面理论假说 9 - 2 相吻合，从而在一定程度上验证了理论假说 9 - 2 的正确性。换言之，服务出口技术复杂度与世界人均收入水平的共同提升，促进了服务出口的增长。从第三列至第六列的回归结果来看，在纳入人力资本、服务出口国人均 GDP、有效汇率以及 FDI 等控制变量后，服务出口技术复杂度及其与世界人均 GDP 交互项，无论是系数估计值的正负性还是显著性，均没有发生实质性改变，从而说明估计结果具有稳定性。总之，从表 9 - 1 的回归结果来看，前面理论假说 9 - 1 和理论假说 9 - 2 初步得到了逻辑一致性计量检验。

至于其他控制变量，从第三列和第六列的回归结果来看，人力资本变量的系数估计值为正，并在至少 5% 的水平下通过了显著性检验，表明人力资本水平的提高会有助于促进服务出口增长。这一结果与现有关于人力资本是服务贸易比较优势重要决定因素的理论分析是一致的。就服务出口国的人均 GDP 变量而言，第三列和第六列的系数估计值均为正，且在 10% 的水平下通过了显著性检验，这一结果说明，人均 GDP 水平或者说经济发展水平对服务出口具有正向作用。当然，这一结果与经济发展及产业结构演进理论的预期也是相吻合的。就有效汇率指数的回归系数估计值而言，第三列和第六列的结果均显示为负，且均在5%的水平下通过了显著性检验，从而说明一国货币升值不利于其服务出口增长。尽管有关汇率变化对一国出口贸易的影响，在理论分析和实证检验中都存在一定的争论和分歧，但从本章的样本研究所得结论来看，汇率升值对服务贸易出口的影响是不利的。至于利用外资额变量，第三列和第六列的回归结果表明，其系数估计值为正，且均在10%的水平下通过了显著性检验，表明利用外资对服务出口的积极促进作用。这一结果实际上与当前全球对外直接投资的产业结构变化情况也是相吻合的。联合国贸发会议最新发布的《2014年世界投资报告》指出，近年来，无论是从全球对外直接投资流量来看，还是从存量来看，投资于服务业领域的FDI已经显著超过了投资于制造业领域的FDI，目前，全球对外直接投资正加快向服务业聚集（UNCTAD，2014[①]）。显然，全球对外直接投资产业结构变化的新特征，必然带动服务贸易的相应发展。

(二) FMOLS 回归估计结果

当然，采用传统的普通最小二乘法（OLS）对前述计量模型（9-3）进行回归，由于变量之间可能存在的内生性问题而使估计结果失效，因为服务出口技术复杂度与服务出口增长之间可能具有较强内生性，这不仅体现在服务出口技术复杂度，尤其是世界人均收入水平协同服务出口技术复杂度的提升会对服务出口产生影响，同时，服务出口贸易的发展反过来也会推动一国服务业发展方式转变进而提升服务出口技术复杂度，因为现有的许多理论和实证研究已经表明，"出口中学习效应"的存在会促使出口企业实现更快的技术进步和世界人均GDP水平提升。有鉴于此，为了尽量避免可能的内生性问题所导致估计结果的失效，此处再采用完全修正最小二乘法（FMOLS）

---

① WIR，2014. "World Investment Report 2014：Investing in the SDGs：An Action Plan". New York and Geneva：United Nations.

对计量模型（9-3）进行回归，估计结果如表9-2所示。

表9-2 FMOLS 回归估计结果

被解释变量 解释变量	服务出口额					
	(1)	(2)	(3)	(4)	(5)	(6)
LnES	0.130219 (0.54)	0.121928 (0.38)	-0.112136 (-0.52)	0.102188 (0.64)	0.110326 (0.37)	0.102318 (0.62)
LnES＊LnWR	—	0.198836 ** (2.33)	0.189035 ** (2.26)	0.201984 ** (2.52)	0.190128 ** (2.39)	0.201354 ** (2.68)
HU	—	—	0.098325 *** (3.12)	0.101322 *** (3.58)	0.096983 *** (3.35)	0.101216 *** (3.83)
LnPC	—	—	—	1.532199 ** (2.43)	1.501233 * (1.96)	1.513327 * (1.93)
REER	—	—	—	—	-0.382186 ** (-2.12)	-0.378926 ** (-2.51)
FDI	—	—	—	—	—	0.016287 * (1.91)
常数项	4.012819 (1.67)	4.351218 (1.48)	5.331272 (1.59)	5.089216 * (1.95)	5.832516 * (1.94)	5.351288 ** (2.21)
DW 统计量	1.9018	1.9122	2.0218	2.1315	2.1688	2.1312
判决系数 R^2	0.452812	0.458918	0.483237	0.512816	0.531029	0.541886
样本观测数	490	490	490	490	490	490

注：*、**、***分别表示参数估计在10%、5%和1%的水平下显著，参数估计下方括号内的数值为t统计量。

首先，如果将表9-2和表9-1的回归估计结果进行比较的话，容易看出，无论使用传统的普通最小二乘法，还是使用克服内生性问题的完全修正最小二乘法进行估计，第一列至第六列的回归结果表明，单纯的服务出口技术复杂度，虽然其系数估计值在正负性上呈现了不稳定，但均没有通过显著性检验，从而表明单纯的服务出口技术复杂度提升对服务出口增长的影响，的确具有不确定性。而服务出口技术复杂度与世界人均GDP的交互项，其系数估计值均为正且在5%的水平下通过了显著性统计检验，从而表明服务出口技术复杂度与世界人均 GDP 的"互补"对服务出口增长所具有的推动作用。因此，以单纯的服务出口技术复杂度及其与世界人均 GDP 交互项的回归结果来看，表 9 - 2 的回归结果与表 9 - 1 的估计结果具有内在一致性。其次，将表 9 - 2 中第一列与第三列至第六列的回归结果进行对比，不难发现，在纳入其余控制变量后，并没有改变服务出口技术复杂度与世界人均 GDP 交互项的系数估计值的正向性及其显著性，即服务出口技术复杂度与世界人均 GDP 的交互作用，仍然显示出与服务出口增长具有显著正相关关系。这一点与表 9 - 1 的回归估计结果也是一致的，从而在一定程度上说明估计结果的可靠性。至于其他控制变量的回归结果，作为控制变量的人力资本变量、人均 GDP 变量以及利用外资额变量，第三列和第四列显示的回归系数估计值也均为正，且至少在 10% 的水平下通过了显著性检验，从而表明这些变量与服务出口的正相关性；而有效汇率变量的系数估计值为负，且在 5% 的水平下通过了显著性检验，表明一国本币升值对服务出口具有抑制作用。因此，综合来看，与表 9 - 1 报告的回归结果也基本一致，所得结果具有一定的稳定性和可靠性。

(三) 系统 GMM 估计结果

由于出口贸易往往具有持续性特征，即具有惯性作用，因此，本期服务出口可能对下一期服务出口具有影响，从而，服务出口额的滞后项也应作为解释变量之一纳入前述计量模型（9 - 3）之中，相应地，也就有了以下动态面板数据模型：

$$LnEX_{i,t} = \alpha_0 + \alpha_1 LnEX_{i,t-1} + \alpha_2 LnES_{i,t} + \alpha_3 LnES_{i,t} \times WR_{i,t} + \alpha_3 HU_{i,t} +$$
$$\alpha_5 LnPC_{i,t} + \alpha_6 REER_{i,t} + \alpha_7 FDI_{i,t} + \mu_t + \nu_t + \varepsilon_{i,t} \qquad (9 - 4)$$

在动态面板数据模型（9 - 4）中，显然，由于被解释变量的滞后一期被作为解释变量引入，于是就会产生与扰动项的相关性问题；与此同时，服务出口与其余解释变量之间也可能存在反向因果关系，因此，采用普通的估计方法容易产生"动态面板估计偏误"的不良结果。为此，接下来我们采用广义矩估计方法（GMM）估计前述动态面板数据模型（9-4）。广义矩估计方法包括系统（SYS-GMM）估计法和一阶差分（DIF-GMM）估计法，相较于一阶差分估计方法而言，系统 GMM 法所得估计结果更为可靠。据此，我们选择"一步法"系统广义矩估计方法对动态面板数据模型（9-4）进行估计，所得结果如表9-3所示。其中，在表9-3的最后几行关于模型设定的主要检验结果中，Sargan 检验结果以及 AR（2）统计量总体表明系统广义矩估计是有效的。

表 9-3　　　　　　　　　系统 GMM 回归估计结果

被解释变量 解释变量	服务出口额					
	(1)	(2)	(3)	(4)	(5)	(6)
LnEX（-1）	0.801217 *** (6.51)	0.813177 *** (5.86)	0.790128 *** (6.33)	0.812819 *** (6.55)	0.793325 *** (5.43)	0.802513 *** (5.28)
LnES	0.129388 (0.56)	0.118635 (0.41)	-0.115976 (0.63)	0.112190 (0.54)	-0.120133 (0.49)	0.112816 (0.59)
LnES * LnWR	—	0.201211 ** (2.41)	0.198974 ** (2.18)	0.195633 ** (2.55)	0.198352 ** (2.28)	0.213012 ** (2.43)
HU	—	—	0.099128 *** (3.01)	0.098725 *** (3.22)	0.102133 *** (3.16)	0.098354 *** (3.28)
LnPC	—	—	—	1.513628 ** (2.25)	1.493312 * (1.95)	1.502895 * (1.96)
REER	—	—	—	—	-0.391207 ** (-2.16)	-0.389935 ** (-2.55)
FDI	—	—	—	—	—	0.015976 * (1.93)
常数项	-1.321258 (-0.96)	-1.621356 (-1.29)	-3.653534 (-1.35)	-2.998327 (-1.09)	-3.102136 (-1.21)	-3.102136 (-1.21)
样本观测数	420	420	420	420	420	420
Wald-χ^2统计量	71.58	72.11	93.25	78.36	93.78	89.12

续表

被解释变量 解释变量	服务出口额					
	(1)	(2)	(3)	(4)	(5)	(6)
Sargan 检验	22.63218 (0.8401)	22.12357 (0.9036)	28.03043 (0.92015)	19.8752 (0.7705)	23.5976 (0.8307)	22.9783 (0.8425)
AR (1) 检验 p 值	0.0521	0.0987	0.1215	0.1726	0.1542	0.1276
AR (2) 检验 p 值	0.5830	0.6121	0.7328	0.8129	0.8312	0.8821

注：估计系数下方括号内的数字为系数估计值的 z 统计量，其中 *、** 和 *** 分别表示 10%、5% 和 1% 的显著性水平。AR (1) 和 AR (2) 检验的原假设 H0 为"扰动项不存在自相关"，系统 GMM 估计的一致性，要求差分方程不存在二阶或者更高阶的自相关，但允许存在一阶自相关，原假设下统计量服从标准正态分布；Sargan 检验的原假设 H0 为"工具变量过度识别"，若原假设被接受，则表明工具变量的选择是合理的，原假设下统计量服从卡方分布。

依据表 9 - 3 中呈列的各栏回归结果，我们可以总结出以下几点基本结论：第一，在第一列至第五六列的回归结果中，作为解释变量的滞后一期服务出口贸易额，其系数估计值均为正，且均在 1% 的水平下通过了显著性统计检验，表明其对当期服务贸易出口额的确具有显著正向影响，从而说明服务贸易出口的确在一定程度上存在"惯性"和"持续性"特征。第二，在第一列至第六列的回归结果中，作为基础解释变量之一的服务出口技术复杂度，其系数估计值不仅在方向性上具有不确定性，而且更为重要的是，各列的回归结果均没有通过显著性检验，大体而言，这一情况均与前面各表的回归结果保持了较高一致性，说明单纯的服务出口技术复杂度本身对服务出口增长的影响，的确具有不确定性。第三，第二列至第六列的回归结果均表明，无论是否在模型中纳入其余控制变量，世界人均 GDP 与服务出口技术复杂度交互项的系数估计值都为正，且至少在 5% 的水平下通过了显著性检验。这一结果与前面各表的回归结果也是高度一致的。第四，从第三列和第六列的回归结果来看，作为控制变量的人力资本、人均 GDP 以及利用外资额，系数估计值为正且至少在 5% 的水平下通过了显著性统计检验，表明其对服务出口具有正向促进作用；而有效汇率均的系数估计值为负且在 10% 的水平下具有显著性影响，表明其对服务出口具有抑制作用。这些结果也与前面各表的回归结果是一致的。

（四）稳健性检验

以服务出口贸易额为被解释变量，尽管能够较好地说明服务出口技术复杂度及其与世界人均 GDP 交互作用，对服务出口规模变化的影响，但却无法反映对服务出口增长率是否具有影响。据此，为了进一步验证前述回归估计结果稳定性和可靠性，接下来我们再利用服务贸易出口额增长率（记为 EG），作为动态面板数据模型（9-4）的被解释变量，据此进行进一步的稳健性分析。相对而言，采用服务贸易出口额增长率作为被解释变量，不仅能够进一步说明服务出口技术复杂度变化及其与世界人均收入交互作用对服务出口规模的影响，而且还能够从服务出口技术复杂度的视角，在一定程度上揭示不同国家服务出口增长率差异的可能原因。以服务贸易出口额增长率作为被解释变量，所得回归结果如 9-4 所示。

表 9-4　　　　　　　　　　稳健性检验结果

被解释变量 解释变量	服务出口额					
	（1）	（2）	（3）	（4）	（5）	（6）
LnEG（-1）	0.134729 ** （2.15）	0.131529 ** （2.33）	0.120849 ** （2.35）	0.120135 ** （2.24）	0.113987 ** （2.64）	0.120135 ** （2.21）
LnES	3.132169 （1.22）	3.152109 （1.35）	3.089231 （1.59）	3.321566 （1.21）	3.251366 （1.35）	3.078922 （1.29）
LnES * LnWR	—	0.045913 *** （3.28）	0.042816 ** （2.15）	0.041235 ** （2.33）	0.041321 ** （2.51）	0.039879 ** （2.37）
HU	—	—	1.398726 ** （2.15）	1.352891 ** （2.36）	1.321785 ** （2.46）	1.310288 ** （2.33）
LnPC	—	—	—	2.391874 * （1.93）	2.298973 * （1.95）	2.301211 ** （1.92）

续表

被解释变量	服务出口额					
解释变量	(1)	(2)	(3)	(4)	(5)	(6)
REER	—	—	—	—	-4. 129088 ** (2. 01)	-4. 152188 ** (-2. 58)
FDI	—	—	—	—	—	1. 093524 ** (2. 65)
常数项	-19. 253334 (-0. 86)	-19. 163532 (-0. 93)	-20. 13215 (-1. 25)	-19. 427251 (-0. 89)	-20. 102313 (-1. 35)	19. 887624 (-1. 28)
样本观测数	420	420	420	420	420	420
Wald-χ^2统计量	18. 78	19. 36	14. 68	15. 47	14. 69	13. 92
Sargan 检验	18. 4875 (0. 3601)	27. 9544 (0. 4385)	25. 0128 (0. 4102)	17. 9376 (0. 4011)	19. 3735 (0. 4123)	20. 1285 (0. 4353)
AR (1) 检验 p 值	0. 0769	0. 1218	0. 1427	0. 1359	0. 1913	0. 2146
AR (2) 检验 p 值	0. 7325	0. 5136	0. 6028	0. 6983	0. 7122	0. 7328

注: 同表9-3。

从表9-4的回归结果不难看出, 当我们将服务贸易出口额增长率作为被解释变量时, 作为基础性解释变量的服务贸易出口额增长率滞后一期, 对当期服务贸易出口额增长率具有显著正向影响, 从而进一步说明服务贸易出口的"持续性"和"惯性"特征。而单纯的服务出口技术复杂度变量本身, 各列回归系数值虽然为正但均不具备显著性影响, 而服务出口技术复杂度与世界人均 GDP 的交互项, 各列的回归系数估计值均为正且至少在5%的水平下通过了显著性检验, 表明其对服务出口增长率是具有显著提升作用的。总之, 将表9-4的回归结果与前述各表的回归结果进行比较, 不难发现, 这些关键解释变量对服务出口影响的方向性及其显著性, 是基本一致的, 从而说明前述各表回归结果所揭示的服务出口技术复杂度及其与世界人均 GDP 交互作用对服务出口影响结论的稳健性和可靠性。至于其他控制变量而言, 表9-4所得回归结果与前述各表也基本一致, 进而说明了前述有关控制变量的回归结果也是稳健的，对此，本章不再赘述。

此外，为了进一步检验前述回归估计结果的稳定性和可靠性，接下来我们再借鉴 Kwan（2002）提出的测度制成品出口技术复杂度的方法，重新测算样本期内各样本国家的服务出口技术复杂度指数，作为被解释变量进行进一步的稳健性分析。其具体的测算也分两步进

行，首先利用公式 $PSI_k = \dfrac{\sum_j x_{j,k} Y_j}{X_k}$ 测算某一分项服务的技术复杂

度，其中，$x_{j,k}$ 表示 j 国分项服务 k 的出口额，Y_j 表示 j 国的人均 GDP 水平，X_k 表示分项服务 k 的全球出口总额，则 PSI_k 即表示分

项服务 k 的技术复杂度水平。其次，再利用公式 $CSI = \dfrac{\sum_k x_{j,k} PSI_k}{X_j}$

测算一国服务出口的总体复杂度水平。其中，X_j 表示 j 国服务出口总额，CSI 即表示 j 国服务出口技术复杂度。据此对动态面板数据计量模型（9-4）进行重新估计，所得结果如表9-5所示，其结果再次表明前述回归结果基本稳健。

表9-5　　　　　　　　　稳健性检验结果

被解释变量 解释变量	服务出口额					
	（1）	（2）	（3）	（4）	（5）	（6）
LnEX（-1）	0.102835 ** （2.27）	0.107933 ** （2.51）	0.110312 ** （2.18）	0.108925 ** （2.16）	0.115976 ** （2.82）	0.113928 ** （2.55）
LnCSI	1.352816 （1.26）	1.297355 （1.41）	1.231988 （1.63）	1.187932 （1.35）	1.201233 （1.58）	1.198325 （1.33）
LnCSI * LnWR	—	0.028359 *** （3.16）	0.026933 ** （2.68）	0.027122 ** （2.51）	0.028015 ** （2.68）	0.02795342 ** （2.42）
HU	—	—	1.370928 ** （2.33）	1.338926 ** （2.58）	1.350925 ** （2.52）	1.360822 ** （2.61）

被解释变量 解释变量	服务出口额					
	(1)	(2)	(3)	(4)	(5)	(6)
LnPC	—	—	—	2.281789 * (1.95)	2.301221 * (1.94)	2.290877 ** (1.94)
REER	—	—	—	—	−3.987682 ** (2.32)	−3.932988 ** (−2.36)
FDI	—	—	—	—	—	1.126325 ** (2.44)
常数项	−8.535663 (−0.89)	−7.654364 (−0.56)	−8.076856 (−1.33)	−9.132343 (−0.67)	−8.563563 (−0.85)	9.746445 (−1.06)
样本观测数	420	420	420	420	420	420
Wald-χ^2统计量	16.99	18.52	15.36	16.13	15.28	14.77
Sargan 检验	19.5235 (0.3702)	25.6984 (0.4106)	24.3516 (0.4016)	19.3357 (0.3698)	21.5433 (0.3916)	20.3988 (0.4001)
AR (1) 检验 p 值	0.1021	0.1123	0.0972	0.0896	0.1035	0.2514
AR (2) 检验 p 值	0.8126	0.6355	0.5984	0.6033	0.6987	0.7124

注：同表 9 - 3。

进一步地，当以 CSI 为关键解释变量时，我们同样可以再以服务贸易出口额增长率（记为 EG）作为被解释变量，然后再对模型（9 - 4）进行重新估计，以进一步检验前述回归估计结果的稳定性和可靠性，所得结果如表 9 - 6 所示，从中不难看出，实证结果再次表明前述回归结果的稳定性和可靠性。

表 9 - 6　　　　　　　　　稳健性检验结果

被解释变量 解释变量	服务出口额					
	(1)	(2)	(3)	(4)	(5)	(6)
LnEX （-1）	0.124324 ** (2.33)	0.121323 ** (2.41)	0.131343 ** (2.26)	0.116445 ** (2.35)	0.132342 ** (2.44)	0.121452 ** (2.17)
LnCSI	1.376453 (1.55)	1.313224 (1.42)	1.284563 (1.35)	1.201323 (1.52)	1.215334 (1.66)	1.209675 (1.24)

续表

被解释变量 解释变量	服务出口额					
	(1)	(2)	(3)	(4)	(5)	(6)
LnCSI * LnR	—	0.031424 *** (3.16)	0.031365 ** (2.68)	0.024245 ** (2.51)	0.028126 ** (2.68)	0.023563 ** (2.42)
HU	—	—	1.352355 ** (2.36)	1.363536 ** (2.51)	1.370122 ** (2.48)	1.358976 ** (2.77)
LnPC	—	—	—	2.252453 * (1.93)	2.534435 * (1.95)	2.285574 ** (1.95)
REER	—	—	—	—	−3.242245 ** (2.36)	−3.325523 ** (−2.31)
FDI	—	—	—	—	—	1.424526 ** (2.37)
常数项	−6.424542 (−1.19)	−6.564576 (−1.51)	−7.013245 (−1.26)	−8.094743 (−0.89)	−8.135246 (−0.93)	−9.012623 (−1.21)
样本观测数	420	420	420	420	420	420
Wald-χ^2统计量	15.93	17.62	16.39	16.98	17.17	16.65
Sargan 检验	19.6356 (0.3921)	22.5422 (0.3984)	23.1259 (0.3988)	21.5432 (0.3721)	20.6973 (0.3816)	21.7935 (0.3975)
AR (1) 检验 p 值	0.1135	0.0421	0.0735	0.0938	0.1217	0.2658
AR (2) 检验 p 值	0.8326	0.5879	0.5638	0.6219	0.7091	0.7325

注：同表9-3。

六、结论及启示

伴随服务"全球化"和"碎片化"的深入演进，全球服务贸易得到了迅猛发展，而与此相伴随的一个重要特征事实是：具有技术和知识等高端要素密集型的服务新品种不断涌现，并成为服务贸易领域中增长较快甚至最快的部分。因此，从技术内涵的角度来看，服务出口"质"的提升是否影响了服务出口增长，是一个需要从理论和实证角度进行探讨的重要课题。有鉴于此，本章在理论分析服务出口的品质水平可能影响服务出口增长的作用机制基础之上，借鉴目前国内外学术界普遍采用的测度服务出口技术复杂度的最新方法，测算了包括中国在内的 35 个国家 2000～2013 年的服务出口技术复杂度，作为服务出口技术复杂度的替代变量，据此采用跨国面板数据实证分析了服务出口技术复杂度对服务出口增长的影响。在有效控制人力资本、经济发展水平、有效汇率以及利用外资等可能影响服务出口增长的因素后，计量检验结果表明：（1）单纯的服务出口技术复杂度提升，对服务出口增长并没有显著性影响，或者说对服务出口增长的影响具有不确定性，这种不确定性可能源于价格上升的正向作用机制和价格上升导致需求下降的逆向作用机制的相互"抵消"。（2）服务出口技术复杂度与世界人均 GDP 的交互作用，对服务出口增长表现出显著的积极推动作用，从而意味着世界人均 GDP 上升推动下强化了国际市场对高技术内涵服务出口的需求偏好程度，进而对服务出口增长的积极作用。（3）就其余控制变量而言，人力资本、经济发展水平以及利用外资额，对服务出口增长也具有正向促进作用，而有效汇率指数升高则对服务出口增长具有抑制作用。（4）综合以上几点基本结论，总体而言，本章的理论分析大体通过了较好的逻辑一致性计量检验，从而说明了理论假说的正确性。

　　本章研究不仅为我们理解全球服务出口快速增长提供了一个新的视角，而且对于中国服务贸易发展也具有重要的政策意涵。近年来，中国服务贸易发展虽然实现了规模的快速扩张，进而"跻身"世界前三，但服务贸易逆差也呈不断扩大之势，且逆差主要集中于金融、保险等高端要素密集型服务领域。这或许正是在服务"全球化"和"碎片化"的大背景下，中国以"低端嵌入"方式融入全球服务价值链的结果和表现。换言之，尽管服务"全球化"和"碎片化"的深入演进为中国服务贸易规模扩张带来的战略机遇，乃至从服务出口技术复杂度提升的绝对角度带来了机遇，但是相对于在高端服务领域具有主导优势的发达经济体而言，"比较优势"的分工原理或许会抑制中国服务出口技术复杂度的相对提升，进而不利于服务出口核心竞争优势的培育，逆差的局面难以从根本上逆转。党的十八大报告明确指出，要"大力发展服务贸易，形成以技术、质量、服务为核心的出口竞争新优势"，此处，技术和质量的"核心"意义显然也应该意蕴在服务出口之中。而本章的研究结论表明，在一定程度上，服务出口技术复杂度的提升，尤其是世界人均 GDP 上升进而强化国际市场上消费者对高技术内涵服务出口需求偏好的作用下，会带动服务出口规模的增长。因此，从这一意义上来说，在服务贸易发展层面上，从规模扩张向质量和效益转变的提法，更准确地应该表述为或者理解为两者的"并行不悖"，所谓的"结构性减速"在服务贸易的发展中也不必过于担心。为此，在进一步扩大中国服务业开放过程中，要注重"技术先行"，唯有如此，才能抓住服务"全球化"和"碎片化"的战略机遇，实现服务贸易发展的"量质齐升"，避免备受争议的我国制造业所谓"低端嵌入"乃至"低端锁定"不利情形在服务贸易领域再次上演。当然，采取怎样的举措才能切实做到"技术先行"，从而实现在世界人均 GDP 不断增长的背景下，通过服务出口技术复杂度的快速提升进而推动中国服务贸易进入良性发展态势，是一个有待深入研究的大课题，需要专门探讨。

我国服务出口复杂度
变迁及提升问题研究
Chapter 10

第十章　服务出口复杂度的制成品出口技术含量提升效应

　　本章基于服务贸易自由化视角，首先分析服务贸易自由化影响服务出口技术复杂度基础上，然后在理论分析服务出口技术服务度提升制成品出口技术含量的微观机制。据此，以 1983~2012 年为样本，秉承与前述各种逻辑一致的方法测算了我国服务出口技术复杂度和制成品出口技术含量，并以服务业 FDI 利用额与服务贸易进口额之和占服务业行业总产值之比，作为服务贸易自由化的替代变量，采用联立方程模型进行了计量分析。实证结果表明，服务贸易自由化发展提升了我国服务出口技术复杂度水平，而服务出口技术复杂度提升又促进了我国制成品出口技术含量提升。因此，在目前我国服务业发展相对滞后的大背景下，应通过不断推进服务贸易自由化改革，抓住全球服务贸易发展的重要契机，以"借力"外部优质资源，在反向拉动我国服务业进而服务出口技术复杂度不断提升的条件下，充分发挥服务出口技术复杂度的制成品出口技术含量提升效应，对于成功突围全球价值链锁定都具有一定意义。

一、问题提出

　　改革开放以来，中国依托"人口红利"等传统低成本竞争优势，积极融入发达国家跨国公司主导的产品内国际分工体系，不仅实现了对外贸易在规模上的"爆炸式"增长，同时也实现了制成品出口技术含量的迅速提升，中国制成品出口结构经历了一个由低技术密集度的轻纺产品等逐渐向机电和高新技术等发展趋势的转变（关志雄，2002[①]；Rodrik，2006[②]；樊纲等，2006[③]；姚洋

---

① 关志雄：《从美国市场看"中国制造"的实力》，载《国际经济评论》2002 年第 8 期。

② Rodrik D. , 2006, What's So Special about China's Exports? 0, NBER Working Papers 11947, National Bureau of Economic Research.

③ 樊纲、关志雄、姚枝仲：《国际贸易结构分析：贸易品的技术分布》，载《经济研究》2006 年第 8 期。

和张晔，2008[①]）。甚至有研究认为，中国出口商品技术复杂度，远
远超出了同等收入国家的水平（Hausmann et al.，2007[②]；Schott，
2007[③]；Lemoine，2008[④]）。当然，也有观点认为，诸如中国这样的
发展中经济体，出口技术复杂度具有"虚高"特征，这是因为在产
品内国际分工背景下，一方面，发展中经济体出口的高技术复杂度产
品，看似由发展中经济体所生产，但实质上其中主要的高附加值部分
却来自发达经济体；另一方面，发展中经济体出口许多高技术含量产
品，是由外资企业完成而非本土企业（Johnson，2009[⑤]）。但是正如
Aleksandra 等（2008）所指出，外资经济与本土经济的日益融合，使
外资企业已经成为东道国技术创新的有机组成部分，而中间产品贸易
的发展使中间产品进口国，尤其是发展中经济体"逾越"之前所面
临的技术障碍，这本身也可看作是一种技术进步。从产品内国际分工
演进的视角来看，学术界普遍观点更倾向于认为，中国出口商品技术
复杂度虽呈不断提升的发展趋势，但在全球分工体系中仍然处于中低
端水平（施炳展，2010[⑥]；金碚等，2013[⑦]）。

　　毋庸置疑，不断提升中国制成品出口技术含量，对于中国攀升全
球价值链乃至中国经济的长期增长，都具有极为重要的战略意义。因
为这不仅是中国摆脱在全球分工中可能存在的"低端锁定"，或者说

---

　　①　姚洋、张晔：《中国出口品国内技术含量升级的动态研究》，载《中国社会科学》
2008 年第 2 期。

　　②　R. Hausmann，Y. Huang，and D. Rodrik，2007. What You Export Matters［DB］.
NBER working paper No. 11905.

　　③　Schott P.，2007. The Relative Sophistication of Chinese Exports，Economic Policy，23
（53），5 – 49.

　　④　Lemoine，F. and Ünal，D. 2008. Rise of China and India in International Trade：From
Textiles to New Technology，China and World Economy，Vol. 16，No. 5，September-October.

　　⑤　Johnson，Robert C. and Guillermo Noguera，2009. Accounting for Intermediates：Pro-
duction Sharing and Trade in Value-Added. Manuscript. Dartmouth College.

　　⑥　施炳展：《中国出口增长的三元边际》，载《经济学季刊》2010 年第 4 期。

　　⑦　金碚、李鹏飞、廖建辉：《中国产业国际竞争力现状及演变趋势——基于出口商品
的分析》，载《中国工业经济》2013 年第 5 期。

跳出"中国贸易只赚数字不赚钱"尴尬境地的重要途径，更为重要的是，Hausmann 等（2003）[1] 的"成本发现"理论表明，从事高技术水平产品开发和出口的企业，能够产生显著的"示范效应"并带动优质生产要素向相关产业转移，进而带动总体生产率的提高，而之后的许多实证研究也的确表明"一国选择出口什么至关重要"，即，对于那些将目标"锁定"在获取更高技术含量商品出口能力提升的国家，会从贸易中获取更多利益，并实现更好的经济绩效（Hausmann et al.，2007[2]；杨汝岱和姚洋，2008[3]；Kandilo et al.，2010[4]）。但随之而来的一个更为重要的问题是，究竟是什么因素促进了中国出口技术复杂度的不断提升？针对这一重要问题，部分学者进行了有益探讨，代表性的观点认为，外资的大量利用、中间产品的大量进口、基础设施的不断完善、加工贸易的快速发展以及研发投入规模等，是影响中国出口技术复杂度提升的主要因素（Wang et al.，2007[5]；Amiti et al.，2008[6]，Xu et al.，2009[7]；王永进等，2010[8]；孟祺，2013[9]）。

我们认为，一方面，伴随当前社会分工的不断细化，服务尤其是

① Hausmann R. and D. Rodrik, 2003, Economic Development as Self-discovery, Journal of Development Economics, 72 (2), pp. 603 – 633.

② Hausmann, R., J. Hwang and D. Rodrik, 2007, What You Export Matters0, Journal of Economic Growth, 12 (1), pp. 1 – 25.

③ 杨汝岱、姚洋：《有限赶超与经济增长》，载《经济研究》2008 年第 8 期。

④ Kandilov, I. and T. Grennes, 2010, The Determinants of Service Exports from Central and Eastern Europe. Economics of Transition, Vol. 18 (4), pp. 763 – 794.

⑤ Wang, Zhi and Shang-Jin Wei, 2008, What Accounts for the Rising Sophistication of China. s Exports? NBER Working Paper, No. 13771.

⑥ Amit i, M. and C. Freund, 2008, The Anatomy of Chinaps Export Growth0, Policy Research Working Paper Series 4628, TheWorld Bank.

⑦ Xu, Bin, and Jiangyong Lu, 2009, Foreign Direct Investment, Processing Trade and the Sophistication of China's Exports, 0 China Economic Review, 20 (3), pp. 425 – 439.

⑧ 王永进、盛丹、施炳展、李坤望：《基础设施如何提升了出口技术复杂度》，载《经济研究》2010 年第 7 期。

⑨ 孟祺：《中国出口产品国内技术含量的影响因素研究》，载《科研管理》2013 年第 1 期。

生产者服务与制造业之间融合发展的趋势愈来愈强，融合的程度愈来愈深，作为中间投入品的生产者服务对制造业效率水平以及制成品技术复杂度具有技术复杂度极为重要的影响；另一方面，从全球产业结构演进和现行的比较优势来看，以欧、美、日等为代表的发达经济体产业结构不断向服务经济倾斜，而像中国这样的发展中经济体，还处于工业化进程的重要发展阶段。因此，在服务业尤其是生产者服务业发展相对滞后的情况下，中国能否抓住全球服务贸易发展的重要契机，在推进服务贸易自由化改革进程中，突破制造业发展面临的服务尤其是高端生产者服务供给不足的约束，从而提升制成品出口技术含量，是理论和实践部门亟待解决的重要课题。换言之，服务贸易自由化是否有助于反向拉动服务业发展水平提升，进而表现为服务出口技术复杂度提升，服务出口技术复杂度提升是否进一步推动制成品出口技术含量提升？对这一问题的回答，不仅有助于丰富我们对中国制成品出口技术含量影响因素的认识，也是据此寻求进一步提升制成品出口技术含量有效对策的关键。遗憾的是，针对前述重要命题的现有研究仍然较为鲜见，尤其是缺乏来自中国数据的经验支撑。

有鉴于此，本章旨在探讨服务贸易自由化影响服务出口技术复杂度进而影响制成品出口技术含量的微观机制基础上，利用中国数据对理论假说进行逻辑一致性计量检验。与现有的研究文献相比，本章的研究力图在以下几个方面有所贡献。第一，在理论方面，本章将从微观角度着重探讨服务贸易自由化影响服务出口技术复杂度进而影响制成品出口技术含量的微观机制，并形成相应的理论假说。虽然针对制成品出口技术含量影响因素的探讨，现有文献已取得了较为有益的成果，但从服务贸易视角尤其是从服务贸易自由化进而服务出口技术复杂度视角进行的研究，还极为罕见。第二，在实证研究方面，本章采用渗透率的测度方法衡量中国服务贸易自由化水平，并据此研究其对中国服务出口技术复杂度进而制成品出口技术含量的影响，所得结果不仅能够对理论假说进行有效检验，而且也丰富和发展了对制成品出口技术复杂度影响因素的研究。第三，在政策含义方面，根据本章理论假说和计量检验结果，我们认为，进一步扩大服务业对外开放，抓住全球服务贸易发展的重要机遇，着重利用发达经济体在服务业尤其是生产者服务业方面所具有的优势，通过服务贸易自由化改革不断提升服务贸易进口质量和效率，依托反向拉动服务出口技术复杂度提升，进而提高我国制成品出口技术含量，是一条重要且有效的路径。本章余下的结构安排如下：第二部分对相关研究文献进行简要回顾；第三部分从微观机制上分析服务贸易自由化对服务出口技术复杂度进而制成品出口技术含量的影响；第四部分建立联立方程模型，并就变量测度以及数据来源问题进行说明；第五部分对理论假说的核心思想进行逻辑一致性计量检验；第六部分为总结全文并指出其政策含义。

二、文献回顾

自 20 世纪 90 年代以来，伴随金融、信息和通信技术的突飞猛进和广泛应用，以及全球服务贸易规则的实行，世界服务贸易取得了迅猛发展，全球贸易结构呈现向服务贸易倾斜的发展趋势，从而激发了学者们对服务贸易及其相关问题的热烈讨论。而针对服务贸易自由化影响服务出口技术复杂度进而影响制成品出口技术含量的研究，从现有文献来看，直接研究还较为缺乏。但是现有关于服务贸易进口可能影响制造业技术进步的研究，能够为我们提供一些间接认识。

针对服务贸易进口对制造业技术进步的理论研究方面，Seger-storm（2000）的研究指出[1]，作为中间投入的服务品进口会与当地要素发生关联，进口的服务品将更具"地方化"和"适宜性"特征，

---

[1] Segerstorm, Paul S. The Long-Run Growth Effects of R&D Subsidies. Journal of Economic Growth, 2000, 5（3）: 277 - 305.

从而能够促进进口国制造业技术进步。Hoekman（2006）的研究也持有类似的观点[1]，其研究指出，服务业是一国制造业国际竞争力的重要源泉，因此，对于服务业发展水平较为落后的经济体来说，可以通过进口服务或引进服务业 FDI 来保障制造业发展过程中的生产者服务的有效供给，并进而促进制造业效率水平的提升。Lennon 等（2007）则进一步认为[2]，服务尤其是作为中间投入的生产者服务的固有特征，往往需要进口国其他生产要素投入和互动才能产生应有作用，而由互动效应所产生的技术溢出将会更加明显，进而促进制造业技术进步和效率提升。Langhammer（2006）[3] 和 Markusen（1989）[4] 等则从分工演进的视角，指出服务贸易对制造业效率提升具有的重要作用，他们的研究认为，作为生产投入的服务贸易进口，由于更为细化和更为深化的专业化分工，不仅能够使其作为中间投入品的种类得以增加，其质量也会不断上升，进而对制造业效率提升具有重要的推动作用。Park（2002）[5]、Anderson（2004）[6] 以及 Raff 和 Ruhr（2007）[7] 等学者研究指出，当越来越多的服务变得可贸易时，服务业和制造业在跨国跨区域上的空间分布联动效应就会越来越强，服务贸易进口因此可以推动下游制造业的技术进步和生产效率水平的提升。伍华佳和

① Hoekman, Bernard. Trade in Services, Trade Agreements and Economic Development: A Survey of the Literature. CEPR Discussion 2006.

② Lennon, S. Information components of apparel retail websites: Task relevance approach. Journal of Fashion Marketing and Management, 2007, 11 (4), 494–510.

③ Langhammer R. J. Service Trade Liberalization as a Handmaiden of Competitiveness in Manufacturing, Kiel Working Paper No 1293, 2006.

④ Markusen, J. R. Trade in Producer Services and in Other Specialized Intermediate Inputs, The American Economic Review, 1989, 79 (1): 85–95.

⑤ Park S. C.. Measuring Tariff Equivalents in Cross-Border Trade in Services, Korea Institute for International Economic Policy. Working Paper 02–15, 2002.

⑥ Anderson, M. "Co-location of Manufacturing and Producer Services: A Simultaneous Equation Approach". Working Paper, 2004.

⑦ Raff H. and Ruhr M. Foreign Direct Investment in Producer Services: Theory and Empirical Evidence, Applied Economics Quarterly, 2007, 53 (3): 299–321.

张莹颖（2009）[1]、庄丽娟（2007）[2]等国内学者的研究认为，服务贸易进口可通过人力资本效应、物质资本积累效应、制度变迁效应等一系列作用机制，促进进口国制造业技术进步和生产效率水平提升。但是，也有学者持相反的观点，认为服务贸易进口并非一定意味着能够产生显著的技术外溢效应，在某些情况下反而有可能会对进口国自身技术研发产生"挤出"效应，进而制造业技术进步和生产效率水平提升产生阻碍作用（Baier et al.，2001[3]）。

针对服务贸易进口对制造业技术进步的实证研究方面，Arnold 等（2007）[4]利用捷克服务业 FDI 作为商业存在式服务进口的替代变量，并据此实证分析了其对制造业企业效率提升的影响，结果发现服务贸易进口对制造业效率提升具有显著促进效应。Francois 和 Woerz（2007）[5]选取了 OECD 国家地区为研究对象，实证研究结果表明，服务贸易进口对具有不同要素密集度特征的制造业具有差异影响，具体而言，服务贸易进口能够显著地促进技术密集型制造业技术进步和效率提升，而对劳动密集型制造业却存在着显著负面影响。国内学者蒙英华和尹翔硕（2010）[6]利用中国数据实证研究了生产者服务贸易进口对中国制造业效率的可能影响，研究结果发现，生产者服务贸易进口对技术密集型和资本密集型制造业效率提升，具有显著的促进作

---

① 伍华佳、张莹颖：《中国服务贸易对产业结构升级中介效应的实证检验》，载《上海经济研究》2009 年第 3 期。

② 庄丽娟：《国际服务贸易与经济增长的理论和实证研究》，中国经济出版社 2007 年版。

③ Baier S. L. and Bergstrand J. H. The Growth of World Trade：Tariffs，Transport Costs and Income Similarity［J］．Journal of International Economics，. 2001，53（6）：59 – 71.

④ Arnold，Jen s，Javorcik，Beata S. ，Mattoo，Aaditya. Does services liberalization bene-fit manufacturing firms? Evidence from the Czech Republic. Policy Research Working Paper Series 4109. The World Bank，2007.

⑤ Francois，J. F. ，Woerz，J. Producer Service，Manufacturing Linkages，and Trade. Tinbergen Institute Discussion Paper，2007.

⑥ 蒙英华、尹翔硕：《生产者服务贸易与中国制造业效率提升》，载《世界经济研究》2010 年第 7 期。

用，与此同时，具有不同要素密集度特征的生产者服务，其进口对制造业效率水平产生的影响也不尽相同。Robinson（2002）① 利用跨国截面数据进行的实证研究表明，发展中经济体从发达经济体进口服务产品，往往能够有助于发展中经济体获取信息和先进技术，从而推动制造业技术进步和效率水平提升，但这种效应却并不存在于发达经济体从发展中经济体进口服务贸易的情形。尚涛和陶蕴芳（2009）② 从生产性服务贸易开放与制造业国际竞争力关系角度开展的实证研究表明，中国生产性服务贸易开放程度的提高，对各制造业生产部门国际竞争力水平的不断提升，具有显著的促进作用。

现有研究对于我们深化认识服务贸易自由化对制成品出口技术含量的影响，无疑具有重要的参考价值和意义，但仍有进一步拓展的必要和空间，这突出表现在：（1）直接研究服务贸易自由化对制成品出口技术含量影响的文献还十分缺乏。（2）尽管现有研究从理论和实证两个层面，均涉及服务贸易进口对制造业技术进步和效率提升等可能产生的影响，但是这些研究并没有区分制造业技术进步和制成品出口技术含量提升，换言之，直接研究其对制成品技术复杂度提升的专门探讨还极为鲜见。（3）更为重要的是，现有研究虽然从服务贸易进口角度研究了其对制造业技术进步和效率提升的可能影响，从而在一定程度上暗含了服务贸易自由化对制成品出口技术含量的可能影响，但服务贸易进口并非等同于服务贸易自由化。（4）从服务贸易自由化反向拉动服务出口技术复杂度提升，进而促进制成品出口技术含量的研究还极为鲜见。有鉴于此，本章将利用中国经验数据，对服务贸易自由化与中国制成品出口技术含量之间的关系进行初步探讨。

---

① Sherman Robinson, Zhi Wang. Will Marin. Capturing the Implications of Services Trade Liberalization [J]. Economic Systems Research, 2002, 3 (1): 3 – 33.

② 尚涛、陶蕴芳:《中国生产性服务贸易开放与制造业国际竞争力关系》，载《世界经济研究》2009 年第 5 期。

三、理论模型

本节力图从理论上明晰服务贸易自由化影响服务出口技术复杂度进而影响制成品出口的微观机制。现有研究文献表明,高效高质的服务投入,会通过投入—产出联系而有效降低企业成本,尤其是对于技术复杂度相对较高的服务提供企业而言,情况尤为如此。从服务贸易角度来看,服务贸易自由化显然不仅有利于一国服务提供企业以更低的价格、更便捷的方式获取服务投入品,而且还可以面临更多的选择或者说获取更优质服务投入的机会。

(一) 简单假设

(1) 具有不同生产率水平的异质性出口企业生产异质性最终品 ϑ,我们用 Q_ϑ 表示异质性产品 ϑ 技术复杂度水平,用 A_ϑ 表示企业的生产率水平。对于任意一种异质性最终产品 $\vartheta \in \Omega$ (其中 Ω 表示异质性产品集合),均由相应的一个特定企业进行生产,即每个企业都是异质性服务品的单种服务提供企业。

(2) 假设企业在服务提供过程中使用具有连续统的中间投入服务,为分析方便起见,我们用 $i \in [0, 1]$ 表示连续统中间投入服务品按其技术复杂度的排序,即 $i = 0$ 表示连续统中技术复杂度最低的中间投入服务品,而 $i = 1$ 则表示连续统中技术复杂度最高的中间投入服务品,并且以 q_i 表示第 i 种中间投入服务品的技术复杂度。

(3) 最终服务提供品技术复杂度与中间投入服务品的技术复杂度之间存在着一一对应的关系,即,我们可以用 $q_{i\vartheta}$ 来表示企业生产技术复杂度为 Q_ϑ 的最终产品所采用的中间投入服务品 i 的技术复杂度水平,并且用参数 α_i 表示最终产品技术复杂度 Q_ϑ 对中间投入服务品 i 技术复杂度的敏感程度。

（4）假设本国（发展中国家，以 H 表示）和外国（发达国家，以 F 表示）由于经济发展水平的差距，在中间投入服务品的供给上具有不同的比较优势。借鉴 Schott（2004）[①]、Hummels 和 Klenow（2005）[②] 的研究思路，发达国家在技术复杂度较高的中间投入服务品生产上具有成本优势，而发展中国家则在技术复杂度相对较低的中间投入服务品生产上具有成本优势。由此，我们可以用下式表示生产异质性产品 ω 所采用的中间投入服务品 i 的单位成本：

$$c(q_{i\omega}) = x_c + y_c q_{i\vartheta}^2 \quad c \in [H, F] \quad\quad (10-1)$$

其中，x_c 表示 "0" 技术复杂度的投入品成本，y_c 表示成本如何随着投入品技术复杂度的变化而变化。为了表示发展中国家和发达国家在中间投入服务品方面的成本差异，在式（10-1）中有 $x_H < x_F$ 并且 $y_H > y_F$。换言之，发展中国家在低技术复杂度中间投入服务品上具有成本优势，即 x_H 比较低，但与此同时却面临着较高的 y_H 值，即随着技术复杂度的提高，其成本上升会更快。发达国家的情形则恰恰相反。

（二）出口需求问题

假定国际市场上的代表性消费者在一系列差异化最终服务提供品 $\vartheta \in \Omega$ 上安排其消费结构，并且假定消费者偏好满足不变替代弹性（CES）的消费函数形式，沿用 Chaney（2005），并将异质性最终品 ϑ 的技术复杂度纳入其中，则消费者需求偏好可表述为：

---

① Schott, P. K. (2004). Across-Product versus Within-Product Specialization in International Trade. Quarterly Journal of Economics 119 (2), 647-678.

② Hummels, D. and P. J. Klenow (2005). The Variety and Quality of a Nation's Exports. American Economic Review 95 (3), 704-723.

$$U = \left[\int_{\vartheta \in \Omega} (Q_\vartheta a_\vartheta)^{\frac{\sigma-1}{\sigma}} d\vartheta \right]^{\frac{\sigma}{\sigma-1}} \qquad (10-2)$$

其中，Q_ϑ 表示异质性服务提供产品 ϑ 的技术复杂度水平，a_ϑ 表示消费者对异质性服务提供产品 ϑ 的消费需求量，Ω 表示异质性服务提供产品集合，$\sigma > 1$ 表示内含技术复杂度的异质性服务提供产品间的替代弹性。以 p_ϑ 表示异质性服务提供产品 ϑ 的出口价格水平，则所有异质性产品的价格指数 P 可表述为：

$$P \equiv \left[\int_{\vartheta \in \Omega} \left(\frac{Q_\vartheta}{p_\vartheta} \right)^{\sigma-1} d\vartheta \right]^{\frac{1}{1-\sigma}} \qquad (10-3)$$

由效用最大化 maxU(·)或者消费成本最小化可知，国外消费者对本国异质性服务提供产品的需求为：

$$a_\vartheta = Q_\vartheta^{\sigma-1} \left(\frac{p_\vartheta}{P} \right)^{-\sigma} X \qquad (10-4)$$

根据式（10-2）可知国外消费者对本国异质性服务提供和出口的消费需求会随着异质性产品技术复杂度的提高而增加。

对于本国异质性服务提供和出口企业而言，总收益可表示为：

$$R_\vartheta = p_\vartheta \times Q_\vartheta^{\sigma-1} \left(\frac{p_\vartheta}{P} \right)^{-\sigma} \times X = Q_\vartheta^{\sigma-1} \left(\frac{p_\vartheta}{P} \right)^{1-\sigma} \times X \qquad (10-5)$$

(三) 生产与出口问题

遵循前面假定，$q_{i\vartheta}$ 表示单个中间投入服务品 $i \in [0, 1]$ 的技术复杂度水平，以用于生产异质性服务提供产品 ϑ。每一种中间投入服务品 i 都代表过程中一个特定的生产环节，则异质性产品 ϑ 的技术复杂度 Q_ϑ 可表示为：

$$Q_\vartheta = \left(\int_0^1 \alpha_i q_{i\vartheta}^{\frac{\rho-1}{\rho}} di \right)^{\frac{\rho}{\rho-1}} \qquad (10-6)$$

其中，ρ 表示不同中间投入服务品之间的替代弹性。ρ 越小，表明技术复杂度之间的互补性越强, 反之则反是。借鉴 Kremer (1993)[①] 关于产品质量的研究思路, 我们假设 $0 < \rho < 1$ 以表示中间投入服务品在技术复杂度方面的"互补性", 即具有更高技术复杂度的中间投入服务品 i 在一定程度上可以"弥补"其他低技术复杂度的中间投入服务品, 从而在整体上提升异质性服务提供产品的技术复杂度。参数 α_i 表示最终服务提供产品技术复杂度 Q_ϑ 对中间投入服务品 i 技术复杂度的敏感程度。

内含技术复杂度的异质性服务提供产品 ω 单位生产成本函数可表示为:

$$C(Q_\vartheta) = C(\{q_{i\vartheta}\}) = \frac{1}{A_\vartheta}\int_0^1 c(q_{i\vartheta})\,di \qquad (10-7)$$

相应地, 异质性服务提供产品 ϑ 生产企业的利润可表示为:

$$\pi_\vartheta = [p_\vartheta - C(Q_\vartheta)]a_\vartheta \qquad (10-8)$$

将式 (10-8) 及式 $a_\vartheta = Q_\vartheta^{\sigma-1}\left(\dfrac{p_\vartheta}{P}\right)^{-\sigma}X$ 代入则有:

$$\pi_\vartheta = \left[p_\vartheta - \frac{1}{A_\vartheta}\int_0^1 c(q_{i\vartheta})\,di\right]Q_\vartheta^{\sigma-1}\left(\frac{p_\vartheta}{P}\right)^{-\sigma}X \qquad (10-9)$$

(四) 最优化问题

由于本国 H 和外国 F 在不同中间投入服务品上具有不同的成本优势, 即当 $x_H < x_F$ 并且有 $y_H > y_F$ 时, 如果中间投入服务品可贸易, 那么本国异质性产品 ϑ 生产和出口企业在中间投入服务品的选择上存在一个临界点 q^*, 当 $q_{i\vartheta} \leq q^*$ 时, 即 $x_H + y_H q_{i\vartheta}^2 \leq x_F + f + y_H q_{i\vartheta}^2$ 时 (其中 f 表示因为存在服务贸易进口管制而导致的额外成本), 企业的

[①]　Kremer, M. (1993). The O-Ring Theory of Economic Development. Quarterly Journal of Economics 108 (3), 551–575.

最优选择是从本国购买中间投入服务品，反之，当 $q_{i\vartheta} \geq q^*$ 时，即 $x_H + y_H q_{i\vartheta}^2 \geq x_F + f + y_H q_{i\vartheta}^2$ 时，异质性产品 ϑ 生产企业将从国外进口中间投入服务品 i。从敏感程度的角度说，所有低于 $i < i^*$ 的都将在国内市场采购，而所有 $i > i^*$ 的中间投入服务品都将从国外市场采购。这就意味着成本函数可重新写为：

$$C(\,\cdot\,) = \frac{1}{A_\vartheta}\Big[\int_0^{i^*} c_H(q_{i\vartheta})\,di + \int_{i^*}^1 c_F(q_{i\vartheta})\,di\Big] \qquad (10-10)$$

相应地，异质性服务提供产品 ϑ 生产企业的利润可重新表示为：

$$\pi_\vartheta = \Big[\,p_\vartheta - \frac{1}{A_\vartheta}\Big(\int_0^{i^*} c_H(q_{i\vartheta})\,di + \int_{i^*}^1 c_F(q_{i\vartheta})\,di\Big)\Big]Q_\vartheta^{\sigma-1}\Big(\frac{p_\vartheta}{P}\Big)^{-\sigma}$$

$$(10-11)$$

不难证明，$\partial\pi_\vartheta/\partial i^* < 0$，即随着 i^* 值的提高，异质性服务提供产品 ϑ 生产企业的利润会随之下降，反之，随着 i^* 值的下降，异质性服务提供产品 ϑ 生产企业的利润会随之提高。如此，伴随着服务贸易自由化的发展，或者说随着 f 值的下降，由 $x_H + y_H q_{i\vartheta}^2 = x_F + f + y_H q_{i\vartheta}^2$ 所决定的临界值 q^*（即 i^*）会不断趋于下降，也即更多的具有相对较高技术复杂度的中间投入服务品将会从国外购买，从而实现更高的利润水平。此外，以 Q_ϑ 为自变量对式（10-11）求偏导容易看出，$\partial\pi_\vartheta/\partial Q_\vartheta > 0$，即异质性服务提供产品生产企业会因为最终产品技术复杂度的提高而提升其利润水平。由此，结合式（10-6）和式（10-1）不难推断，随着服务贸易自由化的发展，本国可以在成本不变条件下使用进口的技术复杂度相对较高的中间投入服务品，替代技术复杂度相对较低的国内中间投入服务品，从而实现异质性服务提供产品技术复杂度的提升，即本国出口技术复杂度的提升。如果我们将异质性服务提供产品技术复杂度的变化看作是产品"种类"变化的话，那么前述效应可以看作是出口产品技术复杂度提升的"扩张边际"作用机制。从而，我们可以得到命题 10-1。

命题 10-1：对于异质性服务提供产品出口企业而言，伴随服务贸易自由化的发展，其出口服务品技术复杂度会通过扩展边际而提升。

进一步地，结合式（10-4）可知，伴随异质性服务出口产品技术复杂度的提升，国外的消费需求数量也会随之上升，从而提高了异质性服务提供产品出口企业的出口数量，进而在整体上提升本国服务出口技术复杂度水平。这一效应可以看作是服务出口产品技术复杂度提升的"扩张边际"作用机制。于是，我们可以得到命题10-2。

命题10-2：服务贸易自由化的发展，在提高异质性服务提供产品出口企业技术复杂度的同时，能够促使国外消费者对本国异质性服务提供产品出口需求数量的增长，进而使本国服务出口技术复杂度会通过集约边际而提升。

概言之，由命题10-1和命题10-2可知，服务贸易自由化发展，不仅可以提升异质性服务提供产品出口企业的技术复杂度水平，还可以因此扩大异质性服务提供产品的出口需求规模。因此，服务贸易自由化的不断推进，通过出口扩展边际和出口集约边际两个方面提高一国服务出口技术复杂度水平。

（五）服务出口技术复杂度对制成品出口技术含量影响的进一步探讨

基于前述分析接下来我们再进一步探讨分析服务出口技术复杂度提升，如何促进制成品出口技术含量的提高。为了简化分析，我们假定一国生产的制成品和服务均用于出口，与此同时，生产产品和提供服务均由一种要素即劳动完成。换言之，劳动投入有两种用途：一种是直接用于生产制成品；另一种是用于生产服务，所得服务提供额或者直接用于出口，或者用于最终产品的中间投入。借鉴 Ciccone 等（1996）① 的模型，使用 D-S 垄断竞争分析框架，用 S 表示各种中间

---

① Ciccone, A. and Hall, E. "Productivity and Density of Economic Activity." American Economic Review, 1996, 86 (1): 54-70.

投入的组合状况，则有：

$$S = \left\{ \int_0^1 [x(i)]^{1-1/\sigma} di \right\}^{1/(1-1/\sigma)} \qquad (10-12)$$

其中，σ 表示各种服务投入品之间的替代弹性，并且满足 σ > 1。制成品生产函数满足柯布—道格拉斯形式为：

$$f(L,S,K) = A(L^\beta S^{1-\beta})^\alpha K^{1-\alpha} \qquad (10-13)$$

在标准的 D-S 垄断竞争框架内，处于垄断竞争市场条件下的服务企业实现边际成本定价，并且市场的自由进出入会使其均衡条件下的利润为零。因此，当市场处于均衡时每种服务的边界成本加成与其弹性的倒数相等，也即服务的价格 p = mc/(1 - 1/σ)，其中 mc 表示服务提供的边际成本。在 Ciccone 等（1996）的模型基础之上，我们将其模型进行进一步拓展，引入了反映技术进步等的效率参数 a。至于制成品的生产，我们只考虑服务投入和劳动投入的简单情形，因此单位产量的构成可以表示为服务投入成品和劳动的函数：

$$f(L,S) = L^\beta S^{1-\beta} \qquad (10-14)$$

由于技术进步等的效率参数 a 直接作用于服务生产和提供，不仅导致其提供成本下降，而且提升其提供的技术含量。而作为制成品生产的中间投入，显然，伴随其成本下降和技术水平的提高，会提高制成品生产的效率水平和技术水平，进而在出口方面表现为出口技术复杂度的不断提高。

四、计量模型、变量测度及数据说明

前述关于服务贸易自由化发展影响服务出口技术复杂度进而影响制成品出口技术含量的微观机制分析，主要还是停留在理论逻辑上的推演，缺少来自中国经验的实证检验。本节及以下部分的内容，旨在利用中国经验数据，对前述理论假说进行经验验证，以进一步明晰服务贸易自由化是否显著影响了中国制成品出口技术复杂度。

（一）关键变量及其测度

有关服务出口技术复杂度（记为 SES）以及制成品出口技术含量（记为 MES）的测度方法，与前述各章的研究逻辑一致，我们仍然沿用前述各章的测度方法。至于作为关键解释变量的服务贸易自由化（记为 FST）的测度问题，是当前学术界研究中的一个难点，因为相比货物贸易自由化的衡量，服务贸易自由化很难找到一个相对统一的衡量指标，如难以使用研究货物贸易自由化中通常使用的产成品进口关税或者中间投入品进口关税水平来衡量。综合并借鉴现有文献的做法（Arnold et al.，2011[①]；余淼杰，2010[②]），本章拟采用渗透率，即采用服务业 FDI 利用额和服务贸易进口额之和与服务业行业总产值之比，作为服务贸易自由化的替代变量。

前述第四章从宏观层面研究服务出口技术复杂度的影响因素表明，人力资本（记为 HU）、服务业发展规模（记为 SERV）、服务贸易开放度（记为 OPEN）、利用外资额（记为 FDI）、制度质量（记为 INST）、实际汇率水平（记为 REER）、人均 GDP（记为 GDP）、人口规模（记为 POP）、基础设施（记为 INFR）、货物贸易出口额（记为 EX）等均是影响服务出口技术复杂度的关键因素。

而从现有关于制成品出口技术含量的影响因素来看，除了本章最为关注的服务出口技术复杂度外，现有研究文献表明（Wang et al.，2007；Amiti et al.，2008，Xu et al.，2009；王永进等，2010；孟祺，

① Arnold, J. M. , J. Beata, L. Molly, M. Aaditya, 2011. Services Reform and Manufacturing Performance: Evidence from India, World Bank Policy Research Working Paper No. 5948.

② 余淼杰：《中国的贸易自由化与制造业企业生产率》，载《经济研究》2010 年第 12 期。

2013)，制造业利用外资（记为 FDIM）、融入产品内国际分工程度（记为 SPE）、基础设施（记为 INF）、制造业行业的研发投入（记为 RD）、制造业行业的人力资本（记为 HU）、经济发展水平（记为 GDP）等，也是影响中国制成品出口技术含量的可能因素。其中，制造业利用外资额为制造业利用外资存量额（单位为亿美元），融入产品内国际分工程度变量，本章借鉴 Yeats（2001）[①] 的方法并进行适当改进，即采用中间产品进出口额占本国进出口总额比重表示；基础设施变量采用全国铁路营业里程和公路营业里程之和表示；制造业行业的研发投入采用样本期内制造业行业研发投入经费与总产值之比；制造业行业的人力资本采用样本期内制造业行业研发人员全时当量（人年）与全部从业人员年平均人数之比表示；经济发展水平以人均GDP 表示。据此，考虑到数据的可获性以及计量分析的可行性，本章设定如下线性模型进行计量分析。基于前述分析，我们构建如下联立方程模型，以实证分析服务贸易自由化是否透过了服务出口技术复杂度，对制成品出口技术含量具有显著影响。具体计量方程如下：

$$LnSES_{i,t} = \alpha_0 + \alpha_1 LnHU_{i,t} + \alpha_2 SERV_{i,t} + \alpha_3 OPEN_t + \alpha_4 FDI_{i,t}$$
$$+ \alpha_5 LnINST_{i,t} + \alpha_6 REER_{i,t} + \beta Z_{i,t} + \mu_t + \gamma_i + \varepsilon_{i,t}$$
$$(10-15)$$

$$LnMES_t = \beta_0 + \beta_1 SES_t + \beta_2 LnFDIM_t + \beta_3 SPE_t + \beta_4 LnINF$$
$$+ \beta_5 RD_t + \beta_6 HU_t + \beta_6 LnGDP_t + \varepsilon_t \qquad (10-16)$$

其中，Ln 为自然对数符号，为了减轻数据的波动性而又不影响计量结果，我们对部分变量进行了对数化处理；计量方程中的 $Z_{i,t}$ 代表第四章中所述的各控制变量。数据年份为 1983 ~ 2012 年。

---

① Alexander J. Yeats, "Just How Big Is Global Production Sharing?" Arndt, S. W. and H. Kierzkowski: Fragmentation, New Production Patterns in the World Economy, 2001, 108 – 143.

(二) 数据来源及说明

本章计算中国制成品出口技术含量所使用的贸易数据，来自联合国 COMTRADE 原始数据库中 HS92 六位数分类贸易统计数据，人均 GDP 数据则来自世界银行 WDI 数据库；计算服务贸易自由化变量使用的服务贸易进口数据、服务业利用 FDI 额数据以及服务业行业总产值数据，来自历年《中国统计年鉴》；制造业行业利用外资额、全国铁路营业里程和公路营业里程、制造业行业研发投入经费与行业总产值、行业研发人员全时当量 (人年) 与全部从业人员年平均人数也来自历年《中国统计年鉴》；而测度中国融入产品内国际分工程度变量所使用的中间产品进出口额，来自 COMTRADE 数据库中的广义经济分类法 (Broad Economic Classification, BEC) 下的中间品贸易数据 (Intermediate Goods)，使用的进出口总额数据则来自中国商务部网站公布的统计数据。至于其他所需变量来源，第四章已有说明，本章不再赘述。

五、实证检验结果及分析

对于前述联立方程模型，我们采用似无相关回归分析法 (Seeming Unrelated Regression)，所得结果分别报告于表 10 - 1 和表 10 - 2。

表 10 - 1　　　　　　　服务出口技术复杂度回归结果

	总样本	传统	新型	稳健性
	(1)	(2)	(3)	(4)
FS	0. 3654 *** (5. 22)	0. 3638 *** (6. 17)	0. 3731 *** (3. 85)	0. 3621 *** (5. 33)
HU	0. 1029 *** (5. 36)	0. 1025 *** (6. 17)	0. 1033 *** (5. 12)	0. 1038 *** (5. 21)

续表

	总样本	传统	新型	稳健性
	(1)	(2)	(3)	(4)
SER	0.1822 (0.36)	0.1826 (0.64)	0.1819 (1.28)	0.1828 (1.15)
OPEN	2.1235*** (5.36)	2.1361*** (6.28)	2.1422*** (5.27)	2.1251*** (5.16)
FDI	0.0033* (1.96)	0.0039* (1.91)	0.0041** (2.35)	0.0040* (1.98)
ER	0.1633*** (2.67)	0.1531* (1.96)	0.1627*** (2.12)	0.1129* (1.93)
GDP	0.3328*** (6.17)	0.3296*** (8.36)	0.3277*** (9.13)	0.3315*** (6.26)
POP	0.1427 (1.31)	−0.1425 (−1.53)	0.1533 (1.14)	0.1426 (1.52)
EX	−0.8166*** (−3.18)	−0.8241*** (−3.27)	−0.8237*** (−3.16)	−0.8125*** (−3.55)
INFR	0.0029*** (5.12)	0.0027*** (4.31)	0.0031*** (6.62)	0.0029*** (5.18)
REER1	0.0122* (1.95)	0.0119* (1.93)	0.0125** (1.92)	0.0122** (1.95)
常数项	4.0374*** (3.46)	4.0745*** (4.85)	4.1796*** (3.53)	4.1644*** (3.69)

注：＊、＊＊、＊＊＊分别表示参数估计在10%、5%和1%水平下显著，参数估计下方括号内的数值为t统计量。

表10-1报告的结果即根据联立方程估计的模型（10-15）结果，表10-2报告的结果即根据联立方程估计的模型（10-16）结果。其中，在表10-1和表10-2呈列的回归结果中，均为四列。第一列回归结果是基于总样本对联立方程进行回归估计所得；第二列和第三列是基于分样本进行回归估计所得，即第二列是以传统服务贸易自由化为关键解释变量进行回归所得，而第三列则是以新型服务贸易

部门自由化为关键解释变量进行回归所得；第四列则是稳健性回归结果，即利用服务贸易进口渗透率（服务贸易进口额与服务业行业总产值之比作为服务贸易自由化的替代变量）进行回归所得。表10－1中第一列至第四列报告的回归结果均表明，服务贸易自由化对服务出口技术复杂度的提升具有显著影响。

表 10－2　　　　　　　　制成品出口技术含量回归结果

	总样本	传统	新型	稳健性
	（1）	（2）	（3）	（4）
SES	2.900 *** (3.008)	1.983 *** (3.065)	8.061 *** (3.415)	2.900 *** (3.008)
FDIM	0.440 *** (15.736)	0.444 *** (15.227)	0.444 *** (11.880)	0.440 *** (15.736)
SPE	0.310 ** (2.720)	0.272 ** (2.397)	0.288 ** (2.333)	0.310 ** (2.720)
LnINF	0.208 *** (6.182)	0.210 *** (6.142)	0.183 *** (3.760)	0.208 *** (6.182)
RD	0.430 ** (2.310)	0.356 ** (2.824)	0.399 ** (2.108)	0.430 ** (2.310)
HU	3.120 ** (2.618)	2.893 ** (2.072)	2.600 ** (1.993)	3.120 ** (2.618)
LnGDP	0.010 *** (4.482)	0.010 *** (4.414)	0.013 *** (3.056)	0.010 *** (4.482)
常数 C	9.200 *** (7.849)	9.188 *** (5.428)	9.322 *** (4.387)	9.200 *** (7.849)

注：*、**、*** 分别表示参数估计在10%、5%和1%水平下显著，参数估计下方括号内的数值为 t 统计量。

进一步地，从表10－2报告的回归结果看，第一列呈列的结果表明，服务出口技术复杂度变量的系数估计值均在1%的显著性水平下，对我国制成品出口技术含量提升具有显著影响。前述结论表明，服务贸易自由化水平的提高，对于我国服务出口技术复杂度水平的提高，进而对于我国制成品出口技术含量的提升具有重要的促成作用。实际上，由于受到经济发展水平的现实制约以及长期以来对服务业不够重视，我国服务业的发展水平总体而言比较落后，因此伴随中国工业化进程的不断推进从而对服务的需求日益旺盛，中国服务贸易自由化进程改革促进了服务业进而服务出口技术复杂度的快速变化。尤其是中国加入 WTO 后，随着加入 WTO 承诺的逐步兑现，我国的服务贸易开放程度得到了很大提高。服务贸易开放程度的提高，在促进国内服务业发展的同时，也扩大和改善了服务贸易的规模与结构，提升了服务出口技术复杂度。这对于促进制造业效率提升和技术进步，进而制成品出口技术含量水平的提升，具有显著的积极影响。

对其他变量而言，就制造业利用外资额变量，其系数回归估计结果表明，系数估计值为正且通过了显著性检验。也就是说，制造业行业利用外资对于我国制成品出口技术含量的提高也具有积极的促成作用。其中可能的作用机制不仅在于外资企业的进入产生了广泛的溢出效应，从而促进了我国制造业效率水平提高和技术进步，还因为进入我国的外资企业往往拥有更为先进的技术和更高的生产率，从而对中国制成品出口技术含量的整体提升具有直接效应。现有的文献已经表明，就进入中国的外资企业平均而言，其生产率水平和技术水平要高于国内本土企业（Du，2011）。从上述意义来说，本书的研究结论与现有文献具有内在的一致性。就融入产品内国际分工程度变量而言，其系数估计值同样为正，并且均在 5% 的显著性水平下对制成品出口技术含量提升具有积极影响。实际上，在产品内国际分工体系下，由于一国制成品出口往往内含大量的进口中间投入品，因此，一国制成品出口技术含量的提升可能是使用了技术复杂度较高的进口中间产品的结果。正如 Johnson（2009）和 Theodore H. Moran（2011）的研究发现，在全球价值链分工模式下，发展中国家出口的高技术复杂度产品，表面上是由发展中国家自己生产，但实质上其中主要的高技术含量部分则产自发达国家。这一情形其实正是中国对外贸易发展实践的真实写照。就基础设施变量而言，其系数回归估计结果意味着，基础设施的完善对于中国制成品出口技术含量的提高，具有显著的积极促进作用，这一点也是与现有文献研究结论是一致的（王永进等，2010）。就制造业研发变量而言，其系数估计值为正且至少在5%显著性水平下对制成品出口技术含量具有影响，说明研发投入比例的提高的确对制成品出口技术含量提升具有积极促进作用。就人力资本变量而言，其系数回归结果表明至少在5%的显著性水平下对制成品出口技术含量提升具有积极影响，也就是说，人力资本状况的改善对我国制成品出口技术含量提升是具有重要作用的。这一点也与通常的理论预期是一致的。此外，经济发展水平变量的回归结果同样表明对制成品出口技术含量具有显著的正向影响，这一点与现有关于人均GDP与一国制成品出口技术含量研究文献所揭示的现象，也是一致的（Hausmann et al.，2007）。

　　仅从总体层面测度我国服务贸易自由化水平，并以此作为基础解释变量所得的回归估计结果，虽能大体反映服务贸易自由化对提升我国服务出技术复杂度进而提升制成品出口技术含量的总体影响，但却无法反映服务贸易自由化下具有不同特征的服务部门所可能产生不同影响。这是因为，作为技术、信息和知识等高端要素的重要载体，传统服务部门和新型服务部门相比，两者所内含的技术、信息和知识等高端生产要素应该是不同的。因此，如果将服务进口当作中间投入品时，体现在不同服务部门的自由化对服务出口技术复杂度进而对制成品出口技术含量提升作用的可能差异性。为此，我们再从分部门的角度进一步探讨服务贸易自由化对服务出口技术复杂度进而制成品出口技术含量的影响。根据我国服务业行业分类标准，我们将交通运输、仓储、邮政业、住宿与餐饮业、房地产业以及文体娱乐业划分为传统服务业部门，而将剩下的诸如金融业、科学研究、技术服务等划分为新兴服务业部门。基于传统服务部门和新型服务部门的联立方程回归结果分别报告于前述表10-1和表10-2的第二列与第三列。

　　比较表10-2的第二列和第一列的回归结果，容易看出，在服务贸易自由化背景下，以传统服务业部门FDI表示的产业渗透率，对制成品出口技术含量的提升，虽然仍具有显著的促进作用，但就系数估计值的大小来看，其促进作用却要弱于整体层面上的回归结果。第三列的结果即基于新型服务部门进行的回归估计所得结果。结果表明，当以新型服务部门 FDI 产业渗透率作为服务贸易自由化替代变量时，系数估计值在保持了原有显著性同时，其大小却呈现出了显著提升。这一结果意味着，服务贸易自由化背景下新型服务部门透过服务出口技术复杂度进而对制成品出口技术含量提升的促成作用，要显著强于传统服务部门。总之，综合各列的回归结果，证实了服务贸易自由化下具有不同特征的服务部门，透过服务出口技术复杂度对制成品出口技术含量的提升具有不同影响。

此外，为了进一步检验前述各列回归估计结果的可靠性，我们进一步利用服务贸易进口渗透率，即利用服务贸易进口额与服务业行业总产值之比作为服务贸易自由化的替代变量（记为 FS1），并利用总样本对联立方程进行再估计，以进行进一步的稳健性分析，所得结果报告于第四列。将第四列的回归结果与前述各列的回归结果进行比较，不难看出，当我们将服务贸易进口渗透率作为服务贸易自由化的替代变量时，服务贸易自由化仍然透过服务出口技术复杂度，进而对制成品出口技术含量提升具有显著促进作用。这一结果在一定程度上进一步证实了前述各列分析结果的稳健性。就其他变量的回归结果而言，第四列所报告的结果与前述各列的回归结果也基本一致，从而说明了回归结果的稳健性，此处不再赘述。

六、简要结论及启示

自 20 世纪 90 年代以来，伴随中国出口贸易"井喷式"增长的同时，中国制成品出口技术含量也有了迅速提升，甚至远远超越了同等收入水平的国家。对此，现有文献主要从 FDI、中间产品进口、基础设施等不同角度实证探讨了其可能影响因素（Wang et al.，2007；Amiti et al.，2008，Xu et al.，2009；王永进等，2010；孟祺，2013），而从服务贸易自由化角度特别是透过服务出口技术复杂度开展的研究却极为鲜见。从国际产业演化趋势和发展规律来看，制成品出口结构和技术复杂度升级，有赖于生产者服务业的支撑和引领，然而，当前我国服务业发展相对滞后的现状，显然还难以承担支撑和引领制造业升级进而制成品出口技术含量不断提升的"重任"。那么，在此背景下，我们能否利用全球产业结构的现行比较优势，抓住全球服务贸易发展的重要契机，或者说，以服务贸易自由化服务于我国制成品出口技术含量提升的现实需要，换言之，依托服务贸易自由化发展反向拉动服务业进而服务出口技术复杂度的提升，再带动制成品出口技术含量的提升？针对这一重要命题，还需要从理论和实证上给予回答。

有鉴于此，本章理论分析了服务贸易自由化影响服务出口技术复杂度进而影响制成品出口技术含量提升的微观机制，结果发现，伴随服务贸易自由化的发展，服务出口技术复杂度会通过扩展边际和集约边际的双重效应而得以提升，而服务出口技术复杂度的提升对制成品出口技术含量提升同样具有重要促进作用。在此基础上，本章采用了服务贸易进口渗透率和服务业 FDI 产业渗透率，作为服务贸易自由化的替代变量，并借鉴 Hausmann 等（2007）的测度方法，测算了 1983～2012 年中国制成品出口技术含量，采用联立方程模型实证研究了服务贸易自由化透过服务出口技术复杂度对我国制成品出口技术含量提升的可能影响。实证检验结果表明，服务贸易自由化发展对我国服务出口技术复杂度，进而对制成品出口技术含量提升具有显著影响，这说明，不断推进的服务贸易自由化改革对于我国服务出口技术复杂度具有较高解释力，而服务出口技术复杂度又存在提升制成品出口技术含量的显著效应。与此同时，我们的研究还发现，制造业 FDI、融入产品内国际分工程度、基础设施、制造业行业研发投入、制造业行业人力资本以及经济发展水平等，均对制成品出口技术含量具有显著影响。

本章研究所得结论具有重要政策含义。目前，在资源环境约束日益强化，"人口红利"逐渐式微，传统低成本优势正被销蚀的态势下，成功突围全球价值链锁定实现出口技术复杂度提升，需要发挥生产者服务的支撑和引领作用。然而，在目前我国服务业发展相对滞后进而难以发挥支撑和引领作用的大背景下，可以通过不断推进服务贸易自由化改革，抓住全球服务贸易发展的重要契机，从而"借力"全球产业结构的现行比较优势，更具体地说，"借力"发达经济体在服务业方面的比较优势，助推和反向拉动中国服务业或者说服务出口技术复杂度的提升，依托服务出口技术复杂度提升促进制成品出口技术含量的不断提升。总体而言，本章为中国推进服务贸易自由化的改革，透过服务出口技术复杂度提升进而提升制成品技术复杂度，提供了理论和实证支撑，更重要的是结果研究表明服务出口技术复杂度提升，对制成品出口技术含量提升具有显著的正向经济效应。

第十一章　结论、展望及对策建议

　　自 20 世纪 90 年代以来，随着经济全球化的深入发展，信息通信科技的突飞猛进和广泛应用，世界经济结构的不断调整和全球经济一体化进程的加快，以及全球服务贸易规则的实行，服务业只能局限于一国国内的格局被打破，世界各国的服务贸易得到了迅猛发展，全球贸易结构正逐步向服务贸易倾斜，服务贸易的发展状况也日益成为衡量一国参与国际竞争能力的重要指标之一。在此背景下，中国服务贸易虽起步较晚，但也呈现出快速发展势头。统计数据显示：2012 年中国服务进出口规模达 4726.3 亿美元的历史新高，从而"跻身"世界前三。在越来越多的"服务"变得可贸易的同时，如同制造业一样，服务业也是一个"碎片化"快速发展的行业，"服务产品"的全球价值链得到了快速拓展。这不仅对服务贸易的快速发展，而且对一国服务贸易技术复杂度也产生了重要影响。因此，如何抓住服务业"全球化"和"碎片化"发展所带来的战略机遇，在实现中国服务贸易规模扩张的同时提升服务贸易技术复杂度，并更好地发挥其应有的经济效应，无疑是摆在理论和实践部门面前的重要课题。正是基于前述背景和现实需求，本书力图回答中国服务贸易出口如何增长问题，以及中国服务贸易出口技术复杂度变迁以及进口复杂度变迁所可能具有的经济效应。本章即对本书研究所得主要结论进行一个简单总结，并就全球服务贸易发展趋势尤其是技术复杂度演变趋势及中国可能面临的机遇和挑战，进行简要分析和展望。最后，为了凸显本章所做研究的现实意义，本章在政策层面上提出：要坚定不移地依托优势要素深度融入服务业全球价值链分工体系，实现服务贸易的大发展；着力发展现代服务业，为提升服务贸易技术复杂度奠定坚实的产业基础；大力承接服务外包，借助"外力"助推中国服务贸易规模扩张和技术复杂度提升"双丰收"；大力引进生产者 FDI，助推中国服务业发展乃至服务贸易出口技术复杂度的提升；注重服务贸易进口技术复杂度的提升，发挥服务贸易进口的应有经济效应；注重人力资本的培育和积累，为高级服务业进而高技术复杂度服务贸易的发展奠定高端要素基础；着力推动技术进步，引领服务业和服务贸易不断向高技术复杂度方向迈进；完善制度质量，为高技术复杂度服务业和服务贸易发展提供良好的商务环境，据以提升中国服务贸易技术复杂度并充分发挥其应有的经济效应。

一、主要结论

第一，中国服务贸易靠什么增长问题。服务业"全球化"和"碎片化"的国际分工深入演进，在为全球服务贸易快速发展带来重要机遇的同时，也对从服务进出口结构角度分析服务贸易发展质量的传统方法提出了挑战：因为不同服务生产环节和流程，同样具有"高端"和"低端"之分，换言之，传统服务贸易部门也有"高端"部分，现代新型服务贸易部门也存在"低端"环节。在此背景下，中国服务贸易近年来出现的快速增长趋势，到底是"以质取胜"还是"以量取胜"，需要采用适当的方法，进行客观评价并给出正确认识。这是本书探讨的主要内容之一。而对于这一问题的回答，本书的研究首次提出了如何突破服务贸易自身特性和统计数据的现实约束，将目前较为流行的研究货物贸易增长边际分析法拓展至服务贸易领域，并据此将中国服务贸易出口市场份额分解为价格、种类和数量，从而回答了中国服务贸易出口如何增长的问题。我们的研究发现，中国服务贸易出口增长主要依赖于数量增长，价格和种类变化的边际贡献较小，并且从动态演进的角度来看，前述情形有加剧发展之势。由于价格通常是质量或者说技术复杂度的外在表现，因此，根据前述研究结果，可以认为，中国服务贸易出口具有典型的粗放型特征。

第二，中国服务贸易出口技术复杂度的国际地位问题。中国服务贸易技术复杂度情况，不能完全从自身角度来看，还必须放在国际分工的大背景下进行认识。因为全球分工演进尤其是服务业"全球化"和"碎片化"的快速发展，对不同国家（地区）的影响可能各异，从而在为各国（地区）服务贸易技术复杂度带来"绝对"变化的同时，也会导致各国（地区）在服务贸易技术复杂度方面的"相对"变化。为此，要正确认识中国服务贸易技术复杂度的变化及其国际地位问题，需要对中国服务贸易复杂度进行国际比较。对此，本书的研究选取了全球部分服务贸易大国，并基于适当的测度服务贸易技术复杂度的方法，对中国服务贸易技术复杂度进行国际比较。我们的研究发现，伴随我国服务贸易出口规模的不断扩大，其出口技术复杂度排名也得到了快速提升，并在全球服务贸易大国（地区）中逐步进入较高位次；然而，中国服务贸易相对出口技术复杂度却仍然处于本书研究所选样本国（地区）的"均值"水平。这一事实发现表明，目前中国服务贸易出口技术复杂度仍然偏低。

第三，中国服务贸易出口技术复杂度的经济效应问题。一方面，货物贸易的发展（主要是制成品）与服务贸易的发展并非孤立，许多理论和实证研究已经证实了两者之间的互动和融合关系，那么这种互动融合的关系是否也体现在两者的"出口技术复杂度"方面；另一方面，R. Hausmann 等（2007）针对制成品出口贸易的经济效应进行研究时曾指出，对于将目标"锁定"在获取更高技术复杂度商品出口能力提升的国家会从贸易中获取更多利益，并实现更好的经济绩效，即，"一国选择出口什么，是至关重要的"。那么类似的效应是否同样存在于服务出口？针对中国服务贸易出口技术复杂度可能存在的前述两个方面的经济效应，本书进行探讨式研究：一是研究服务贸易出口技术复杂度与制成品出口技术复杂度的动态相关性，以此明晰服务贸易出口技术复杂度提升对中国制成品出口技术含量变化的重要影响；二是研究服务贸易出口技术复杂度对经济增长绩效的影响，以此明晰服务贸易出口技术复杂度是否对经济增长绩效具有显著影响。我们的研究发现，中国服务贸易出口技术复杂度与制成品出口技术复杂度之间，具有内在"质的规定性"，换言之，两者之间具有"互动提升"作用。也就说，提升中国服务贸易出口技术复杂度，对于提升中国制成品出口技术复杂度进而提升国际分工地位具有重要意义。至于服务贸易出口技术复杂度的经济增长效应，我们的研究同样发现，服务贸易出口技术复杂度对经济增长有着显著的积极影响，即，服务贸易出口技术复杂度越高，对经济增长的促进作用就越明显。这也就意味着，在中国服务贸易发展相对滞后以及外贸发展方式亟待转型升级的背景下，提倡大力发展服务贸易不应单纯追求规模的扩张，更应注重服务贸易出口技术复杂度的提升，如此，才能更为有效地推进中国外贸发展方式转型，以及更为有效地促进中国经济又好又快地发展。

第四，中国服务贸易进口技术复杂度的经济效应问题。一方面，制造业和服务业尤其是生产者服务业之间的融合越来越深，服务业尤其是高级生产者服务业是把社会中日益专业化的人力资本等高级要素导入商品生产过程的"飞轮"，从而服务业间接地规定着制造业的国际竞争力；另一方面，诸如中国这样的发展中国家和新型经济体，服务业尤其是生产者服务业发展相对发达经济体而言又较为滞后。因此，在服务贸易自由化趋势下，中国能否通过进口技术复杂度较高的服务以弥补自身比较劣势，从而可以起到带动制造业效率提升以及转变工业经济发展方式的作用？针对中国服务贸易进口技术复杂度可能具有的前述两个方面的经济效应，本书采用最新测度服务贸易进口技术复杂度的方法，并对如下两个方面的问题开展实证研究：一是实证分析中国服务贸易进口技术复杂度对制造业效率影响；二是服务贸易进口技术复杂度对工业经济发展方式转变的影响。针对前一问题，我们采用最新测度服务贸易进口技术复杂度的方法，并据此实证研究服务贸易进口技术复杂度对中国制造业效率提升的影响，计量检验结果表明：（1）从总体层面来看，提高服务贸易进口技术复杂度能够显著促进我国制造业效率水平的提升；（2）从服务贸易分部门来看，新兴服务贸易领域进口技术复杂度变化对我国制造业效率水平的影响，要强于传统服务贸易领域进口技术复杂度变化所产生的影响；（3）从制造业分部门来看，服务贸易进口技术复杂度的提升对资本密集型和技术密集型行业效率水平的影响，要强于对传统劳动密集型行业的影响。针对后一问题，我们同样采用最新测度服务贸易进口技术含量的方法，并以全要素生产率对工业总产值增长贡献率作为我国工业经济发展方式衡量指标，分别从总体、服务贸易进口分部门以及工业行业分组三个层面，实证研究了 2004～2011 年服务贸易进口技术含量对我国工业经济发展方式的影响。计量检验结果揭示：服务贸易进口技术含量对我国工业经济发展方式转变具有显著的促进作用；并且，具有更高技术含量的新型服务贸易进口的促进作用要强于传统服务贸易进口；而从工业行业的分组来看，服务贸易进口技术含量对我国技术密集型工业行业发展方式转变的影响最大，其次是资本密集型工业行业，最后是资源密集型和劳动密集型工业行业。

二、趋势与展望

第一，服务贸易"全球化"仍将进一步发展。自 20 世纪 90 年代以来，服务贸易"全球化"的发展趋势日益明显，从而使全球服务贸易额迅猛增长，这突出表现为全球服务贸易出口总额从 1980 年的仅 3957 亿美元，迅速攀升到了 2014 年的 49404 亿美元。实际上，全球服务贸易之所以能够得以迅猛发展，或者说服务贸易"全球化"趋势之所以日益明显，除了得益于信息通信科技的突飞猛进及其广泛应用外，始于 GATT 乌拉圭回合的《服务贸易总协定》（GATS）的达成，也为服务贸易的全球化奠定了基础和提供了制度保障。换言之，没有自由化的推进，就没有服务贸易"全球化"的趋势和结果。2001 年 11 月在卡塔尔首都多哈举行的世贸组织第四次部长级会议启动的新一轮多边贸易谈判（简称"多哈回合"），其所确定的 8 个谈判领域之一就是服务业和服务贸易开放问题。虽然"多哈回合"遭遇了发达国家与发展中国家的激烈博弈，致使其进程艰难曲折，但是2013 年 12 月 7 日，世界贸易组织（WTO）第九届部长级会议通过的《部长宣言》中所达成的"巴厘一揽子协定"，从而实现了世贸组织成立 18 年来多边谈判"零的突破"，使我们看到了包括服务贸易在内的贸易优化发展的新曙光。而除了多边贸易体制之外，近年来区域自由贸易安排也是如雨后春笋般地在发展，而且在目标形式上更趋于多元化，服务贸易逐渐成为 RTAS 的重要内容，实际上区域自由贸易安排中的服务贸易自由化程度已经超过了 GATS，进一步降低了区域服务贸易的壁垒。可以预期，服务贸易自由化将是多边贸易体制和区域自由贸易安排下的重要内容，并将为全球服务贸易发展创造更好的市场准入条件和制度保障。此外，从目前各国发展服务贸易的积极性和开放姿态来看，尽管由于发展水平各异从而对服务业开放领域及开放进程的态度各异，但力图通过发展服务贸易以提升参与国际竞争能力，从而更好地利用国内国际两种资源，已经基本上达成共识。因此，尽管历程可能较为曲折，但各国将以更为开放的姿态融入全球服务业大分工将是必然选择和大势所趋。

第二，服务贸易"碎片化"的分工模式仍将深入演进。一方面，新技术革命有力地推动服务流程的可分离性以及服务贸易的大发展。毋庸置疑，通信等高新技术的广泛应用，使原先许多"不可贸易"的服务转化为"可贸易"的服务，这也是服务贸易呈现全球化的技术基础。伴随着服务提供流程分割技术的不断发展，服务提供流程逐步趋向规模化和专业化，促进了服务活动从原先完整的价值链链条中不断分离出来，进而发展成为新的服务贸易。科技革命加快了科技人员的国际流动，有利于科技人员以自然人移动的方式开展跨国服务贸易；另一方面，伴随着全球服务贸易的不断发展和竞争的日趋激烈，跨国公司基于全球竞争的战略需要，在技术可分离的条件下，会越来越多地以"碎片化"的生产方式，将服务提供的不同环节和流程，按照其不同的要素密集度特征，配置到全球最具有成本优势和最具有提供效率的国家和地区，从而实现全球优质资源的企业"内部化"，进一步提升全球竞争能力。"掌握核心的，外包其余的"将会成为继制造业价值链分解之后，跨国公司服务活动的重要全球趋势。况且，对于某些服务活动，如研发活动而言，其不仅具有耗资巨大的特征，还通常因为结果的不确定而具有较高风险，从而"完整地"从事研发活动可能成为单一企业的"不能承受之重"。因而，推动研发活动的全球化以及功能性活动的更加专业化，成为目前众多研发活动的重要趋势。研发活动领域的全球"碎片化"以及由此所带来"全球化"特征也是愈发地明显（王子先，2013[①]）。总之，在技术可分性的前提下，或者说伴随着技术进步进而服务提供流程变得越来越"可分"的条件下，以"碎片化"的方式在全球范围内组织和提供功能性服务活动，仍将是跨国公司采取的重要发展战略，并由此推动着服务贸易"碎片化"的分工模式继续深入演进。

第三，服务贸易技术复杂度在"两化"进程中将不断提升。伴随着技术进步以及知识等高级生产要素的不断积累，如同制成品技术复杂度得以不断提升一样，服务业领域也同样呈现出技术复杂度不断提升的发展趋势，况且，与制成品相比，服务尤其是生产性服务，往往更具有知识密集型、信息密集型和技术密集型特征，因此，伴随着诸如技术、知识和信息等高端要素的不断培育和积累，服务业进而服务贸易会表现出更为突出的技术复杂度变迁特征。然而，除了受到诸如技术、知识和信息等高端要素的不断培育和积累影响外，服务贸易的"全球化"和"碎片化"发展的"两化"演进，也会不断推动服务贸易技术复杂度的提升。这是因为，从服务提供流程环节的分解来看，如前所述，"保留核心的，外包其余的"将会是发达国家跨国公司在服务"全球化"和"碎片化"发展趋势下所采取的重要战略,因此,从发达国家跨国公司自身来看,由于不断将服务提供流程的"其余部分",或者说相对中低端部分不断外包出去,从而将自身资源更加专注于"核心环节",因此,对于发达国家的跨国公司而言,其自身提供的服务流程和环节将会越来越具有高端化,或者说越来越具有更高技术复杂度特征。而从另一角度看,即从承接服务外包的诸如发展中经济体的企业来看,由于其承接了发达国家跨国公司外包出来的服务环节和阶段,虽然这些服务提供流程和阶段对于发达国家跨国公司而言可能是中低端的,但是对于发展中经济体的企业或者说对于承接方来说,则与自身现有提供的服务水平相比,则可能更具有中高端的特征,从而同样表现为由于承接了服务外包活动而使其提供的服务流程和环节,会越来越具有高端化或者说越来越具有更高技术复杂度特征。况且,伴随着"外包"活动的动态演进,即发达国家跨国公司会不断地将越来越多地更具有知识、技术和信息密集度特征的服务环节和流程外包出去,从而前述两个方面的影响会更加显著。因此,总体而言,不论是从发包方来看,还是从承包方来看,其所提供的服务流程的技术复杂度都会表现出越来越高的特征和发展趋势,换言之,服务贸易技术复杂度会在服务贸易"全球化"和"碎片化"的深入演进中不断提升。

第四,发达经济体在未来一定时期内仍将是服务贸易技术复杂度的"高端"掌控者。从要素投入特征来看,越是高端的服务或者说技术复杂度越高的服务,其所包含的或者说所需要投入的高端要素就越多。实际上,针对服务贸易比较优势决定因素的许多实证和经验研究已经揭示了:相比传统的土地、劳动和资本等生产要素,在扩展生产要素意义范畴内的技术、人力资本、研究与开发、信息以及管理等生产要素,对于服务贸易的比较优势,尤其是高技术复杂度的服务贸易比较优势，更具有决定性意义（Chor，2010①；Marel，2011②）。从现有优势要素的空间分布格局来看，发达经济体往往在技术、人力资本、研究与开发、信息以及管理等高级生产要素上具有较高的丰裕度，而发展中经济体一般而言在劳动等初级要素上具有较高的丰裕度。不同要素丰裕度的现实空间分布格局，由此决定了发达国家在技术复杂度较高的服务提供流程和环节上更具有比较优势，从而决定了其更加专业化和出口技术复杂度较高的服务提供流程和环节，而发展中经济则在诸如劳动的初级要素密集度较高的，或者说技术复杂度相对中低端的服务提供流程和环节上具有比较优势，从而决定了其更加专业化和出口技术复杂度相对中低端的服务提供流程和环节。这也是服务贸易格局的现实状况。不可否认，发展中经济体与发达经济体相比，在诸如技术、人力资本、研究与开发、信息以及管理等高级生产要素方面，仍然存在较大差距，因此，在服务贸易"全球化"和"碎片化"的发展大势之下，发达经济体在未来一定时期内仍将是服务贸易技术复杂度的"高端"掌控者，或者说发达经济体跨国公司仍将是服务提供流程的全球价值链创造者和"链主"，而发展中经济体企业在服务全球价值链中则更多地扮演着"参与者"而非"创造者"的角色。服务提供流程中的中低端技术复杂度部分，仍将是未来一定时期内发展中经济体所从事和专业化提供的主导"任务"。

第五，发展中经济体在融入全球分工体系中提升服务贸易技术复杂度，既面临着重要机遇，也面临着挑战。正如前面分析所指出，当前服务贸易"全球化"和"碎片化"发展趋势，为发展中经济体带来了重要机遇，这种机遇既包括比较优势的创造效应，也包括比较优势的激发效应。两种效应的共同作用，降低了发展中经济体融入全球

---

① Chor, D. (2010) "Unpacking Sources of Comparative Advantage: A Quantitative Approach", Journal of International Economics, Vol. 82, No. 2, pp. 152 – 167.

② Erik van der Marel and Sciences-Po (2011) "Determinants of Comparative Advantage in Services", FIW Working Paper series with number 087.

服务分工体系和参与全球服务贸易的最低"门槛"。事实上,这种门槛降低效应,正是来自服务提供流程的不断分解,进而将潜在的比较优势不断挖掘进而向极致发挥的重要表现和结果。从这一意义上来说,这有利于服务经济活动的全球范围内的资源优化配置,从而对效率水平的提升和技术复杂度的提升都具有重要的促进作用。这是发展中经济体在融入全球分工体系中提升服务贸易技术复杂度,所面临的重要战略机遇。但与此同时,我们也要看到发展中经济体所可能面临的风险。实际上,发展中经济体面临当前服务业全球价值链分工深入演进,在选择融入全球价值链分工时会有以下四种情形:第一种情形是,在意愿上具有选择融入国际分工的主观性,但是由于各种障碍因素的作用,如基础设施落后、制度环境较差、产业配套能力欠缺,虽然在劳动力成本上具有一定优势,但往往被排除在国际分工之外。第二种情形是,发展中经济体依托低成本优势,能够成功融入服务业全球价值链分工体系,但是基于初级要素所带来的低成本优势,只能以"低端嵌入"的方式参与国际分工,因此,如果未能在融入全球价值链过程中顺利实现要素升级而长期依托传统的低成本优势,从而未能沿着全球价值链攀升,那么将会面临着所谓全球价值链"低端锁定"的风险。第三种情形是,由于服务业全球价值链分工模式下,跨国公司主导的全球生产布局并非一成不变的,而是具有动态特征,即不同的生产环节和阶段往往具有追寻"低成本"的天然倾向,从而会伴随着不同地区服务提供成本的相对变化而出现服务流程和环节在不同国家和地区重新配置的动态变化。这一动态特征意味着,发展中经济体融入服务业全球价值链分工体系,如果要素升级或者说沿着全球价值链攀升,未能赶在其他更多具有低成本优势的国家和地区加入全球价值链中来,就有可能面临着被全球价值链"链主"开除"链籍"的危险,从而会被"踢出"全球价值链分工体系。第四种情形是较为理想的状况,就是发展中经济体通过融入全球价值链分工体系,不仅实现了经济增长等利益,还实现了服务业产业发展和转型升级进而沿着全球价值链不断攀升的良性状态，甚至从服务业全球价值链的被动参与者逐步转变为全球价值链的主动创造者，至少在某些部门领域，成为具有组织和控制全球价值链能力的国家或地区。第四种情形自然是一种较为理想的情形，其实现需要诸多条件，而除此之外的其他三种情形，都是发展中经济体融入服务业全球价值链所可能面临的重要问题和风险。

三、对策建议

伴随全球贸易结构逐步向服务贸易倾斜，以及服务贸易发展状况日益成为衡量一国参与全球竞争和合作能力的重要指标之一的大趋势大背景下，大力发展服务贸易基本上已经成为各国的共识，也是中国实现外贸发展方式转变、谋求国际分工新地位的重要战略。然而与此同时，本书的研究分析认为，在服务贸易"全球化"以及服务提供流程的"碎片化"的分工和贸易模式下，如同制造业的全球价值链分工演进对制成品技术复杂度所产生的影响一样，服务提供流程的"全球化"和"碎片化"，必然对服务贸易技术复杂度带来深刻影响。换言之，低端服务可能内含着高技术复杂度的高端环节和流程，而高端服务也可能内含着低技术复杂度的低端环节和流程。并且进一步的实证研究发现，服务贸易所内涵的不同技术复杂度，能够产生显著的差异性经济效应。因此，在中国外贸亟待期望通过发展服务贸易而实现快速转型升级的大背景下，我们认为，中国大力发展服务贸易，不仅仅要实现规模上的扩张，与此同时还要更加注重服务贸易技术复杂度的提升，如此，才能更好地发挥服务贸易应有的经济效应，才能更好地促进中国外贸发展方式的转型升级。面临着服务贸易"全球化"和"碎片化"发展所带来的重要战略机遇，包括借此不断扩大服务贸易规模的机遇和不断提升服务贸易技术复杂度的机遇，以及所可能带来的风险，我们既要依托现实比较优势坚定不移地融入服务业全球价值链，又需要注重参与的方式，避免可能面临的风险。概括起来，面临服务贸易"全球化"和"碎片化"深入演进的大趋势及其所产生的可能经济影响，中国大力发展服务贸易，应着重做好以下几个方面的工作。

第一，要坚定不移地依托优势要素深度融入服务业全球价值链分工体系，实现服务贸易的大发展。

一些代表性的观点认为，在服务贸易"全球化"和"碎片化"的发展大势下，中国以初级要素融入国际分工，其服务业的发展将会出现中国制造业发展"两头在外"的典型特征，而这种以"低端嵌入"的方式被置于全球服务链低端，极有可能被跨国公司主导的国际服务产业链"俘获"而长期处于低端，即所谓的"低端锁定"，实现向所谓高端环节攀升的产业转型升级面临巨大挑战和困境，而解决问题的关键就是要摒弃外需为主导的发展模式，并建立起基于内需为主导的所谓国家价值链。实际上，融入全球分工体系是中国制造业获得巨大发展成就的经验所在，中国服务业乃至服务贸易的发展，在"全球化"和"碎片化"的发展大势下，是不可能脱离全球分工体系而采取封闭式发展策略的。毋庸置疑，提倡以高端嵌入的方式融入全球服务业分工体系，从长远发展思路来看，这是有一定道理的，也是中国服务业进而服务贸易发展的根本方向。但是不能操之过急，唯有脚踏实地才有可能扎扎实实地推进中国服务业不断地向全球产业链高端攀升。包括服务业在内的产业转型升级不可能一蹴而就，更不能脱离目前中国比较优势的现实以及服务贸易"全球化"和"碎片化"分工的发展大势。因此，脚踏实地的含义就在于我们要以现实比较优势为基础，尊重循序渐进的原则和经济发展的客观规律。Hausmann等（2007）对出口产品空间结构动态转换的研究发现，一国比较优势的动态变迁与当前比较优势密切相关，换言之，产业结构的调整和升级，会沿着与当前比较优势产业更为"接近"或相关度更高的未来产业方向发展，而难以向远离现有比较优势的产业方向发展。这一研究结论实际上意味着，除非发生产业革命或重大技术变革等，一国比较优势的演进基本上会遵循渐进缓慢的变化过程。虽然 Hausmann 等（2007）的研究是基于制成品所得出的上述结论，但其内在的逻辑同样适用于服务业和服务贸易。目前，相对廉价和更为优质的劳动力仍然是我们最大的比较优势，也是我们融入全球服务业分工体系以及发展服务贸易最主要的依赖。而且实践证明，以劳动禀赋优势融入全球要素分工，不仅能够解决中国目前劳动力就业这一最大问题，使广大劳动者能够分享经济发展的成果，同样也会因为资本和技术的"溢出效应"以及本土企业的"学习效应"而促进产业结构的升级，以及新兴产业的发展，并形成产业链的延伸发展。因为融入全球服务价值链分工体系，可以融入更大的市场，获取更好的信息、汲取更多的知识、获得更多的技术，创造更多的机会，更快地学习全球技术前沿并获得技能，进入发展的"快车道"。实际上，在融入全球服务业价值链过程中，无论是以吸引生产性 FDI 而承接服务业和服务提供流程和环节的国际转移，还是承接国际大买家的服务外包订单，都可以为诸如中国这样的发展中经济体开辟新的投资领域，增加就业，推动服务贸易的高速增长乃至带动国内服务业产业结构的转型升级。显然，这一切都是以融入全球服务业价值链分工为前提。基于此，中国服务业和服务贸易发展步入更需耐心的时代，这种耐心不仅仅体现在要踏踏实实地从事技术创新和高端要素的渐进积累，还体现在扎扎实实地用好现实比较优势、遵循循序渐进的规律性。

第二，着力发展现代服务业，为提升服务贸易技术复杂度奠定坚实的产业基础。

产业是源，贸易是流，产业结构状况决定了贸易结构。因此，从服务贸易出口技术复杂度提升的角度来看，最终需要从根本上提升服务业产业发展水平，更确切地说，是要实现服务业不断向高级化水平发展，即现代服务业的发展。现代服务业发展的一个突出特征就是知识在其中扮演着越来越重要的作用，因此，现代服务业发展具有典型的知识密集型特征，从这一意义上说，国内外许多学者也将现代服务业等同于知识密集型服务业，或者说两者在概念上基本上可以混用。从现状来看，目前我国现代服务业发展虽然呈现出较为良好的趋势，但总体而言，还没有形成一个较为完整的体系，无论是在数量上，还是在规模上抑或是在质量上，都还远远满足不了市场需求。国家统计局的数据显示，2012 年，我国服务业产值占 GDP 的比重为 44.6%，而现代服务业产值占 GDP 的比重仅为 21% 左右。在改造传统服务业的同时，将现代服务业发展提升到战略高度，加快发展具有知识、信息和技术密集型的现代服务业，显然对于提升服务贸易技术复杂度具有极为关键的意义。为此，我们一方面要加快诸如金融、信息、保险、法律服务以及会计、咨询、科技服务等商业服务行业的发展，促进服务业行业结构的不断优化升级；另一方面，还要积极推进诸如旅游、教育培训、文化、体育健身、管理等需求潜力较大的产业发展，并不断拓展新的服务业领域的发展，诸如计算机和软件服务业、动漫服务业、创意服务业、会展服务业等。而如何大力发展现代服务业，从而为提升服务贸易技术复杂度奠定坚实基础？为此，我们除了要培育高端生产要素外（这一方面将放在后面分析），采取相应的政策鼓励措施可能也至关重要。因为从发达国家发展现代服务业的成功经验来看，现代服务业的快速发展是与政府的鼓励和优惠政策息息相关的。据此，加快推进我国现代服务业发展，需要积极培育功能良好的市场，逐步放宽现代服务业的市场准入领域，积极鼓励和支持各种可能的资本，包括国有资本、民间资本和外资等，参与现代服务业发展；需要加强现代服务业发展的行业规范，强化现代服务业领域的知识产权保护制度，建立规范的行业标准体系，不断完善现代服务业发展的行业监管机制；为现代服务业的发展，尤其是重点部门的发展，给予资金、资源、政策等方面的鼓励和保障措施，例如，专门设立现代服务业发展项目的资助计划，建立现代服务业发展的专项资金库，并为现代服务业发展提供项目资金和配套资金，同时实施一些诸如减税和贷款贴息等鼓励性的优惠政策。

第三，大力承接服务外包，借助"外力"助推中国服务贸易规模扩张和技术复杂度提升"双丰收"。

众所周知，改革开放以来，中国制成品贸易的快速扩张，以及制成品出口技术复杂度的不断提升，正是融入制造业全球价值链分工体系的结果。中国凭借着丰富廉价的劳动等初级要素禀赋优势，通过承接国际大买家的订单，以及通过引进制造业 FDI，成功承接了制造业产业的国际转移以及制成品生产环节和阶段的国际转移，进而成为发达国家跨国公司的"价值增值地"和"出口平台"。应该说，这就是中国能够迅速成为所谓"世界工厂"并进而变身为全球第一大出口国的根本原因所在。当前，服务贸易的"全球化"和"碎片化"发展趋势，呈现了与前期制造业发展类似的特征，这不仅表现为对外直接投资推动着服务业产业的国际转移，也表现为服务提供流程的外包活动正日益兴盛。应当看到，在生产经营活动客服化、服务提供流程数字化和模块化，以及全球竞争日益激烈等因素的推动之下，服务业及服务提供流程的跨国转移，已经成为近年来越来越引人注目的新现象，这种变化正推动着全球服务外包的迅猛发展。虽然全球精确地服务外包数据还比较缺乏，但是据部分研究学者估计（Gereffi，2010）①，2010 年全球服务外包额在 2500 亿~3000 亿美元。实际上，全球价值链的不断分解，正是建立在不同区段的有效服务链接基础之上，包括完善的基础设施网络和相关服务等。可以说，没有功能良好的运输、物流、金融、通信以及其他商业和专业服务，就没有当前全球价值链的快速发展。伴随信息等技术的突飞猛进，不仅传统的服务活动，包括原先内嵌于制造业生产环节中功能性服务环节也在不断地分离出来，成为可贸易的高级生产者服务。当前全球价值链中的外包

①　G. Gereffi and C. Staritz（eds）（2010），Global Value Chains in a Postcrisis World. A Development Perspective. Washington，D. C.：The World Bank.

业务包括服务外包活动，其范围已经相当广泛。从日常的前台与后台工作到复杂的研究与开发，如数据加工、虚拟援助、法律支持、医疗服务、金融与会计、软件应用与开发等，被称作信息技术外包（ITO）、业务流程外包（BPO）或者知识流程外包（KPO）。应该说，中国作为一个人力资源十分丰富的发展中经济体，具有承接跨国服务外包的良好基础条件，只要把握得当，可以预期，中国在不久的将来，会成为世界上最具吸引力的外包提供国。改革开放以来，中国大力实施加工贸易政策，抓住了全球制造业和产品价值增值环节跨国转移的重大机遇，从而迅速变身为"世界工厂"和全球第一大货物贸易出口国，并且实现了制成品出口技术复杂度的不断提升。当前，全球服务外包的迅猛发展可以说又是一次重大机遇，抓住这个机遇，中国就可能像前一轮开放中发展加工贸易一样，彻底改变中国服务贸易在全球服务贸易中的地位，成为承接服务外包的大国，并借此不断提升中国服务贸易技术复杂度。

第四，大力引进生产者 FDI，助推中国服务业发展乃至服务贸易出口技术复杂度提升。

如前所述，改革开放以来，中国货物贸易呈现"出口增长奇迹"的根本原因，就在于全面而快速地融入发达国家跨国公司主导的产品内国际分工体系之中，或者说，中国出口贸易的快速增长与两种因素有关：一是承接了来自国家大买家的订单，二是大量利用 FDI。在当前服务贸易呈现"全球化"和"碎片化"的快速发展趋势下，如同发展制造业和制成品贸易一样，我们除了要大力承接发达国家跨国公司发出的"服务"订单，即大力承接服务外包之外，还要大力引进 FDI，尤其是高端生产者 FDI，来助推服务业乃至服务贸易的发展，并在此过程中不断提升服务贸易出口技术复杂度。从全球 FDI 的投资领域变化来看，联合国贸发会议（UNCTAD，2013①）的统计数据显

① UNCTAD（2013）："World Investment Report 2013"，http：//unctad. org/en/pages/Publication.

示，近年来流入服务领域的 FDI 增加，流入制造业的 FDI 减缓，全球 FDI 的投资领域正逐步从制造业为主向服务业领域为主转变。我们看到的可喜变化是，与全球 FDI 投资领域发生的变化趋势较为一致，2011 年，由于流入中国服务领域的 FDI 增加，流入中国制造业的 FDI 减缓，进入中国服务业的 FDI 首次超过了制造业，服务业投资成为发达国家跨国公司的"首选"。毋庸置疑，在国内产业结构尚不具备高级化的先决条件下，我国企业与发达国家跨国公司在生产率和技术水平等方面仍然存在较大差距，这不仅表现在制造业领域，更突出地表现在服务业领域。因此，相比于国内企业而言，进入中国的跨国公司往往具有更高的生产效率，也通常拥有更高的技术水平。实际上，针对流入中国制造业 FDI 的许多实证研究已经表明，外资企业的生产率平均而言要高于内资企业（DU et al.，2011①）。伴随着全球更多的 FDI 流向中国服务业领域，相信上述情形仍会存在，由此我们可以得出的一个基本判断和预期是：在全球 FDI 的重点已明显转向服务业的大背景下，服务业 FDI 的"技术外溢效应""经济增长效应"乃至"产业结构调整效应"都将会凸显。实际上，FDI 的流动从来就不是一个简单的货币或者说单纯的资本跨国流动问题，而是以资为载体的一揽子生产要素的流动，尤其是其所承载的技术、知识、信息、管理等一系列高级生产要素。这种流动不仅能够直接带动一国服务业发展不断向高级化方向演变，同时由于其可能产生的巨大溢出效应而推动服务业的高端化发展，进而会不断提升服务贸易出口技术复杂度。为此，我们在新一轮的开放型经济发展中，应加大力度引进服务业 FDI 尤其是高级生产者服务业 FDI，承接服务业和服务提供流程的国际梯度转移，为我国服务业内部结构升级和加速成长创造有利条件；利用服务业 FDI 尤其是高级生产者服务业 FDI 的技术溢出效应，不断提升我国服务业的技术能力和服务水平。这是提升中国服务贸易技术复杂

---

① J Du. Do Domestic and Foreign Exporters Differ in Learning by Exporting? Evidence from China [J]. China Economic Review, 2011 (2): 296–315.

度的重要途径之一。

第五，注重提升服务出口企业的创新能力，为服务出口技术复杂度提升奠定坚实基础。

提高服务出口企业的服务出口技术复杂度水平，从微观角度来看，无疑是促进中国服务贸易转型发展的重要方向和途径，但是服务出口技术复杂度水平的提升，在很大程度上则依赖于技术水平的提高。换言之，技术水平是决定服务出口技术复杂度水平的重要因素，要提高服务出口技术复杂度水平，就必须提高中国外向型服务业尤其是从企业角度来看，提高服务出口企业的技术水平，而技术水平的提高在有赖于服务出口企业创新能力的提高。目前，虽然在全球价值链分工模式下，特别是在全球价值链不断向服务链拓展的大背景下，中国已经逐步融入全球服务链之中，并促进了服务贸易的快速发展。但总体而言，我们仍然处于全球服务产业链的低端，或者是高端服务业的低端环节，附加值相对较低，出口技术复杂度相对较低。与美国以及北欧的一些服务业较强的经济体相比，我国服务业发展的技术水平相对而言还比较落后，创新能力还有待加强，整体上与世界先进水平尚有较大差距。由于技术改造和研发投入不足，我国大多数服务业行业和企业没有自己的核心技术、知识产权和核心品牌。因此，我国必须加大对服务出口企业的技术研发投入力度，提高技术水平，并加快利用先进适用技术和高新技术改造提升传统劳动密集型服务业，不断提升其竞争优势；加强基础研究的自主力度，加强产学研合作，促进科技成果的转化。

第六，注重人力资本的培育和积累，为高级服务业进而为高技术复杂度服务贸易的发展奠定高端要素基础。

现有的许多理论和实证分析已经表明，人力资本要素是影响服务贸易比较优势的关键因素之一。所谓人力资本，是指内含于人体中的智能，突出表现为劳动者的生产技巧、知识水平、熟练程度、管理能力以及健康状况等，它往往是政府、企业和个人投资于教育和培训的结果。正如亚当·斯密所说，青年才俊在不同职业上所表现出的天赋能力的差异，与其说是分工的原因，不如说是分工的结果。而分工的结果其实质正是在生产或者在进行生产之前接受教育、接受培训等的结果。因此，从这一意义上说，人力资本的差异往往是后天人力投资所造成的。人力资本丰富的国家，如美国、德国、日本等发达经济体，之所以在服务业尤其是高端生产者服务业和环节上具有比较优势，其很大程度上是因为这些国家拥有相对丰裕的人力资本，与之相比，发展中国家由于在人力资本上相对缺乏，因而在服务业尤其高端服务业和服务环节方面，就处于比较劣势的地位。尤其是在当今知识经济社会，越是高端的服务业和服务流程提供环节，就越是人才密集产业，或者说，人力资本越来越决定着服务业尤其是高级生产者服务业和服务环节发展的成败。也正是基于这一意义，中国要想抓住服务贸易"全球化"和"碎片化"发展所带来的战略机遇，由此促进服务贸易技术复杂度的不断提升，关键举措在于人力资本的培育和积累，或者说人力资本因素将成为决定中国能否在国际服务贸易中具有持久竞争力的关键性因素。伴随着越来越多的跨国公司开始将目光投向中国这个具有全球性的 ITO、BPO 和 KPO 外包服务的战略市场，以及日益将中国视作服务业和服务提供流程跨国转移的重要目的地，中国只有致力于建设可扩展的、与国际接轨的人力资本培育体系，才能够确保在未来全球竞争中维持一定的竞争优势，使中国不仅成为"世界工厂"，更能成为真正意义上的"世界办公室"。为此，一方面，我们需要不断加强人才培训，通过不同渠道以及采取不同的培养形式，培育出服务业尤其是高级生产者服务业的经营管理人才；另一方面，要通过人才引进尤其是服务业方面的人才引进，提升我国服务业和服务贸易发展过程中的人力资本积累能力。而如何做到服务业尤其是高端服务业领域人力资本的引进，首要问题就是要打造"招才引智"的优良环境。在发展服务业和服务贸易进而不断提升服务贸易技术复杂度的各类先进要素中，创新人才和人力资本是关键因素之一，尤其是在服务贸易"全球化"和"碎片化"的发展趋势下，是提升整合全球范围内其他各类先进要素进行创新活动的主体。因此，应该通过多种方式吸引和留住创新型人才，例如，创业留人，为创新型人才在中国的创业提供支持，通过一定的孵化机制帮助他们实现新技术的"服务经济化"和"产业化"；事业留人，为服务业和服务贸易领域的创新型人才寻找施展才能的舞台，如政府可以建立企业和人才之间信息交流的机制；待遇留人，政府可以建立人才引进基金，对特殊人才进入中国提供一定的补贴；环境留人，为人才的流入提供良好的生活和工作环境等。

第七，着力推动技术进步，引领服务业和服务贸易不断向高技术复杂度方向迈进。

毋庸置疑，技术进步是产业结构调整和变动的根本推动力，它除了指一般意义上的生产和服务领域各生产要素质量的提高及工艺流程、操作技能改进等之外，还包括微观意义和宏观层面上的组织管理技能的改进和提高（谷曙明等，2002[1]）。技术进步之所以能够引领服务业和服务贸易不断向技术复杂度方向迈进，我们认为，是因为技术进步能够直接改变产业的技术基础和生产的技术结构，并使一些新兴服务业得到不断发展，尤其是高级生产者服务业得到不断发展，与此同时，还能够加快传统服务业的改造，使其技术含量得以不断提升，从而为服务贸易技术复杂度的提升奠定坚实的产业基础。从更深层次的角度来看，技术进步促进服务业和服务提供流程的结构优化和升级，其机理更在于它导致了不同服务部门，或者说不同服务提供流程和环节的生产率提升速度上的差异。由于不同服务部门或者说不同服务提供流程和环节，存在着不同的技术经济特点，创造、运用和吸收新技术的能力也有所差别，因而造成各部门或者说不同服务提供流程和环节的扩张速度也不同。显然，通常而言，技术进步较快的服务部门和服务提供流程和环节，其生产率提升速度也就越快，所内含的

---

① 谷曙明、史安娜：《浅析我国产业结构调整的影响因素》，载《市场周刊财经论坛》2002 年第 12 期。

技术复杂度也就越高。由此所带来的投入成本下降、服务提供效率提高等效应，会使其成为更快的增长部门，反之则相反。不言而喻，这种由于技术进步所导致的不同服务部门及不同服务提供流程和环节上所产生的生产率和技术复杂度的差异性，致使资源在各服务部门及不同服务提供流程和环节上进行重新配置，更确切地说，资源尤其是优质资源会不断地从低效率和低技术复杂度的服务部门及不同服务提供流程和环节，流向高效率和高技术复杂度的服务部门及不同服务提供流程和环节，从而推动着服务业及服务提供流程和环节的结构优化及转型升级，从而为更高技术复杂度的服务贸易奠定了坚实的基础。为此，从开放经济视角下来看，着力推动技术进步，引领服务业和服务贸易不断向高技术复杂度方向迈进，其举措不仅要求我们不断提升自身的原始创新能力，还要提升我们引进、消化、吸收和再创新的能力。技术进步来自技术创新，而开放条件下的创新，或者说在服务贸易"全球化"和"碎片化"发展趋势下，服务业和服务提供流程和环节上的创新，不仅包括原始创新，也包括引进消化吸收再创新以及集成创新。总之，我们应注意立足已有竞争优势，调动服务企业从事科研开发和应用的积极性，加强与国内外同行的交流与合作，积极引进国外先进信息技术，加快信息技术发展，实现在扩大开放中再创技术、知识、信息等高级要素所带来的新优势，提高服务业和服务提供流程和环节的技术知识含量。

第八，完善制度质量，为高技术复杂度服务业和服务贸易发展提供良好的商务环境。

较之于传统的以最终产品和服务为界限的分工模式相比，以产品生产环节和阶段，或者说以服务提供流程和环节为界限的专业化国际分工，使各国依据比较优势逐渐成为价值链条中某个环节的专业化的产品生产者和服务提供者，而此时制度质量可能成为比较优势更为重要的来源。正如 Kremer（1993）的研究指出[1]，如果最终产品的生产

---

[1]　Kremer, M.（1993）. "The O-Ring Theory of Economic Development", The Quarterly Journal of Economics, 118（3）, 551–575.

和服务的提供，是由一系列中间生产环节和服务投入所"构成"，并且每一环节的投入对于最终产品生产和服务而言都是至关重要的话，那么，由于存在着各环节的质量匹配，任一环节的贸易出现诸如质量或者违约问题，都会影响到其他环节的顺利进行进而最终产品的生产完成和服务提供的完成，由此所带来的损失往往是难以找到适当措施以进行弥补；与之相比，对于最终产品和服务的贸易而言，需求者可能通过降低价格等方式进口由于制度问题导致诸如质量下降或交货延迟的产品。据此，可以想象，在跨国公司主导的全球服务价值链分工体系下，具有不同要素密集度特征的不同服务提供流程和环节，往往被配置到不同国家和地区，这不仅取决于一国或地区的要素禀赋结构，同时还会受到此国和地区制度质量的影响。事实上，伴随着全球服务业的"碎片化"发展，越来越多的基本生产要素的职能日益专业化（如在特定的服务提供流程和环节上进行的分工和专业化）而逐渐成为专用性资产，尤其是对于技术复杂度较高的高端服务提供流程和环节而言，往往具有典型的"进入壁垒"和"退出壁垒"较高的特征，这也是当前发达国家控制全球服务价值链的主要依托。而从要素密集度特征来看，越是处于服务价值链的这一高端环节，因为其涉及的就是以研究开发和设计等为主要内容的技术环节，以及以广告、销售和售后服务等为主要内容的营销环节，故而通常表现为典型的技术、知识和信息等高级要素密集型特征。显然，在这一情形下，初级要素价格差异不再是其获得竞争力的主要依靠，但是正是因为处于这一环节的生产活动越来越具有"专用性"特征，越来越具有技术、知识和信息等要素密集型特征，因而，这一环节的生产活动在区位配置方面，对市场的完善程度、政府的行政效率以及法律法规的完善程度等外部制度质量就有着较为苛刻的要求。应该说，在依托高级要素和差异化特征获取竞争优势的同时，尽可能地避免不完全契约、知识产权保护不力等导致的企业特有优势流失成本，成为跨国企业在进行高端服务提供流程和环节区位配置选择时考虑的关键因素。从这一意义上说，完善制度质量，打造友好高效的商务环境，对于中国抓住服务贸易"全球化"和"碎片化"所带来的重要战略机遇，从而实现规模扩张和技术复杂度提升的"双丰收"具有极为关键的战略意义。应当承认，虽然自改革开放以来，尤其是 1992 年我国确立了社会主义市场经济体制以来，我们在制度质量的完善方面取得了显著成就和进步，但是与此同时我们也应当认识到，我们在市场完善程度、政府行政效率、社会信用体系、市场分割和地方保护主义以及法律法规的完善程度等方面，仍然面临着一系列需要改革和完善的地方。当然，这也意味着进一步加大改革力度以完善外部制度质量，仍然存在着巨大的进步空间。当然，通过怎样的举措，才能打造更为完善的制度质量，是一需要专门研究的另一课题，也是我们今后努力的方向。

第九，着力建设现代服务业集聚效应，充分发挥服务出口企业集聚效应在提升服务出口技术复杂度方面的重要作用。

针对服务出口技术复杂度影响因素的微观层面，服务也集聚效应对服务出口技术复杂度具有显著正向影响。中国在前一轮开放型经济发展过程中，开放领域主要发生在制造业，也即通过承接国际制造业产业转移或者制造业生产环节和阶段的转移，形成了大量的制造业产业集聚区，并呈现了显著的正向效应。实际上，全球价值链分工深入演进所伴随的一个重要趋势特征，就是具有不同要素密集度特征的产业、生产环节和阶段在空间上的分离性，以及具有相似要素密集度特征的产业、生产环节和阶段在某一特定空间上的集聚性。这也正是在当前全球价值链分工形态下为何产业集聚呈迅猛发展之势的主要原因。当前，全球价值链分工正从以往的以制造业领域向服务业领域不断拓展。因此，在全球价值链的作用下，服务业产业集聚的内在动力机制和本质与制造业并无二致，同样也会呈现出要素密集度特征相似的服务提供流程和阶段在某一空间集聚的发展现象，从而形成服务业尤其是现代服务业产业集聚效应。所谓现代服务业集聚，主要就是指以某一服务产业为主体所形成的集聚效应，包括以此为主体所带动的相关服务产业和配套服务产业在此区域的集中，进而形成具有鲜明特色的产业集聚区，其突出特点就是空间相对集中，而从功能上来看，现代服务业集聚则具有集合优质资源、聚集优质服务业企业、提供集成服务功能等作用。而且更为重要的是，由于现代服务业集聚具有空间集约、产业集聚、高效连通等优势和特点，从而可以为集聚区内的服务业企业之间的互动和交流，尤其是知识、技术、信息等传播和扩散，构建起了高端要素流通的"管道"，从而更加有利于服务业企业自身不断升级，不断实现技术进步，在出口方面即表现为服务出口技术复杂度的不断提高。应该说，现代服务业集聚区是发展现代服务业过程中必然出现的新型业态，也是现代服务业发展的重要载体。基于此，要着力建设现代服务业集聚效应，充分发挥服务出口企业集聚效应在提升服务出口技术复杂度方面的重要作用。从政策扶持角度看，首先，要鼓励有条件的、具有较好发展前景或者代表着现代服务业发展方向的企业，通过相关的税费优惠等措施吸引其进入服务业集聚区；服务业企业享受开发区工业企业相关的税费优惠。其次，对于进入服务业集聚区内的服务业企业，给予其投资项目用地以优惠的土地政策等吸引措施。再其次，对进入服务集聚区内的服务业企业，在用水、用电、用气等方面也可以给予适当的优惠条件，以降低其经营成本，吸引其入驻服务业集聚区。最后，对进入服务集聚区的服务企业建设项目，应该作为服务业发展引导给予重点资金支持。从现代服务业集聚区建设的主要途径看，主要可以考虑如下几个方面的发展路径：首先是通过改造形成现代服务业集聚区。主要是指对已经初步形成集聚规模的，或者具备现代服务业集聚区雏形的，可以通过指导和规划，设立各级各类现代服务业集聚区。其次是培育，也就说，要通过制订规划，从而培育出一批功能特色较为鲜明、产业基础比较好、辐射和带动作用比较强的现代服务业集聚区，等到其发展具备一定的规模之后，再设立成为现代服务业集聚区。最后是通过提升建设现代服务业集聚区。所谓通过提升，就是要通过信息化改造、通过对市场进行整合、不断完善其功能、促进电子商务的迅速发展等方式，提升服务功能的集聚区进而设立现代服务业集聚区。

第十，加快构建开放型经济新体制，为现代服务业发展进而服务出口技术复杂度提升提供必要的制度保障。

在服务业"全球化"和"碎片化"发展大趋势下，扩大服务业开放不仅是一种必然趋势，也是一种必要，因为这不仅是利用国际、国内两种资源的有效途径，而且在我国服务业发展相对滞后的情况下，通过服务业开放可以在一定程度上反向拉动我国服务业发展，进而服务出口技术复杂度提升。而服务业的开放，从本质上看，更多的是境内开放，简单说就是管辖国内经济活动的法律法规必须要与国际接轨。因此，以服务业为主要内容的开放型经济发展，与以往主要以货物贸易开放的边境开放措施不同，必须要求与之相适应的新体制、新规则。从这个意义上看，从边境开放扩展到境内开放，是扩大服务业对外开放的一个最主要特点，也是相比货物贸易开放的一种新要求。这就要求加快构建中国开放型经济新体制。就需要在进一步简政放权，探索负面清单管理模式，提高贸易便利化水平，改革外商直接投资的管理体制，扩大开放金融、教育、文化、医疗、旅游等服务业领域，有序放开养老、商贸流通、电子商务等服务业领域方面狠下工夫，从而为服务业扩大开放提供制度保障。

参 考 文 献

1. Acemoglu, Daron, （2003）, "Patterns of Skill Premia", The Review of Economics Studies 70, 199 – 230.

2. Ahern, K. and J. Harford, （2014）. "The Importance of Industry Links in Merger Waves. " Journal of Finance, forthcoming.

3. Alchian, A. A. and W. R. Allen, （1964）, University Economics, Belmont, CA: Wadsworth Publishing Company.

4. Alexander J. Yeats, "Just How Big Is Global Production Sharing?" Arndt, S. W. and H. Kierzkowski: Fragmentation, New Production Patterns in the World Economy, 2001, 108 – 143.

5. Amit i, M. and C. Freund, 2008, / The Anatomy of Chinaps Export Growth0, Policy Research Working Paper Series 4628, TheWorld Bank.

6. Amiti, Mary, and Caroline Freund, （2007）, "An anatomy of China's trade", IMF Working Paper.

7. Anderson, M. "Co-location of Manufacturing & Producer Services: A Simultaneous Equation Approach". Working Paper, 2004.

8. Antras, Pol, （2004）, "Is the US Aggregate Production Function Cobb-Douglas? New Estimates of the Elasticity of Substitution", Contributions to Macroeco-nomics 4 （1）.

9. Ariell Reshef. （2007）, "Heckscher-Ohlin and the global increase of skill premia: factor intensity reversals to the rescue". Available at: ht-

tp: //people. virginia. edu/ - ar7kf/papers/tradeNwages. pdf.

10. Arnold, J. M. , J. Beata, L. Molly, M. Aaditya, 2011. Services Reform and Manufacturing Performance: Evidence from India, World Bank Policy Research Working Paper No. 5948.

11. Arnold, Jen s, Javorcik, Beata S. , Mattoo, Aaditya. Does services liberalization benefit manufacturing firms? Evidence from the Czech Republic. Policy Research Working Paper Series 4109. The World Bank, 2007.

12. Baier S. L. and Bergstrand J. H. The Growth of World Trade: Tariffs, Transport Costs and Income Similarity [J]. Journal of International Economics, . 2001, 53 (6): 59 - 71.

13. Baldwin, R. E. and J. Harrigan, (2011), "Zeros, Quality and Space: Trade Theory and Trade Evidence", American Economic Journal: Microeconomics, 3 (1): 60 - 88.

14. Baldwin, R. E. and J. Harrigan, (2007), "Zeros, Quality and Space: Trade Theory and Trade Evidence", NBER Working Paper No. 13214.

15. Baldwin, R. E. and T. Ito, (2008). "Quality competition versus price competition goods: an empirical classification", NBER Working Paper No. 14305.

16. Bartel, A. , I. Casey and K. Shaw, (2007). "How Does Information Technology Affect Productivity?" Quarterly Journal of Economics 122 (4): 1721 - 1758.

17. Bas, M. and Berthou, A. , 2012. "The decision to import capital goods in india: Firms' financial factors matter". World Bank Economic Review, 26 (3).

18. Beaudry, P. , M. Doms and E. Lewis, (2010). "Should the Personal Computer Be Considered a Technological Revolution? Evidence

from U. S. Metropolitan Areas. " Journal of Political Economy 118 (5): 988 – 1036.

19. Bensidoun, I., Lemoine, F. & Ünal, D., 2009, "The Integration of China and India into the World Economy: a Comparison", The European Journal of Comparative Economics, Vol. 6, No. 1, pp. 131 – 155.

20. Bensidoun, I., 2009, "The Integration of China and India into the World Economy: a Comparison", The European Journal of Comparative Economics, 6 (1): 131 – 155.

21. Bernard, A, J. Jensen, J. Redding, and P. Schott, (2009), "The Margins of Trade", NBER Working Paper, No. 14662.

22. Berthou, A., 2013, "How do Multiproduct Exporters React to a Change in Trade Costs?", Scandinavian Journal of Economics, 115 (2): 326 – 353.

23. Blinder, A. S., 2006. "Offshoring: The Next Industrial Revolution?" Foreign Affairs 85 (2): 113 – 128.

24. Blinder, Alan (2006), "Offshoring: The Next Industrial Revolution?" [J]. Foreign Affairs, 85 (2): 113 – 128.

25. Bosworth, Barry Susan M. Collins and Arvind Virmani, (2007), "Sources of Growth in the Indian Economy" [DB]. NBER paper No. 12901.

26. Bosworth, Barry Susan M. Collins and Arvind Virmani. Sources of Growth in the Indian Economy [DB]. NBER paper No. 12901, 2007.

27. Bowen, H. P., Leamer, E. E., and Sveikauskas, L., 1987, "Multicountry, Multi-factor Tests of the Factor Abundance Theory", American Economic Review, December, 77: 5, pp. 791 – 809.

28. Boyd, D., Caporale, G. M. and Smith, R. (2001), "Real exchange rate effects on the balance of trade: co-integration and the Mar-

shall-Lerner condition", International Journal of Finance & Economics, Vol. 6 No. 3, pp. 187 – 200.

29. Bruijn, D. , Kox, R. and Lejour, A. , 2006, "The Trade-Induced Effects of the Services Directive and the Country of Origin Principle", CPB Discussion Paper, No. 108, Centraal Plan Bureau, The Hague.

30. Cabral, M. , 2010, "Determinants of export diversification and sophistication in Sub-Saharan Africa", FEUNL Working Paper Series 550.

31. Chaney, T. , 2008. "Distorted Gravity: the Intensive and Extensive Margins of International Trade", American Economic Review, 98 (4): 1707 – 1721.

32. Chor, D. , 2010, "Unpacking Sources of Comparative Advantage: A Quantitative Approach", Journal of International Economics, 82 (2): 152 – 167.

33. Costinot, A. , 2009, "On the Origins of Comparative Advantage", Journal of International Economics, 77 (2): 255 – 264.

34. Crozet, M. , K. Head, and T. Mayer, (2009). "Exporter prices, quantities, and cross-market sorting: Discriminating evidence from France", mimeo.

35. Davis, D. R. , Weinstein, D. E. , Bradford, S. C. and Shimpo, K. , 1997, "Using International and Japanese Regional Data to Determine When the Factor Abundance Theory of Trade Works", American Economic Review, June, 87: 3, pp. 421 – 446.

36. Deardorff, A. , 1985, "Comparative Advantage and International Trade and Investment in Services", in R. M. Stern (ed.), Trade and Investment in Services: Canada/US Perspectives, Toronto: Ontario Economic Council, pp. 39 – 71.

37. Deardorff, A. S. , Hymans, S. H. , Stern, R. M. and Xiang,

C. （2001），"Forecasting US trade in services"，in Stern，R. M. （Ed.），Services in the International Economy，University of Michigan Press，Ann Arbor，MI，pp. 53 – 82.

38. Dominique，M.，Horst G. and Michael R.，2005，"Inter-and intra-sectoral linkages in foreign direct investment：evidence from Japanese investment inEurope"，Journal of the Japanese and International Econo-mies，19，110.

39. Du，J. L. （2011），"Do Domestic and Foreign Exporters Differ in Learning by Exporting? Evidence from China" ［J］. China Economic Review，（2）：296 – 315.

40. Economics，Vol. 8，No. 1，pp. 103 – 109.

41. "economies?"，Open Economies Review，Vol. 14，No. 2，pp. 119 – 134.

42. Eichengreen，Barry and Poonam Gupta （2012），"Exports of Services：Indian Experience in Perspective"，India Growth and Develop-ment Review （forthcoming）.

43. Erik van der Marel and Sciences-Po （2011） "Determinants of Comparative Advantage in Services"，FIW Working Paper series with number 087.

44. Ermias，W.，2013，"echnology，Trade Costs and Export So-phistication"，The World Economy，37 （1）：14 – 41.

45. Falvey，R.，and H. Kierzkowski，（1987）. "Product Quality，Intra-Industry Trade and （Im）perfect Competition"，in：Kierzkowski，H. （Ed.），Protection and Competition in International Trade，Basil Blackwell，Oxford，pp. 143 – 161.

46. Felbermayr，G.，and W. Kohler，（2006），"Exporting the In-tensive and Extensive Margins of World Trade"，Review of World Econom-ics，2006，142 （4），642 – 6741.

47. Fixler Dennis, and Donald Siegel, (2004), "Outsourcing and Productivity Growth in Services" [J]. Structural Change and Economic Dynamics, 2004, 10 (6): 177 – 194.

48. Flam, H., and E. Helpman, (1987). "Vertical Product Differentiation and North-South Trade", American Economic Review, 77 (5), pp. 810 – 822.

49. Fontagné, L., Gaulier, G. & Zignago, S, (2008), "Specialization across Varieties and North-South Competition", Economic Policy, CEPR-CES-MSH, Vol. 23.

50. Francois, J. F., Woerz, J. Producer Service, Manufacturing Linkages, and Trade. Tinbergen Institute Discussion Paper, 2007.

51. Francois, J., and Schuknecht, L., 2000, "International Trade in Financial Services, Competition, and Growth Performance", Centre for International Economic Studies, No. 6, 2000.

52. Freund, C. and Weinhold, D., 2002, "The Internet and International Trade in Services", The American Economic Review, 92 (2): 236 – 240.

53. Freund, Caroline and Martha Denisse Pierola (2012), "Export Surges", Journal of Development Economics 97, pp. 387 – 395.

54. G. Gereffi and C. Staritz (eds)(2010), Global Value Chains in a Postcrisis World. A Development Perspective. Washington, D. C. : The World Bank.

55. Gable, S. L. and Mishra, S., 2011, "Service Export Sophistication and Europe's new growth model", World Bank Policy Research Working Paper Series 5793.

56. Gable, S. L. and Mishra, S., 2011, "Service Export Sophistication and Europe's new growth model", World Bank Policy Research Working Paper Series 5793.

57. Gable, S. L. and Mishra, S. , 2011, "Service Export Sophistication and Europe's new growth model", World Bank Policy Research Working Paper Series 5793.

58. Gable, S. L. and Mishra, S. , 2011, "Service Export Sophistication and Europe's new growth model", World Bank Policy Research Working Paper Series 5793.

59. Gable, S. and Mishra, S. , 2011, "Service Export Sophistication and Europe's New Growth Model". World Bank Policy Research Working Paper 5793.

60. Galina Hale & Cheryl Long, (2006). "What determines technological spillovers of foreign direct investment: evidence from China", Working Paper Series 2006 – 13, Federal Reserve Bank of San Francisco.

61. Galina Hale and Cheryl Long, 2006, "What determines technological spillovers of foreign direct investment: evidence from China", Working Paper Series 2006 – 13, Federal Reserve Bank of San Francisco.

62. Gallegati, M. and Tamberi, M. , 2009, "Overall specialization and development: countries diversify". The Review of World Economics, 145 (1): 37 – 55.

63. García, F. , A. Lucía and F. Esteban, (2012), "Learning from exporting: The moderating effect of technological capabilities", International Business Review, 21 (6): 1099 – 1111.

64. Gaulier, G. , Lemoine, F. & Ünal, D. , 2007, "China's Emergence and the Reorganization of Trade Flows in Asia", China Economic Review, No. 18, pp. 209 – 243.

65. Gaulier, G. , Lemoine, F. and Ünal, D. , 2007, "China's Emergence and the Reorganization of Trade Flows in Asia", China Economic Review, 18 (3): 209 – 243.

66. Gaulier, G. , Santoni, G. , Taglioni, D. and Zignago, S. ,

2013. "Market Shares in the Wake of the Global Crisis: the Quarterly Export Competitiveness Database", Working papers, Banque de France 472, Banque de France.

67. Griffith, R. , E. Huergo, J. Mairesse and B. Peeters, (2005). "Innovation and productivity across our European countries". presented at EARIE conference, Porto.

68. Grossman, G. M. and Helpman, E. ,(1995), "Technology and Trade", in Handbook of International Economics, Vol. 3, Grossman, G. M. and Rogoff, eds. Amsterdam: North Holland.

69. Grossman, G. M. , and R. H. Esteban, (2008). "Trading Tasks: A Simple Theory of Offshoring", American Economic Review, 98 (5): 1978 – 1997.

70. Grossman, G. M. , and E. Helpman, (1991). "Innovation and growth in the global economy". Cambridge, MA: MIT Press.

71. Hacker, R. S. and Hatemi-J, A. (2003), Is the J-curve effect observable for small North European.

72. Haddad, Mona and Cosimo Pancaro (2010), "Can Real Exchange Rate Undervaluation Boost Exports and Growth in Developing Countries? Yes, But Not for Long", Economic Premise 20, World Bank PREM Network (June).

73. Hallak, J-C. (2006), "Product Quality and the Direction of Trade", Journal of International Economics, 68 (1): 238 – 265.

74. Hallak, J-C. and J. Sivadasan, (2008). "Productivity, Quality and Exporting Behavior Under Minimum Quality Requirements", mimeo.

75. Han. D. C, (2011). "A Study on the Impacts of Producer Services FDI on the Efficiency of Industrial Enterprises" [J]. Statistical Research, 2011, Vol. 28 (2): 65 – 70

76. Harcourt College, Fort Worth, TX.

77. Harding, T. and Smarzynska B., 2009, "A Touch of Sophistication: FDI and Unit Values of Exports", CESIFO Working Paper, No. 2865.

78. Hauser, Philip M.; Palmer, Gladys L.; Myers, Charles A., 2003, "Labor Mobility and Economic Opportunity", MIT Press.

79. Hausmann R. and D. Rodrik, 2003, Economic Development as Self-discovery, Journal of Development Economics, 72 (2), pp. 603 – 633.

80. Hausmann R., Huang Y. and Rodrik D. (2007), "What You Export Matters", NBER working paper No. 11905.

81. Helpman, Elhanan, Marc Melitz and Yona Rubinstein, (2008), "Estimating Trade Flows: Trading Partners and Trading Volumes", Quarterly Journal of Economics, 123 (2): 441 – 487.

82. Henn, C., C. Papageorgiou, and N. Spatafora, 2013, "Export Quality in Developing Countries", IMF Working Paper, No. 13 – 108.

83. Hindley, B. and Smith A., 1984, "Comparative Advantage and Trade in Services", The world Economy, 7 (4): 369 – 389.

84. Hoekman, B. and Mattoo, A., 2008, "Services and Growth", World Bank Policy Research Working Paper, No. 4461, World Bank, Washington DC.

85. Hoekman, Bernard and Aaditya Mattoo (2006). "Services, Economic Development and the Doha Round: Exploiting the Comparative Advantage of the WTO", mimeo.

86. Hoekman, Bernard and Aaditya Mattoo, (2006). "Services, Economic Development and the Doha Round: Exploiting the Comparative Advantage of the WTO" [DB]. mimeo: 126 – 139.

87. Hoekman, Bernard, (2006), "Trade in Services, Trade Agreements and Economic Development: A Survey of the Literature", CEPR Discussion 2006.

88. Horst Raff & Marc von der Ruhr, (2007). "Foreign Direct Investment in Producer Services: Theory and Empirical Evidence", Applied Economics Quarterly (formerly: Konjunkturpolitik), Vol. 53 (3), 299 – 321.

89. Huergo E. and J. Jaumandreu, (2004). "Firms' age, process innovation and productivity growth". International Journal of Industrial Organization. 22: 541 – 559.

90. Hummels, D. and Klenow, P. J. , 2005, "The Variety and Quality of a Nation's Exports", American Economic Review, 95 (3): 704 – 723.

91. Hummels, D. and P. J. Klenow (2005). The Variety and Quality of a Nation's Exports. American Economic Review 95 (3), 704 – 723.

92. Hummels, D. and P. J. Klenow, (2005). "The Variety and Quality of a Nation's Exports", American Economic Review, 95 (3): 704 – 723.

93. Hummels, D. , and A. Skiba, (2004). "Shipping the Good Apples Out? An Empirical Confirmation of the Alchian-Allen Conjecture", Journal of Political Economy, 112 (6): 1384 – 1402.

94. Hummels, David, and Peter J. Klenow, (2005), "The Variety and Quality of a Nation's Exports", American Economic Review, 95 (3): 704 – 723.

95. Iacovone L. and B. Javorcik, (2008), "Shipping Good Tequila Out: Investment, Domestic Unit Values and Entry of Multi-product Plants into Export Markets", mimeo University of Oxford.

96. Imbs, J. and W. Romain, (2003). "Stages of Diversification." American Economic Review 93 (1): 63 – 86.

97. Iwamoto, M. and N. Kaoru, 2012, "Can FDI promote export diversification and sophistication of host countries?: dynamic panel system

GMM analysis", IDE Discussion Paper. No. 347.

98. Jana, V. , 2012, "Is China Catching Up? Technological sophistication of Chinese Exports to European Union", Acta Oeconomica Pragensia, 312 (3): 36 – 54.

99. Jensen, J. B. and L. G. Kletzer, (2010). "Measuring Tradable Services and the Task Content of Offshorable Services Jobs. " In Labor in the New Economy, edited by Katharine G. Abraham, James R. Spletzer, and Michael J. Harper, 309 – 35. Chicago: University of Chicago Press.

100. Jensen, J. Bradford (2011), "Global Trade in Services: Fear, Facts, and Offshoring", Washington, D. C. : Peterson Institute for International Economics.

101. Johnson R. C. , 2009, "Trade and Prices with Heterogeneous Firms", mimeo.

102. Johnson, Robert C. and Guillermo Noguera, (2009). "Accounting for Intermediates: Production Sharing and Trade in Value-Added", Manuscript. Dartmouth College.

103. Johnson, Robert C. and Guillermo Noguera, 2009, "Accounting for Intermediates: Production Sharing and Trade in Value-Added" . Manuscript. Dartmouth College.

104. Johnson, Robert C. and Guillermo Noguera, 2009. Accounting for Intermediates: Production Sharing and Trade in Value-Added. Manuscript. Dartmouth College.

105. Johnson, Robert C. and Guillermo Noguera, 2009. Accounting for Intermediates: Production Sharing and Trade in Value-Added, Manuscript. Dartmouth College.

106. Kaldor, Nicholas, (1967), Causes of the Slow Rate of Economic Growth of the United Kingdom, Cambridge: Cambridge University Press.

107. Kandilov, I. and T. Grennes, 2010, The Determinants of Service Exports from Central and Eastern Europe. Economics of Transition, Vol. 18 (4), pp. 763 – 794.

108. Keller, W. and S. Yeaple, (2013). "Gravity in the Knowledge Economy", American Economic Review, 103 (4): 1414 – 1444.

109. Khoury, A. C., 2004, "The Effect of Globalization of Trade in Services on Economic Growth: a Simultaneous Econometric Analysis", Ph. D. Dissertation, Oklahoma State University, 2004.

110. Klein, M. (1990), "Sectoral Effects of Exchange Rate Volatility on United States Exports", Journal of International Money and Finance, 9 (3): 299 – 308.

111. Koopman, R., Wang, Z. and Wei, S. J., 2008, "How much of Chinese exports is really made in China? Assessing domestic value added when processing trade is pervasive", NBER Working Paper 14109.

112. Koopman, Robert, Zhi Wang, and Shang-Jin Wei, (2008), "How much of Chinese exports is really made in China? Assessing domestic value added when processing trade is pervasive", NBER Working Paper 14109.

113. Kremer, M., 1993. "The O-Ring Theory of Economic Development", Quarterly Journal of Economics, 108 (3): 551 – 575.

114. Krugman, Paul R. (2008), "Trade and Wages, Reconsidered", Brookings Papers on Economic Activity (Spring): 103 – 137.

115. Krugman, Paul R, (1979), "Increasing Returns, Monopolistic Competition, and International Trade", Journal of International Economics, 9: 469 – 479.

116. Kugler M, and Verhoogen E., 2008. "The Quality-Complementarity Hypothesis: Theory and Evidence from Colombia", NBER working paper No. 14418.

117. Kugler, M. and E. Verhoogen, (2012). "Prices, Plant Size, and Product Quality", The Review of Economic Studies, 79 (1): 307 - 339.

118. Kwan, C. H. , 2002, "The rise of china and Asia's flying geese pattern of economic development: an empirical analysis based on US import statistics", RIETI Discussion Paper 02 - E - 009.

119. Lall, Sanjaya, John Weiss, and Jinkang Zhang, (2006), "The Sophistication of Exports: A New Trade Measure", World Development, 34 (2): 222 - 237.

120. Langhammer R. J, (2006), "Service Trade Liberalization as a Handmaiden of Competitiveness in Manufacturing", Kiel Working Paper No. 1293, 2006.

121. Langhammer R. J. Service Trade Liberalization as a Handmaiden of Competitiveness in Manufacturing, Kiel Working Paper No. 1293, 2006.

122. Leamer, E. E. , 1984, "Sources of International Comparative Advantage", Cambridge, MA, and London: The MIT Press.

123. Leamer, E. E. , 1980, "The Leontief Paradox, Reconsidered", Journal of Political Economy, June, 88: 3, pp. 495 - 503.

124. Lee, Jong-Wha, Warwick J. McKibbin, Yung Chul Park (2000), "Transpacific Trade Imbalances: Causes and Cures", World Economy, 29 (3): 281 - 303.

125. Lemoine, F. & Ünal, D. 2008. Rise of China and India in International Trade: From Textiles to New Technology, China & World Economy, Vol. 16, No. 5, September-October.

126. Lemoine, F. and Ünal, D. , 2008, "Rise of China and India in International Trade: From Textiles to New Technology", China & World Economy, 16 (5): 36 - 58.

127. Lennon, S. Information components of apparel retail websites:

Task relevance approach. Journal of Fashion Marketing and Management, 2007, 11 (4), 494 – 510.

128. Levchenko, A. , 2007, "Institutional Quality and International Trade", Review of Economic Studies, 74 (3), 791 – 819.

129. Lewis, J. D. , Robinson, S. and Thierfelder, K, (2003), "Free Trade Agreements and the SADC Economies", Journal of African Economies 12. 2: 156 – 206.

130. Lewis, J. D. , Robinson, S. and Thierfelder, K. Free Trade Agreements and the SADC Economies [J]. Journal of African Economies, 2003, 12 (2): 156 – 206.

131. Linder, S. , 1961. "An Essay on Trade and Transformation", Almqvist and Wiksell, Stockholm.

132. Mandel, Benjamin, (2008), "Heterogeneous Firms and Import Quality: Evidence from Transaction Level Prices", UC Davis mimeo.

133. Manova, K. and Z. Zhang, (2009). "Export Prices and Heterogeneous Firm Models", mimeo Stanford University.

134. Marel, E. , 2012, "Trade in Services and TFP: The Role of Regulation", World Economy, 35 (2): 1530 – 1558

135. Marel, V. , 2011, "Services Trade and TFP: The Role of Regulation", GEM Working Paper, February, Groupe d'Économie Mondiale, Sciences-Po, Paris.

136. Markusen, J. R. Trade in Producer Services and in Other Specialized Intermediate Inputs, The American Economic Review, 1989, 79 (1): 85 – 95.

137. Marquez, J. (2006), "Estimating elasticities for US trade in services", Economic Modelling, Vol. 23, No. 2, pp. 276 – 307.

138. Mattoo, Aaditya, (2008), "Services Trade and Growth" [DB]. World Bank Policy Research Working Paper No. 4461.

139. McMillan, M. and D. Rodrik, (2011). "Globalization, Structural Change, and Productivity Growth", NBER Working Paper 17143.

140. Melitz, M. (2003): "The Impact of Trade on Intra-Industry Reallocations and Aggregate Industry Productivity", Econometrica, 71, pp. 1695 – 1725.

141. Melitz, M. (2003),"The Impact of Trade on Aggregate Industry Productivity and Intra-industry Reallocations", Econometrica, 71 (6): 1695 – 1725.

142. Melvin, R., 1989,"Trade in Producer Services: A Heckscherohlin Approach", Journal of Political Economy, 97 (5): 1180 – 1196.

143. Mervar, A. and Payne, J. E. (2007), "Analysis of foreign tourism demand for Croatian destinations: long-run elasticity estimates", Tourism Economics, Vol. 13, No. 3, pp. 407 – 420.

144. Michaely, M., 1984, "Trade, Income Levels, and Dependence", North-Holland, Amsterdam.

145. Mirza, D., and Giuseppe, N., 2004, "What is So Special about Trade in Services?" University of Nottingham Research Paper No. 2004/02.

146. Moffett, Michael H. (1989), "The J-curve revisited: an empirical examination for the United States", Journal of International Money and Finance, 8 (3): 425 – 444.

147. Moran, Theodore H., (2011),"Foreign Manufacturing Multinationals and the Transformation of the Chinese Economy: New Measurements, New Perspectives", Peterson Institute for International Economics Working Paper Series WP11 – 11.

148. Murphy, K., and A. Shleifer, (1997). "Quality and Trade", Journal of Development Economics, 53, pp. 1 – 15.

149. Nadenichek, J. (2000),"The Japan-US trade imbalance: a re-

al business cycle perspective", Japan and the World Economy, 12 (3): 255 – 271.

150. Nefussi, B. and C. Schwellnus, (2010). "Does FDI in manufacturing cause FDI in business services? Evidence from French firm-level data", Canadian Journal of Economics 43 (1): 180 – 203.

151. Nordas, Hildegunn K. & HenkKox (2009) "Quantifying Regulatory Barriers to Services Trade", OECD Trade Policy Working papers, No. 85.

152. North, D. , 1989, "Institutions and Economic Growth: An Historical Introduction", World Development, 17 (9): 1319 – 1332.

153. Pamuelson, Paul A. (2004), "Where Ricardo and Mill Rebut and Confirm Arguments of Mainstream Economists Supporting Globalization", Journal of Economic Perspectives 18, No. 3: 135 – 146.

154. Park S. C.. Measuring Tariff Equivalents in Cross-Border Trade in Services, Korea Institute for International Economic Policy. Working Paper 02 – 15, 2002.

155. Payne, J. E. and Mervar, A. (2002), "A note on modelling tourism revenues in Croatia", Tourism?

156. R. Hausmann, Y. Huang, and D. Rodrik, (2007), "What You Export Matters", NBER Working Paper No. 11905, 2007.

157. R. Hausmann, Y. Huang, and D. Rodrik, 2007. What You Export Matters [DB]. NBER Working Paper No. 11905.

158. R. Hausmann, Y. Huang, and D. Rodrik. What You Export Matters [DB]. NBER Working Paper No. 11905, 2005.

159. Raff H. & Ruhr M, (2007), "Foreign Direct Investment in Producer Services: Theory and Empirical Evidence", Applied Economics Quarterly, 53 (3): 299 – 321.

160. Robinson, S, Wang, Z & Martin, W, (2002), "Capturing

the implications of services trade liberalization", Economic System Research, 14 (1): 3 – 33.

161. Robinson, S, Wang, Z & Martin, W. Capturing the implications of services trade liberalization [J]. Economic System Research, 2002, 14 (1): 3 – 33.

162. Rodrik D. , 2006, What's So Special about China's Exports? 0, NBER Working Papers 11947, National Bureau of Economic Research.

163. Rodrik, Dani (2009), "The Real Exchange Rate and Economic Growth", Brookings Papers on Economic Activity 1, pp. 365 – 412.

164. Rodrik, Dani, (2006), "What's so special about China's exports?" NBER Working Paper 11947. Forthcoming in China & World Economy.

165. Rodrik, Dani, (2006). What's so special about China's exports? [DB]. NBER Working Paper 11947.

166. Rodrik, D. , 2006, "What's So Special about China's Exports?" China and the World Economy, 14 (2): 1 – 19.

167. Rodrik, D. , 2006, "What's So Special about China's Exports", NBER working paper No. 11947.

168. Rudolf Adlung and Hamid Mamdouh, (2013), "How to Design Trade Agreements in Services: Top Down or Bottom Up?" WTO Working Paper No. ERSD – 2013 – 08.

169. Ruotinen, Jukka, (2008), "Essays in trade in service: difficulties and possibilities", Academic Dissertation, Helsinki School of Economics, A – 331.

170. Rust, R. and Chung, T. , 2006, "Marketing models of service and relationships", Marketing Science, 25 (6): 560 – 580.

171. Rutherford, Thomas F. (2004). Learning on the Quick and

Cheap: Gains from Trade through Imported Expertise [DB]. NBER working paper No. 10603.

172. Rutherford, Thomas F. , (2004), "Learning on the Quick and Cheap: Gains from Trade through Imported Expertise"[DB]. NBER working paper No. 10603, 2004.

173. S. Lall, and J. Weiss, (2006), "The Sophistication of Exports: A New Trade Measure", World Development, Vol. 34, No. 2, pp. 222 – 237.

174. Sapir, A. and Chantal, W. , 1994. , "Service Trade". ULB Institutional Repository 2013/8176. University Libre de Bruxelles.

175. Schott P. , 2007, "The Relative Sophistication of Chinese Exports", Economic Policy, 23 (53), 5 – 49.

176. Schott, P. K. (2004). Across-Product versus Within-Product Specialization in International Trade. Quarterly Journal of Economics 119 (2), 647 – 678.

177. Schott, Peter K. , 2008, "The relative sophistication of Chinese exports", journal Economic Policy, 23 (1): 5 – 49.

178. Segerstorm, Paul S, (2000), "The Long-Run Growth Effects of R&D Subsidies", Journal of Economic Growth, 5 (3): 278 – 105.

179. Segerstorm, Paul S. The Long-Run Growth Effects of R&D Subsidies. Journal of Economic Growth, 2000, 5 (3): 277 – 305.

180. Sharmistha B. S. , 2005, "FDI in US Producer Services: A Temporal Analysis of Foreign Direct Investment in the Finance, Insurance and Real Estate Sectors", Regional Studies, 29 (2): 159 – 170.

181. Sherman Robinson, Zhi Wang. Will Marin, (2002), "Capturing the Implications of Services Trade Liberalization", Economic Systems Research, 2002, 3 (1): 3 – 33.

182. Sichei, M. M. , Harmse, C. and Kanfer, F. (2007), "Deter-

minants of South Africa-US intra-industry trade in services: a wild boot-strap dynamic panel data analysis", South African Journal of Economics, Vol. 75 No. 3, pp. 521 - 539.

183. Simon P. Anderson, (2008), "Differentiated Products, International Trade and Simple General Equilibrium Effects", Paper prepared for the Conference in Honor of Curtis Eaton, Vancouver, June 2008.

184. Stibora J. and DE Vaal, A. , 1995, "Services and Services Trade: A Theoretical Inquiry", Amsterdam: Purdue University Press.

185. Stockey, N. L. , 1991. "The Volume and Composition of Trade Between Rich and Poor Countries", Review of Economic Studies, 58 (1): 63 - 80.

186. Sturgeon, Timothy J. , and Johannes Van Biesebroeck, (2010), "Effects of the crisis on the automotive industry in developing countries a global value chain perspective", Policy Research Working Paper, No. 5330. Washington, D. C. : World Bank.

187. Theodore H. Moran, "Foreign Manufacturing Multinationals and the Transformation of the Chinese Economy: New Measurements, New Perspectives", Peterson Institute for International Economics Working Paper Series WP11 - 11, April 2011.

188. Thomas F. Rutherford, (2004), "Learning on the Quick and Cheap: Gains from Trade through Imported Expertise", NBER working paper No. 10603.

189. Thomas, K. , 2012, "Does Foreign Direct Investment Drive Technological Upgrading?" World Development, 8 (2): 1543 - 1554.

190. Trefler Daniel, (1995), "The Case of the Missing Trade and Other Mysteries", American Economic Review, 85 (5), 1029 - 1046.

191. UNCTAD (2013): "World Investment Report 2013", http: // unctad. org/en/pages/Publication.

192. United Nations Conference on Trade and Development, 2013, "Global Value Chains and Development: Investment and Value Added Trade in the Global Economy".

193. United Nations Industrial Development Organization (UNIDO), — Breaking In and Moving Up: New Industrial Challenges for the Bottom Billion and the Middle-Income Countries, Industrial Development Report (2009).

194. Van, E. and B. Shepherd, (2013). "Services Trade, Regulation and Regional Integration: Evidence from Sectoral Data", The World Economy, 12 (6). : 28 – 51.

195. Verhoogen E. , 2008, "Trade, Quality Upgrading and Wage Inequality in the Mexican Manufacturing Sector", Quarterly Journal of Economics 123 (2), 489 – 530.

196. Wang, Z. and Wei, S. J. , 2008, "What Accounts for the Rising Sophistication of China's Exports?" NBER Working Paper 13771.

197. Wang, Zhi and Shang-Jin Wei, 2008, What Accounts for the Rising Sophistication of China. s Exports? NBER Working Paper, No. 13771.

198. Weiss, J. (2010). "Changing Trade Structure and Its Implications for Growth", The World Economy, 28 (11): 1321 – 1346.

199. Weiss, John, (2010) "Changing Trade Structure and Its Implications for Growth" [J]. World Economy, 2010, 11 (7): 36 – 49.

200. Whalley, Bob Hamilton, (1984), "Efficiency and Distributional Implications of Global Restrictions on Labor Mobility: Calculations and Policy Implications" [J]. Journal of Development Economics, 14 (1 – 2) January-February: 61 – 75.

201. William Petty (1662) 著, 马妍译:《赋税论》[M]. 中国社会科学出版社 2010 年版。

202. WIR, (2013). "World Investment Report 2013: Global Value Chains: Investment and Trade for Development". New York and Geneva: United Nations.

203. WIR, 2007. "World Investment Report 2006: Transnational Corporations, Extractive Industries and Development". New York and Geneva: United Nations.

204. WIR, 2014. "World Investment Report 2014: Investing in the SDGs: An Action Plan". New York and Geneva: United Nations.

205. World Trade Organization, 2014. "WTO Domestic Regulation and Services Trade: Putting Principles into Practice", Cambridge University Press, Cambridge, England.

206. Xu Bin, 2006, "Measuring the Technology Content of China's Exports", Working Paper at CEIBS.

207. Xu, Bin, and Jiangyong Lu, 2009, Foreign Direct Investment, Processing Trade and the Sophistication of China's Exports, 0 China Economic Review, 20 (3), pp. 425 – 439.

208. Xu, B., 2007, "Measuring China's Export Sophistication", working paper, China Europe International Business School.

209. Xu, B., 2007, "Measuring China's Export Sophistication", working paper, China Europe International Business School.

210. Yarbrough, B. V. and Yarbrough, R. M. (2000), The World Economy: Trade and Finance, 5th ed.,

211. Yi, K. – M, (2003), "Can Vertical Specialization Explain the Growth of World Trade?" Journal of Political Economy 111 (1), 52 – 102.

212. Zhi Wang, and Shang-Jin Wei, (2008), "The Chinese Export Bundles: Patterns, Puzzles and Possible Explanations". NBER Working Paper 226.

213. 曹标、廖利兵:《服务贸易结构与经济增长》,载《世界经济研究》2014 年第 1 期。

214. 曹吉云：《我国服务贸易与经济增长关系的再探讨》，载《国际商务（对外经济贸易大学学报）》2007 年第 4 期。

215. 陈虹、林留利：《中美服务贸易竞争力的实证与比较分析》，载《国际贸易问题》2009 年第 12 期。

216. 陈晓华、黄先海、刘慧：《中国出口技术结构演进的机理与实证研究》，载《管理世界》2011 年第 3 期。

217. 程大中：《中国服务出口复杂度的国际比较分析——兼对"服务贸易差额悖论"的解释》，载《经济研究》工作论文 No. WP456。

218. 戴翔、张二震：《中国出口技术复杂度真的赶上发达国家了吗》，载《国际贸易问题》2011 年第 7 期。

219. 戴翔：《我国制成品与服务贸易出口技术含量动态相关性分析》，载《中国软科学》2013 年第 2 期。

220. 戴翔：《中国服务贸易出口技术复杂度变迁及国际比较》，载《中国软科学》2012 年第 2 期。

221. 戴翔：《中国制成品出口技术含量升级的经济效应》，载《经济学家》2010 年第 9 期。

222. 董小麟、旁小霞：《我国旅游服务贸易竞争力的国际比较》，载《国际贸易问题》2007 年第 2 期。

223. 杜修立、王国维：《中国出口贸易的技术结构及其产业变迁（1980~2003）》，载《经济研究》2007 年第 7 期。

224. 樊纲、关志雄、姚枝仲：《国际贸易结构分析：贸易品的技术分布》，载《经济研究》2006 年第 8 期。

225. 范言慧：《不确定条件下的资产调整与汇率波动》，载《金融研究》2007 年第 1 期。

226. 费瑶瑶：《人民币实际汇率波动与贸易收支的协整分析》，载《华中师范大学研究生学报》2006 年第 10 期。

227. 谷曙明、史安娜：《浅析我国产业结构调整的影响因素》，载《市场周刊财经论坛》2002 年第 12 期。

228. 关志雄：《从美国市场看"中国制造"的实力》，载《国际经济评论》2002 年第 8 期。

229. 韩振国、刘玲利：《我国服务贸易出口对经济增长的影响研究》，载《国际贸易问题》2009 年第 3 期。

230. 洪世勤、刘厚俊：《出口技术结构变迁与内生经济增长：基于行业数据的研究》，载《世界经济》2013 年第 6 期。

231. 黄建忠：《基于"钻石模型"的中国服务贸易竞争力实证分析》，载《财贸经济》2009 年第 3 期。

232. 黄庐进、王晶晶：《中国和印度服务贸易国际竞争力的比较研究》，载《财贸经济》2010 年第 1 期。

233. 黄满盈、邓晓红：《中国金融服务贸易国际竞争力分析》，载《世界经济研究》2010 年第 5 期。

234. 黄先海：《要素密集型逆转与贸易获利能力提升——以中美纺织业为例》，载《国际贸易问题》2008 年第 2 期。

235. 江小涓：《我国出口商品结构的决定因素和变化趋势》，载《经济研究》2007 年第 5 期。

236. 金碚、李鹏飞、廖建辉：《中国产业国际竞争力现状及演变趋势——基于出口商品的分析》，载《中国工业经济》2013 年第 5 期。

237. 金碚：《现阶段我国推进产业结构调整的战略方向》，载《求是》2013 年第 4 期。

238. 卢向前、戴国强：《人民币实际汇率波动对我国进出口的影响》，载《经济研究》2005 年第 5 期。

239. 马鹏、肖宇：《服务贸易出口技术复杂度与产业转型升级——基于 G20 国家面板数据的比较分析》，载《财贸经济》2014 年第 5 期。

240. 蒙英华、尹翔硕：《生产者服务贸易与中国制造业效率提升》，载《世界经济研究》2010 年第 7 期。

241. 孟猛：《中国在国际分工中的地位：基于出口最终品全部技术含量与国内技术含量的跨国比较》，载《世界经济研究》2012年第3期。

242. 孟祺：《中国出口产品国内技术含量的影响因素研究》，载《科研管理》2013年第1期。

243. 潘红宇：《汇率波动与中国对主要贸易伙伴国的出口》，载《数量经济与技术经济研究》2007年第2期。

244. 平新乔等：《外国直接投资对中国企业的溢出效应分析：来自中国第一次全国经济普查数据的报告》，载《世界经济》2007年第8期。

245. 钱学锋、熊平：《中国出口增长的二元边际及其因素决定：经验研究》，载《经济研究》2010年第1期。

246. 尚涛、陶蕴芳：《中国生产性服务贸易开放与制造业国际竞争力关系》，载《世界经济研究》2009年第5期。

247. 施炳展：《中国出口增长的三元边际》，载《经济学季刊》2010年第4期。

248. 施炳展：《中国靠什么成为世界第一出口大国?》，载《统计研究》2011年第5期。

249. 宋兆晗：《人民币实际有效汇率与我国贸易收支》，载《世界经济情况》2008年第5期。

250. 万红先：《我国服务贸易增长方式转变的实证分析》，载《世界经济研究》2012年第11期。

251. 王永进、盛丹、施炳展、李坤望：《基础设施如何提升了出口技术复杂度?》，载《经济研究》2010年第7期。

252. 王子先：《研发全球化趋势下的自主创新与对外开放关系的思考》，载《国际贸易》2013年第9期。

253. 危旭芳、郑志国：《服务贸易对我国GDP增长贡献的实证研究》，载《财贸经济》2004年第3期。

254. 危旭芳：《服务贸易对我国 GDP 增长贡献的实证研究》，载《财贸经济》2013 年第 3 期。

255. 韦军亮：《中国对外贸易的弹性分析》，载《世界经济文汇》2008 年第 6 期。

256. 伍华佳、张莹颖：《中国服务贸易对产业结构升级中介效应的实证检验》，载《上海经济研究》2009 年第 3 期。

257. 谢建国、陈漓高：《人民币汇率与贸易收支：协整分析与冲击分解》，载《世界经济》2002 年第 10 期。

258. 杨晶晶、于意、王华：《出口技术结构测度及其影响因素——基于省际面板数据的研究》，载《财贸研究》2013 年第 4 期。

259. 杨玲：《处在低端的中国生产性服务贸易》，载《中国社会科学报》2013 年 1 月 16 日第 405 期。

260. 杨汝岱、姚洋：《有限赶超与经济增长》，载《经济研究》2008 年第 8 期。

261. 杨汝岱：《中国工业制成品出口增长的影响因素研究》，载《世界经济》2008 年第 8 期。

262. 姚星、黎耕：《服务贸易自由化与经济增长的关系研究》，载《国际贸易问题》2010 年第 7 期。

263. 姚洋、张晔：《中国出口品国内技术复杂度升级的动态研究——来自全国、江苏和广东的证据》，载《中国社会科学》2008 年第 2 期。

264. 姚战琪：《服务全球化条件下中国服务业的竞争力：问题与对策》，载《国际贸易》2009 年第 4 期。

265. 殷凤、陈宪：《国际服务贸易影响因素与我国服务贸易国际竞争力研究》，载《国际贸易问题》2009 年第 2 期。

266. 余道先、刘海云：《我国服务贸易结构与贸易竞争力的实证分析》，载《国际贸易问题》2008 年第 10 期。

267. 余淼杰：《中国的贸易自由化与制造业企业生产率》，载

《经济研究》2010 年第 12 期。

268. 张二震、马野青：《贸易投资一体化与长三角开放战略调整》，人民出版社，2008 年第 9 期。

269. 张荔、张庆君：《人民币实际汇率波动与货币替代的实证研究》，载《金融研究》2010 年第 2 期。

270. 张亮：《高新技术服务品出口的经济效应》，载《中国科技产业》2002 年第 10 期。

271. 张雨：《我国服务贸易出口技术含量升级的影响因素研究》，载《国际贸易问题》2012 年第 5 期。

272. 赵书华、徐畅：《全球运输服务贸易 10 强的运输服务贸易竞争力分析》，载《国际贸易问题》2007 年第 10 期。

273. 祝树金、张鹏辉：《中国制造业出口国内技术含量及其影响因素》，载《统计研究》2013 年第 6 期。

274. 庄丽娟：《国际服务贸易与经济增长的理论和实证研究》，中国经济出版社 2007 年版。